절대역사서
사기

史記

절대역사서
사기

사마천과 사기에 대한 모든 것

2

김영수 지음

창해

사실에 가려진 진실을 찾아가는 고행을 권하며

─────────

2006년, 저의 학문적 여정의 이정표라 할 수 있는《역사의 등불 사마천, 피로 쓴 사기》가 7년여의 난산 끝에 세상에 선을 보였습니다. 그 책의 서문에서 나는 '길을 아는 것과 길을 걷는 것'의 차이에 대해 의문을 던졌었지요. 그로부터 10년이 흐른 2016년, 새삼스럽게 그러한 물음을 다시 던져봅니다.

과연 나는 길을 제대로 알고 그 길을 걸었던가?

시리즈의 첫 권인《사마천과 사기에 대한 모든 것 1―사마천, 삶이 역사가 되다》에서 이렇게 공력이 많이 드는 작업을 계속하기는 어렵겠다고 고백한 바 있습니다. 그 이면에는 여전히 길을 헤매고 있는 저의 착잡한 마음이 오롯이 자리잡고 있었습니다. 그럼에도 불구하고 처음 계획한 대로 이번 시리즈 세 권은 반드시 마무리해야겠다는 강박이 더욱 커져갔습니다.

　이번 책에서 저는《사기》의 체제와 내용, 특징 등을 알기 쉽게 소개하려 애썼습니다. 상당히 많은 '표'를 활용해 독자의 이해를 돕고자 했지요.《사기》의 주요 사상을 철학·역사·정치·경제·학술 등으로 나누어 살펴보고, 문사철을 통합해 참다운 인문정신을 구현한《사기》의 문학적 성취도 함께 이야기했습니다. 이는 앞으로 이어질 후속 작업의 기초자료가 될 것입니다.

　시리즈 가운데 2권인《사기》편은 1권에 비해 무미건조할 수밖에 없습니다. 하지만 그렇기 때문에 담담히 읽어나갈 수 있고, 사마천의 격정적인 삶을 차분히 정돈하는 시간이 될 것입니다.

　《사기》는 사마천의 육신이자 정신이자 영혼입니다. 사마천은 만신창이가 된 자신의 육신을 갈기갈기 찢어《사기》130권의 제목으로 삼았고, 그 육신을 간신히 지탱해온 정신으로 130권의 내용을 채웠습니다. 그리고 그 겉과 속에 자신의 영혼을 불어넣었지요. 이 때문에《사기》에는 2중, 3중의 잠금장치가 마련되어 있습니다.《사기》가 전체적으로 어지럽고 읽기 어려운 '난서亂書'이자 '난서難書'인 까닭이 바로 이 때문입니다. 즉, 사마천의 삶을 온전히 받아들이지 않고는《사기》를 제대로 읽을 수 없습니다.

　사마천의 육신과 정신, 그리고 영혼을 담아서 만든 2중, 3중의 잠금장치로 인해《사기》는 '문학적 역사서요, 역사적 문학서'라는 영광스러운 별칭을 얻었습니다.《사기》를 진지하게 읽고 싶어하는 독자에게는 결코 달갑지 않은 일이지요. 하지만 이런 잠금장치를 열고《사기》의 세계에 들어서는 순간 소중한 선물을 얻게 될 것입니다. 그

선물은 다름 아닌, 기록으로 남은 사실fact을 넘어 역사적 진실truth에 다가가는 열쇠입니다.

지난 몇 년 동안 팩트가 얼마나 왜곡되고 조작될 수 있는지를 우리는 직접 경험했습니다. 눈에 보이는 것이 결코 전부가 아닙니다. 또한 그것이 사실도 아니고, 진실은 더더욱 아니지요. 《사기》는 과거 기록으로 남은 사실에, 그리고 지금 눈에 보이고 귀에 들리는 사실에 강한 의문을 품으라고 우리를 다그칩니다. 과거의 기록은 물론, 현재 우리의 눈과 귀를 자극하는 생생한 장면과 글과 말들이 얼마나 거짓될 수 있는지, 나아가 얼마나 사악할 수 있는지를 매순간 절감해야 하는 현실에 놓여 있기 때문입니다.

그런 점에서 〈사기〉는 왜 역사서, 특히 좋은 역사서를 읽어야 하는지 52만 6,500자 한 글자 한 글자가 쇠망치가 되어 우리를 일깨웁니다. 《사기》의 현재성이 바로 여기에 있지요. 그 현재성은 《사기》를 읽어야 하는 필요성과 당위성을 함께 아우르며 우리의 절박함 속으로 더욱 아프게 다가옵니다.

2017년이면 제가 사마천과 《사기》의 늪에 빠진 지 30년이 됩니다. 30년이면 인간의 한 세대에 해당되는 시간이지요. 이제 저의 학문적 여정을 정리하고 마무리할 때가 되지 않았나 싶습니다.

그렇다고 해서 그 세월을 기념할 마음은 추호도 없습니다. 그저 10년 전 제가 추구하고자 했던 학문의 이정표를 마련하는 데 가장 큰 도움을 준 창해출판사 전형배 형에게 보답하기 위한 방편으로, 미약하나마 10년 전의 결과물을 다시 다듬고자 했을 뿐입니다. 전형배 형이 지금보다 조금만 더 건강해져 사마천이 걸었던 길을 함께 걷게 되길 바라면서, 지난 30년 여정을 추억하는 것으로 서문을 대신합니다.

2016년 10월 19일
'곡학아세' 풍조를 개탄하는 언론 기사를 야릇한 심정으로 접하며
동대구역의 한 카페에서 김영수 쓰다.

1장

《사기》의 탄생 배경 및 체제

史記

史記————— 사마천은 '기전체紀傳體'라는 역사 서술 체제를 창안하고, 이를 활용해 동양 역사서의 효시가 된《사기》를 완성했다. 본기本紀, 표表, 서書, 세가世家, 열전列傳의 다섯 체제는 지금까지의 그 어떤 역사서보다 뛰어난 체제이자 방법이다.

많은 학자들이 이 체제를 제대로 이해하고 설명하기 위해 2천 년 이상 노력해왔다. 결국 다섯 체제는 서로 별개가 아니라 유기적이고 입체적으로 연계되어《사기》전체와 사마천의 역사관을 형성하는 것이라고 견해가 모아지고 있다.

이 다섯 체제는 전자제품의 사양 및 사용설명서 같은 것이라고 할 수 있겠다. 따라서 체제를 제대로 이해할 경우《사기》를 더욱 효과적으로 읽을 수 있다. 이 장에서는 우선《사기》를 탄생시킨 시대적 배경을 알아볼 것이다. '기전체'를 가능하게 한 다양한 요인을 알아야 기전체의 장점과 특징을 보다 정확히 이해할 수 있기 때문이다. 또한 다섯 체제가 어떻게 창안되었으며, 그 특징은 무엇인지 살펴볼 것이다. 그리고 어떻게, 어떤 순서로 읽는 것이《사기》와 사마천의 정신을 이해하는 데 가장 효과적일지 고민할 것이다.

▌▌《사기》의 탄생 배경 및 모태

학 생 | 1권에서 사마천의 파란만장한 삶을 깊게 들여다보았습니다. 이제 사마천의 육신이자 영혼인 《사기》에 대해 공부해볼까요? 우선 《사기》의 체제부터 알아야 할 것 같습니다. 전자제품을 사면 사용설명서를 살펴보듯이, 《사기》의 경우도 그런 과정이 필요하다고 생각됩니다. 무작정 읽어서는 제대로 이해하기 어렵다고 하더군요.

김영수 | 비유가 재미있네요. 먼저 《사기》의 탄생 배경을 알아보는 게 좋을 듯합니다. 체제 창안에 도움을 준 요소들이 있었어요. 그것을 알아야 좀 더 이해가 빠를 겁니다.

　지구의 역사를 약 46억 년으로 추정합니다. 이 46억 년을 1년 열두 달로 압축하면 인간의 역사를 쉽게 가늠해볼 수 있죠. 최초의 원시생명은 대략 1년 열두 달 중 5월에 태어났고, 포유동물 시대로 들어선 것은 12월 마지막 주이며, 인간은 12월 31일 저녁 여덟시 무렵 탄생했다고 할 수 있어요. 따라서 인류문명의 역사는 1년의 마지막 몇 시간을 차지할 뿐입니다.

학 생 | 만약 그렇다면,《사기》가 다루는 3천 년 통사는 지구의 역사에서 순간에 불과하겠어요.

김영수 | 그렇습니다. 이 계산법에 따르면, 사마천이 다룬 인간의 역사 3천 년은 채 1초도 되지 않습니다. 그러나 사마천은 그 찰나刹那를 우리 기억에 깊이 새겨놓았습니다.

사마천은 역사서를 통해 제한된 시공간 속에서의 인간을 입체적이고 유기적으로 이해하면서도, 시공간을 뛰어넘어 인간의 내면을 치열하게 파악하려 했어요. 그래서《사기》를 보편적 세계사라 감히 부를 수 있는 겁니다.

　사마천은 전설시대부터 당대까지 3천 년이 넘는 역사를 하나로 꿰었습니다. 수많은 가지들을 살피고 쳐내면서, 자신이 살고 있는 세계에 대한 인식이 넓어지고 깊이가 더해지도록 사가史家의 혼을 불어넣었죠. 그로 인해 사람들은 역사를, 또 현재의 시점에서 과거를 돌이켜봄으로써 미래의 진로를 결정하는 유용한 도구로 인식하게 되었습니다. 단절과 개별이 아닌, 연속과 총체로서의 삶을 실감하게 된 것이죠. 그리하여 순간 순간이 인간의 역사 전체에 지대한 영향을 미칠 수 있다는 종합적이고 성숙한 역사의식을 배우기 시작합니다.

　1권에서 언급한 양계초의 말을 다시 한 번 인용해보겠습니다.

《사기》 이전의 역사서는 사건만을 다룬 것이거나, 각 지방의 기록이거나, 한 시대의 기록에 지나지 않았다. 《사기》는 사마천이 알고 있는 시간 내에서 인류 전체가 자신의 문화를 가진 이래 수천 년의 총체적 활동을 한 용광로에 녹여낸 것이다. 이로부터 역사를 전체로 인식하고 영원히 계속되는 것이라는 생각을 가지게 되었다.

찰나를, 또 순간을 영원으로 인식하게 만든 당대의 세계사 《사기》는, 약 2,100년 전 사마천이라는 역사가가 그 무엇과도 비교할 수 없는 고통을 견디며 출산한 저주받은 걸작이자 비운의 세계사입니다.

학 생ㅣ 3천 년 통사로서 《사기》의 가치를 좀 더 잘 알아야겠다는 생각이 드네요.

김영수ㅣ 어쩌면 지금 우리에게 가장 필요한 것이 아닐까 싶습니다. 민중은 생존으로 역사를 창조하죠. 사마천은 붓으로 역사를 창조했습니다. 생존으로 역사를 창조하든 붓으로 역사를 창조하든 지혜와 고난, 심지어 피와 생명을 대가로 치르지 않으면 안 됩니다. 다른 점이 있다면, 생존으로 역사를 창조하는 민중은 개인이 아니고 붓으로 역사를 창조한 사마천은 개인이라는 점입니다. 누구나 붓으로 역사를 창조할 수는 없다는 말이지요. 엄청난 책임이 따르기 때문입니다.

사마천의 삶에서 치욕적 체험(궁형)과 고통스러운 결산(《사기》)은 비극적 결합이자 위대한 결합이었습니다. 치욕감과 자학에 분노를 더하고, 이를 끝내 초월함으로써 이루어낸 통렬한 자기선언은 인류사에 길이 남을 생명선언이기도 했어요. 그는 자신의 개인적 체험을 역사

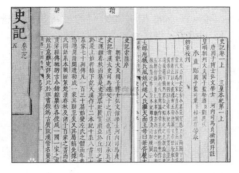

《사기》의 다양한 판본들.

의 시공간적 배경을 토대로 객관화하는 동시에 주관화합니다. 《사기》를 사마천의 분신이자 영혼이라고 말하는 까닭도 여기에 있어요.

복잡하게 얽힌 망망한 역사 속에는 천지를 뒤집는, 눈에 보이지 않는 흐름과 파란이 도사리고 있습니다. 역사라는 바다에서 가장 본질적인 것, 가장 핵심적인 것을 어떻게 파악하며, 정확한 문자로 어떻게 진실에 가깝도록 기록할 것인가? 여기에는 넓고 깊은 학식이 필요하며, 초인적 지혜와 숭고한 품격이 요구됩니다. 사마천이 이런 자질을 제대로 갖추었음을 《사기》는 증명합니다. 무엇보다도 사마천이 《사기》의 완성을 시대의 엄숙한 요구로 받아들였다는 점이 우리를 감동시킵니다.

역사란 늘 다음 세대에게 보여지는 것으로, 현실에서의 경쟁과 욕망 추구에서 한 발짝 벗어나 있다고 말하기도 하지요. 하지만 이는 큰 오해입니다. 역사는 현재를 살고 있는 우리보다 앞서 살았던 사람들의 어제 또는 그제의 생활기록이죠. 때로 사실이 뒤틀리거나 진실이 뒤바뀌어 있기도 하지만, 안개를 걷어내면 풍부한 계시와 교훈으로 사실과 진실을 비교하고 가려낼 수 있도록 도와줍니다. 이를 통해 우리는 현실 속에서 더 노력하고, 이상을 위해 더 분발하게 되지요. 모든 역사는 '현재사'이며 '시대사'라고 하는 이유가 여기에 있습니다.

누군가는 역사가 온통 보수·이기심·독선으로 가득 찬 기록들이라고 말합니다. 하지만 이는 큰 오해예요. 사마천은 앞사람의 성과를 흡수해 창조적으로 《사기》를 저술함으로써 중국, 아니 세계 최초의 기전체 통사를 완성했습니다. 이를 통해 진보와 희생, 보편타당한 가치관 등을 유감없이 보여주죠. 세상을 올바른 방향으로 이끄는 이러한 가치관은 곧 그 시대가 갈망하는 참된 시대정신입니다.

학 생ㅣ 시대적 요구를 정확히 인식하고 그에 부응하기 위해서는 적합한 자질과 조건이 필요하겠지요. 사마천이 그런 자질과 조건을 갖추고 있었다는 말씀이지요?

김영수ㅣ 사마천은 사관 가문에서 태어났고, 그런 가문을 자랑스러워한 아버지에게 준비된 교육을 받았어요. 아버지의 세심한 배려에 사마천 또한 사명의식과 노력으로 화답했습니다. 스무 살 때의 대여행 및 당대 최고 학자들과의 교류를 통해 역사 서술에서 가장 중요한 이론과 경험을 동시에 축적했죠. 끊임없는 현장 탐방으로 역사를 움직이는 주체가 인간임을 확인하는 성숙한 역사의식을 키웠고요. 더불어 천부적 재능도 작용했을 겁니다. 여기에 그의 운명을 가른 비극적 경험과 그것을 극복하는 과정에서 형성된 시대와 인간을 꿰뚫는 비판정신이 더해짐으로써 인류 역사상 가장 인간다운 역사서 《사기》가 탄생할 수 있었습니다.

학 생ㅣ 시대가 그러한 역사서를 원했고, 그러한 역사서를 저술할 사마천을 원했다는 말씀이네요. 시대적 요구에 사마천이 확실히 응답했고요. 그런데 역사서와 사마천을 원한 그 시대 상황이 궁금하군요.

김영수ㅣ 사마천이 처했던 시간과 공간은 《사기》의 탄생 배경이자 모태라고 할 수 있습니다. 그리고 사마천과 《사기》를 만든 건 바로 그 시대였죠. 그런 점에서 중국 전통사상과 문화의 원형을 이룩해낸 한 무제武帝 유철劉徹과 중국 최초의 통사이자 역사서의 원형을 창조해

서로를 원했지만 사상 때문에 갈라진 사마천 (왼쪽)과 한 무제 유철 (오른쪽).

낸 사마천이 동일한 시공간에 머무른 건 결코 우연이 아닌 듯합니다. 필연적 우연 아니었을까요? 두 사람 모두 시대적 필요에 의해 등장했고, 서로의 역할을 다한 것이지요.

학 생 | 우리가 1권에서 살펴보았듯이 두 사람은 애증의 관계를 반복했죠. 무제 시대가 사마천이라는 역사가를 요구하고 원했다면, 그 배경에 역사학의 성숙이 자리잡고 있을 듯한데요.

김영수 | 그렇습니다. 그래서 우리는 천하를 최초로 통일한 진나라의 짧은 통일기를 거쳐 상대적으로 긴 안정기를 구가하는 한나라, 좀 더 구체적으로 무제에 이르기까지의 역사학의 변화와 발전 상황을 살펴봐야 해요. 사마천의 인생관이나 생사관, 치욕을 견디고 분발해 《사기》를 완성할 수 있었던 동력의 상당 부분이 시대적 요소에서 비롯되었기 때문에 더욱 그렇습니다.

사마천이 살았던 시대상에 대해서는 이미 1권에서 상세히 알아보

았으니, 여기서는 진한 시기 역사학의 동태를 살피는 것으로 《사기》
의 탄생 배경을 이해해볼게요.

　진의 통일과 갑작스러운 붕괴, 한의 재통일에 이르는 과정은 중국
사에서 가장 긴박하면서도 극적인 대목으로 꼽힙니다. 농민봉기를
이끌었던 진승陳勝(진섭)은 대제국 진의 붕괴에 결정적인 역할을 했
어요. 사마천이 그를 제후왕들의 기록이라 할 수 있는 세가世家에 편
입시킴으로써 그의 역할에 대한 역사적 평가는 정당성을 확보합니
다. 하지만 격렬한 논쟁의 도화선이 되기도 했지요. 그 논쟁은 결국
《사기》에 대한 평가나 마찬가지였습니다. 사마천의 역사관은 사후에
도 오랫동안 충격을 안겨줄 만큼 파격적이었어요. 상투적인 표현이
지만, 사마천의 사학은 '신新 사학'이었습니다. 그가 새로운 역사학을
펼칠 수 있었던 건 사마천 자신의 역량 때문이기도 하지만, 직간접으
로 학습하고 목격하고 체험했던 시대적 상황의 영향이 절대적이라
할 수 있습니다.

▌시대적 요구에 대한 사마천의 응답

학 생 | 같은 시대를 살아도 겉으로 드러나는 모습은 완전히 다릅니
다. 본질적으로 동일한 팩트에 대해 극단적으로 다른 생각과 말들을
하잖아요.

김영수 | 시대적 상황은 단선적이지도 단순하지도 않습니다. 각자의
신분, 정치적 입장과 위치, 경제적 차이, 인생관, 인간관 등 수많은
요인들이 작용함으로써 팩트가 나에게 어떤 의미를 갖는지 따지게

됩니다. 그래서 동일한 현상에 대한 전혀 다른 이해, 심지어 극단적으로 대립하는 의견이 병립하게 되는 것이죠. 그것이 심해지면 사회적·계층적 모순과 갈등, 그리고 충돌로 이어져 나라가 혼란에 빠지는 겁니다. 지금 우리 상황을 대입시키면 좀 더 쉽게 이해할 수 있을 거예요.

학 생ㅣ 결국 '시대적 상황이 인간을 결정한다'고 보면 되겠네요. 진·한 시기의 시대상황과 역사학의 동향을 좀 더 이야기해주세요.

김영수ㅣ 진·한을 거치면서 형성된 정치적 통일은 중국 민족의 형성과 문화 발전에 막대한 영향을 미쳤습니다. 정치적 통일은 의식형태에 직접적인 영향을 미칠 수밖에 없는데, 특히 '대일통大一統'이란 거대 이데올로기가 확립되었어요.

정치적 통일의 결과물로 영토의 확장이 뒤따랐습니다. 공간의 확대죠. 공간의 확대는 우선 인간의 인식 범위를 물리적으로 넓혀주고 세계관을 확대시킵니다. 여기에 한 무제 유철 시대의 적극적인 대외 개척으로 중국의 공간은 짧은 시간에 걷잡을 수 없이 커졌습니다. 따라서 물리적으로 확대된 공간에 대한 인식과 정치적 통일을 뒷받침할 만한 이데올로기의 정립이 절실했죠. 또 축적된 역사경험을 종합할 수 있는 새로운 정리, 즉 넓어진 공간과 그 속에서 전개된 갖가지 사건들을 시간적으로 엮을 수 있는 역사가 필요했던 겁니다. 이것이 바로 시대적 요구입니다. 그에 따라 무제는 물론이고 사마천 또한 제국의 위대함을 찬양하는 장엄한 심포니로 그 요구에 화답하려 했던 거죠.

최초의 통일제국 진의 수명이 조금 더 길었더라면, 이러한 시대적 요구에 대한 응답은 사마천이 아닌 다른 사람 몫이었을 것입니다. 통일제국 진은 짧은 기간 동안 많은 문제점을 발생시켰고, 그것들을 해결하지 못한 채 역사무대에서 퇴장했습니다. 따라서 문제점들이 제국을 재통일한 한에게 고스란히 넘어갔죠.

학 생 | 각 시대가 분명하게 끊어지는 것이 아니라 교집합처럼 겹치면서 앞시대의 영향을 받을 수밖에 없고, 다음 시대로 넘겨진 많은 문제점들이 해결을 기다린다는 말씀이시죠?

김영수 | 바로 그겁니다. 그런 점에서 한나라 이전에 일어난, 진나라 때의 팩트들을 살펴야겠지요. 가장 중요한 것이 '분서갱유焚書坑儒'입니다. 전대미문의 사상탄압으로, 엄청난 파문을 일으킨 사건이죠. 통일제국의 통치방식을 놓고 신하들 사이에 벌어진 논쟁이 발단이 되었는데요. 중앙집권적 군현제를 통해 통치방식을 새롭게 하자는 쪽과 분권적 봉건적 방식을 계승하자는 쪽이 격렬하게 충돌했어요.

중앙집권적 절대 황제권을 강조한 승상 이사李斯는 붕당을 지어 서로 다투는 것은 제국 통치에 도움이 되지 않으니, 진나라 책이 아닌 것은 모두 태우고 백성들을 현혹시키는 말 많은 유생들을 탄압해야 한다고 건의합니다. 그때가 기원전 213년, 진시황이 재위한 지 34년째 되던 해였습니다. 이 조치로 점복서인《역易》등 극히 일부 서적을 제외한 대부분의 제자백가 전적이 잿더미로 변했습니다. 그리고 이듬해인 기원전 212년, 460명에 이르는 방사와 유생들을 산 채로 매장하는 참극이 뒤따랐죠. 말하자면 진은 정치적 통일은 이루었지만 사상적으로는 그렇지 못했습니다. 오히려 폭력적인 방법으로 사상계와 학계에 간섭함으로써, 새로운 시대를 종합하고 평가해야 할 사상과 사학의 발전에 엄청난 재앙과 지장을 초래했다고 할 수 있습니다.

학 생 | 분서갱유는 특히 지식인들에게 큰 트라우마로 남을 수밖에 없었겠습니다.

김영수 | 그래서 역사적 경험이 중요합니다. 진의 믿기지 않는 급락을 경험한 한은 역사적 경험을 종합하고 이를 바로 인식하는 것이 얼마나 중

방사와 유생들이 산 채 묻힌 곳으로 전해지는 갱유곡坑儒谷에 세워진 비석. 분서갱유는 사상계와 지식인들에게 엄청난 충격을 주었다. 또한 한 시대에 대한 정리의 필요성과 명분을 각인시킨 계기가 되었다.

요한지 깨달았어요. 그래서 천하를 재통일한 한 고조高祖 유방劉邦은 즉위하고 얼마 후 육고陸賈에게 "진이 천하를 잃은 까닭과 내가 천하를 얻은 까닭이 무엇인지, 또 지난날 성공하거나 실패한 나라의 역사적 사실을 저술하도록"했던 것입니다. 이에 육고는 국가존망의 징후를 12편에 달하는 글로 지어 올렸습니다. 한 편씩 올릴 때마다 고조 유방은 훌륭하다며 칭찬을 아끼지 않았고, 신하들은 만세를 불렀다고 사마천은 당시 상황을 전합니다. 그리고 그 책을 《신어新語》라 불렀죠.(권97 〈역생육고열전〉)

군주와 신하들이 새로운 제국의 통치기반을 다지기 위해 지난 역

사경험을 종합적으로 토론한 모습은 역사의 명장면이 아닐 수 없습니다. 육고는《신어》에서 유방의 질문에 대해 다음과 같이 답합니다.

（폐하께서는) 말 위에서 천하를 얻었지만, 말 위에서 천하를 다스릴 수는 없습니다. 그 옛날 은 탕왕湯王과 주 무왕武王은 도를 거슬러 천하를 얻었지만, 민심에 따라 나라를 지켰습니다. 문무를 함께 사용하는 것이 나라를 길이 보존하는 방법입니다. 지난날 오嗚나라 왕 부차夫差와 진晉의 지백智伯은 지나치게 무력에 의존하다 망했으며, 바로 앞의 진秦은 가혹한 형벌에 과하게 의지하다 결국 망했습니다. 당시 진이 천하를 통일한 후 성인을 본받아 인의仁義를 행했다면 폐하께서 어찌 천하를 차지하셨겠습니까?

문무의 적절한 조화와 인의를 강조한 육고의 정론政論은 한나라 초기 통치자들이 심혈을 기울여 이끌어낸 역사적 경험의 총결이자 사론으로, 당시는 물론 그 후에도 지대한 영향을 미칩니다. 이러한 인식을 토대로 문제文帝 때 가의賈誼(기원전 200~기원전 168)가 진의 성패와 득실을 종합적으로 평론한 〈과진론過秦論〉을 전개할 수 있었죠.

학 생 | 〈과진론〉은《사기》에도 수록되지 않았나요? 〈진시황본기〉 말미에요.

김영수 | 맞아요. 사마천은 진의 멸망을 진단한 글로 〈과진론〉을 가장 높이 평가한 것 같습니다. 내용을 간단하게 말씀드리면 이렇습니다. 가의는 진이 멸망한 원인을 분석하고 그것의 역사적 교훈을 거론하

면서, "지키는 방법과 얻는 방법의 차이를 몰랐기 때문"이라는 명쾌한 결론을 내렸습니다. 육고와 논리적으로 크게 다르지 않지만, 가의는 역사적 경험을 통해 한의 문제점들을 도출해냅니다. 동성 제후국들의 힘이 커지는 것과 경쟁적으로 불붙었던 사치풍조의 위험성을 언급함으로써 역사적 경험의 중요성을 크게 일깨웠지요.

육고의 초상화. 육고의 《신어》는 사마천의 《사기》 저술에 강력한 동인動因으로 작용했다.

이처럼 진의 통일과 몰락이 가져다 준 역사의 경험과 교훈을 분석하고, 한의 실제 상황과 비교해 문제점들을 끌어낸 일부 사상가들의 역사인식은 당시 정치에 적극적으로 작용했습니다. 또 사학가들에게도 큰 영향을 미쳤어요.

사마천은 육고의 열전에서 "내가 육생(육고에 대한 존칭)의 《신어》 12편을 읽었는데, 참으로 당대의 뛰어난 웅변가라 할 만하다"라고 평가했습니다. 또 육고나 가의의 현실 진단을 수용해, 동성 제후국들의 세력을 약화시키는 이른바 '삭번削藩'을 적극적으로 주장하고 그것을 실천에 옮긴 후 정쟁의 희생자가 된 조조晁錯에 대해서도, "자신의 몸을 돌보지 않고 국가를 위해 장기적인 계획을 세운" 인물로 평가합니다.(권130 〈태사공자서〉) 조조는 진나라가 "군인은 변방을 지키다 죽고, 백성은 물자를 나르다 길에서 쓰러지는" 바람에 망했다고 진단했습니다. 즉, 계속되는 전쟁이 결국 백성과 나라를 쓰러뜨린다는 결론에 도달했고, 가의와 마찬가지로 통치자들의 지나친 욕망과 가혹한 형벌을 멸망의 내적 원인으로 여겼습니다.

정치적 통일이 물리적 공간의 확대를 가져왔다고 아까 말씀드렸죠? 공간의 확대는 의식과 세계관의 확대를 담보합니다. 따라서 의식의 변화는 필연적이에요. 한은 재통일된 대제국을 통치하기 위해 역사적 경험을 종합해야 했어요. 역사경험의 종합은 초기에는 일부 식견 있는 정치가와 사상가들 몫이지만, 시간이 갈수록 더욱 정제된 결과물이 필요해집니다. 즉, 역사서의 출현을 갈망할 수밖에 없어요. 정치의 통일과 역사경험의 종합은 결국 역사학에 중차대한 영향을 미치고 새로운 사학을 태동시키는 정치적·사상적 원동력으로 작용하죠. 사마담과 사마천 부자는 이러한 원동력, 다시 말해 시대적 요구의 지배를 받을 수밖에 없는 운명이었습니다.

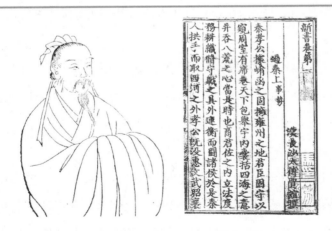

가의의 초상화와 '과진론'으로 시작되는 《신서新書》의 판본. 진의 통일과 갑작스러운 몰락을 심도 있게 분석한 '과진론'이 가의의 《신서》에 수록되어 있다.

시대가 인간을 만든다는 말 자체에도 운명적인 부분이 깔려 있지요. 운명은 결코 소극적이거나 패배적인 단어가 아닙니다. 명을 바꾸어 나간다는 의미를 갖고 있어요. 시대는 사마천의 역사활동을 위한 시간 및 공간을 마련해주었고, 사마천 자신도 그 일을 소명으로 받아들여 혼신의 힘을 다합니다. 시대라는 객관적 조건과 사마천이라는 주관적 조건이 간절하고 절묘하게 조우함으로써 《사기》가 탄생할 수 있었던 겁니다.

▌《사기》의 원래 이름은 《태사공서》

학 생 | 《사기》는 모두 다섯 체제로 이루어졌고, 그 체제를 '기전체'라 부른다고 하셨는데요. 본기에서 '기'를, 열전에서 '전'을 따서 붙여진 이름이죠?

김영수 | 맞습니다. 사마천은 《사기》의 기본 사양을 이렇게 말했어요.

> • 도합 130편, 52만 6,500자로 이를 《태사공서》라 이름 붙였다.
> • 태사공은 말한다. "내가 황제로부터 태초에 이르기까지의 사실을 기술하였으니 모두 130편이다." _〈태사공자서〉

사마천은 《사기》의 마지막 권인 〈자서〉에서 자신이 완성한 역사서를 《태사공서》라 부릅니다. 130편, 52만 6,500자라는 구체적인 수치로 분량을 밝혔고요. 말하자면 《사기》의 본명이 《태사공서》였던 겁니다. '태사공'은 아버지 사마담을 높인 호칭이자 사마천 자신에 대

명칭	명명자(시기)	출전 및 참고사항
《태사공서》	사마천(서한)	〈태사공자서〉
《태사공기》	저소손(서한)	《사기》의 내용을 보완한 인물
《태사공》	반고(동한 32~92)	《한서》〈예문지〉
《태사공기》	반고(동한 32~92)	《한서》〈양운전〉
《태사기》	응소(동한)	《풍속통의》
《사기》	환제~영제(동한 147~184)	비각에 보임.
《사기》	순열(동한 148~209)	《한기》
《사기》	영용(동한)	《춘추석례》
《사기》	진수(위진 233~297)	《삼국지》
《사기》	범엽(남조 송 398~445)	《후한서》〈반표전〉

한 호칭이기도 합니다. 사마천이 《태사공서》라고 이름을 붙인 것은 아버지 사마담을 염두에 두었기 때문이겠지요.

일찍부터 연구자들은 《사기》를 사마천과 아버지 사마담의 합작품으로 인정해왔습니다. 아버지로부터 비롯된 파란만장한 대장정을 마무리하면서 이 책을 아버지에게 바치려 했던 겁니다. 그런 점에서 《사기》는 아버지를 위한 '장엄한 레퀴엠'이라고 할 수 있죠.

학 생 | 원래 이름이 《사기》가 아니었군요. 이름이 여러 번 바뀌었나요?

김영수 | 그렇다고 봐야죠. 《태사공서》가 《사기》로 바뀌기까지 상당한 시간이 걸렸어요. 사마천 전기를 유일하게 남긴 반고는 역대 학술과 관련된 저서들을 체계적으로 소개한 《한서》〈예문지〉에서 사마천의 《사기》를 '춘추가'로 분류해 《태사공》《태사공서》《태사공기》라고 부

룹니다. 물론 반고 이전의 서한시대에도 '사기史記'라는 단어는 있었죠. 또 사마천 역시 이 용어를 여러 번 사용했어요. 하지만 그건 특정 역사책이 아니라 역사책에 대한 통칭에 지나지 않았습니다. 사마천은 공자가 '사기'를 읽었다고 기록했는데, 이때 '사기'는 일반적인 역사책을 가리킵니다. 고유명사가 아니라 보통명사였다는 말이죠.

《사기》가 《태사공서》만을 가리키는 고유명사가 된 것은 삼국시대를 지나 위진 시대에 들어서였습니다. 《수서》〈경적지〉에 '사부史部'가 생기고 《사기》가 첫번째로 거론됨으로써 고유명사의 자리를 확고히 다지게 됩니다. 그 후 《사기》라는 이름에 더 이상의 변화는 없었습니다.

▌▌52만 6,500자에 숨겨진 의미

학 생 | 고대 전적들에서 저자가 저작물의 글자 수를 밝힌 적이 있었나요?

김영수 | 제가 아는 한 사마천이 처음입니다.

학 생 | 특별한 사연이라도 있는 걸까요?

김영수 | 오랫동안 《사기》와 사마천에 대해 공부하면서도 이 숫자에 별다른 관심을 갖지 않았어요. 그러다 몇 년 전부터 3천 년의 세월이 담긴 방대한 통사를 어떻게 52만 6,500자로 정리할 수 있었을까 의문을 품게 되었죠. 결국 52만 6,500자가 그 자체로 빅데이터Big Data 이자 한 글자 한 글자가 엄청난 압축파일에 해당한다는 결론을 내렸

습니다. 동시에 사마천은 왜 친절하게(?)도 《사기》의 전체 글자 수를
밝힌 것일까 의문을 품게 되었지요.

학 생 | 그에 대한 결론을 얻으셨나요? 저자들이 전체 원고가 몇 글
자인지를 밝히는 경우는 요즘도 없지 않습니까? 이제는 소프트웨어
가 자동으로 계산해주는 시대이기도 하고요.

김영수 | 그렇죠. 2015년 서울 인문포럼이라는 국제학술대회에서 그
부분에 대한 견해를 발표한 적이 있습니다.

　무엇보다도 자신의 역사서에 대한 자부심의 표현이 아닐까 싶다.
그 숫자는 단순히 《태사공서》의 글자 수를 가리키는 것이 아니다.
사형을 선고받고 죽음보다 치욕스러운 궁형을 자청한 끝에 풀려나
《태사공서》를 완성하기까지 겪은 그의 육체적·정신적 고통의 결정
체나 다름없다. 이 모든 것을 3천 년 통사에 압축해 넣은 것이다.
요컨대, 52만 6,500자는 사마천의 삶과 정신을 3천 년 역사에 알알
이 새긴 전무후무한 압축파일이라 할 수 있다. 사마천의 문장이 그
어떤 문장과도 격이 다른 이유가 여기에 있다.(《사기》 전편에 네 글자
로 이루어진 사자성어만 600항목이 넘는다. 이는 《사기》가 어느 정도로 압축
되었는지를 여실히 보여준다. 한편, 생사를 넘나드는 사마천의 집필과정과도
연관이 있을 것이다.)
　또한 사마천이 글자 수를 군이 밝힌 현실적 이유 가운데 하나는
후대에 자신의 책이 어떤 식으로든 훼손될 수 있다는 우려 때문일
수 있다.

상해 홍구공원에 위치한 노신의 동상. 노신은 《사기》를 52만 6,500자의 긴 노래에 비유하는 탁월한 안목을 선보였다.

학 생 | 지금 우리가 볼 수 있는 《사기》 판본의 글자 수와 사마천이 밝힌 글자 수가 일치하나요?

김영수 | 《사기》가 세상에 출현한 지 얼마 안 돼 내용에 결손이 나기 시작합니다. 동시대 인물인 저소손褚少孫이 내용을 보완한 것도 이 때문이었습니다. 당시는 종이와 인쇄술이 발명되기 전이라 책을 저술하고 베끼는 데 상당한 어려움이 따랐어요. 죽간에 쓰여진 내용을 베끼는 과정에서 많은 오탈자가 날 수밖에 없었죠. 결국 전파된 지 얼마 안 돼 상당한 양이 결손되었습니다. 따라서 오늘날 우리가 보는 《사기》는 완전한 모습이 아닙니다.

중국의 《사기》 연구가 장대가張大可 선생은 《사기》의 글자 수를 검토해 결손부분과 보완부분 등을 구체적인 수치로 밝혔습니다. 그에 따르면, 현재 통용되는 《사기》 판본에 원래 《사기》의 97퍼센트에 해당하는 51만 440자가 보존되어 있으며, 결손된 양은 약 3퍼센트인 1만 6,060자라고 합니다. 후세에 보완된 것이 4만 5,220자이며, 현재

사마천과 《사기》 연구의 대가 장대가 선생은 《사기》의 결손 부분과 보완부분을 구체적인 수치로 밝혔다.

전체 글자 수는 55만 5,660자입니다. 원래의 52만 6,500자에서 약 3만 자가 늘어난 셈이죠.

학 생 | 자신이 쓴 역사서가 훼손되거나 누군가 손대는 것을 막기 위해, 나아가 손을 댔을 경우 증거를 찾기 위한 실마리로 글자 수를 밝힌 거군요. 정말 대단합니다.

김영수 | 그렇죠. 역대 연구에 따르면 원래의 《사기》에서 없어지거나 일부만 남은 것, 후대에 보완되거나 호사가들이 손댄 게 적지 않다고 합니다. 이 문제는 《한서》에서 반고가 목록만 있고 내용 없는 것이 10편에 이른다고 지적한 이래로, 2천 년 넘게 논쟁거리가 되었습니다. 《한서》에 주를 달았던 장안張晏은 이 10편을 사마천의 미완성으로 보고, 구체적인 목록을 다음과 같이 제시했어요.

① 〈무제본기〉

② 〈삼왕세가〉

③ 〈일자열전〉

④ 〈귀책열전〉(이상 네 편은 원래 미완성이었으나 저소손이 보완했다고 함.)

⑤ 〈경제본기〉

⑥ 〈예서〉

⑦ 〈악서〉

⑧ 〈병서〉

⑨ 〈한흥이래장상명신연표〉

⑩ 〈부근괴성열전〉

당나라 이전까지는 대체로 장안의 설이 받아들여졌어요. 그러나 당·송 이후 많은 학자들이 다른 의견을 제기했죠. 크게 다음의 네 가지로 압축됩니다.

첫째, 당초 장안이 제기한 '미완성설'입니다. 즉, 사마천이 제목만 정해놓고 내용을 완성하지 못한 채 《사기》가 세상에 공개되었다는 것이죠. 당나라 때의 사학자이자 역사평론가 유지기劉知幾가 이 의견에 동조했고, 근대의 양계초도 이러한 견해를 제시한 바 있습니다.

둘째, 10편 모두 제목만 남긴 채 내용이 없어졌다는 의견으로, '유록무서설有錄無書說'이라고 합니다.

셋째, '부분 결손설'입니다. 남송 시대의 학자 여조겸呂祖謙은 《사기》를 꼼꼼히 살펴보면 장안이 지목한 10편 가운데 〈무제본기〉 외에는 모두 존재한다고 주장했어요. 왕응린王應麟·왕명성王鳴盛·양옥승梁玉繩 등이 이 설에 동조했죠.

넷째, '미결손설'입니다. 군데군데 보완한 곳은 있어도 완전히 결손된 부분은 없다는 주장인데, 이장지가 대표적 인물이에요.

학 생ㅣ 《사기》의 판본이 관건 아닐까요? 현재 남아 있는《사기》판본으로 가장 오래된 것이 있을 테고, 활자와 인쇄술이 발명되어 종이책을 대량으로 찍기 이전의 판본, 종이 발명 이전의 죽간이나 목간용 판본 등이 있을 텐데요. 그렇다면 판본에 따라 견해가 달라질 수밖에 없지 않나요? 같은 시대의 학자 여럿이 동일 판본을 보고 내린 결론이 다르다면 충분히 논쟁거리가 되겠지만요.

김영수ㅣ 그렇습니다. 사실 이 문제는《사기》의 판본에 따라 견해가 엇갈릴 수밖에 없는 한계를 안고 있죠. 즉, 연구자가 어떤 판본을 보았느냐에 따라 결론이 달라진다는 이야기입니다.

최근 연구자들이 이 점에 주목해 검토한 결과, 현재 통용되는《사기》판본에서 위 10편의 내용이 대부분 확인됩니다. 다만 후대에 보완한(이어 쓴) 부분이 있어, 어떤 부분이 누구에 의해 얼마나 보완되고 첨가되었는지에 관심이 집중되고 있어요.

▌《사기》의 유기적이고 독창적인 체제

학 생ㅣ 지금까지《사기》탄생의 시대적 배경과 〈자서〉에서 밝힌《사기》의 원래 이름 및 변천, 52만 6,500자의 메시지와 그에 얽힌 문제 등을 이야기 나누었는데요. 이제《사기》의 체제 문제로 넘어가 볼까요?

김영수 | 《사기》는 전체 130편으로 구성되어 있습니다. 130편은 다시 본기本紀, 표表, 서書, 세가世家, 열전列傳이라는 다섯 체제로 나뉩니다. 분량은 각기 달라서 본기 12편, 표 10편, 서 8편, 세가 30편, 열전 70편입니다. 열전 70편 중에는 사마천 자신의 경력과 가문의 내력 및 《사기》130편의 개략적인 취지와 내용을 소개한 자전적 성격의 〈태사공자서〉가 포함되어 있습니다. 분량면에서 열전이 단연 압도적이죠.

학 생 | 다섯 체제로 이루어진 기전체는 독창적인 부분이라고 들었습니다. 그렇다면 다섯 체제 각각도 독창적인가요? 만약 그렇지 않다면 유사한 서술 체제나 방식, 그리고 서적이 있는지요?

김영수 | 우리가 1권에서 살펴보았듯이 중국에서 사관의 설치는 매우 일찍부터 이루어졌으며, 비교적 완전하게 사건을 기록하는 방법과 사실을 존중하는 우수한 전통을 점진적으로 형성해왔습니다. 진의 통일 이전 선진시대에 이미 다양한 형식과 풍부한 내용의 역사 저술들이 출현합니다. 사마천의 《사기》는 지난 시대의 우수한 전통과 역사발전을 받아들이는 동시에, 독자적 창조성을 발휘한 역사문학의 거작으로 일컬어집니다. "천하에 잃어버렸거나 흩어져 있는 이야기들을 수집하여 사실을 고찰하고, 그 처음과 끝을 정리하여 성공과 실패, 흥성과 멸망의 이치를 살피고자"〈〈보임안서〉〉 한 것에서 출발해, 앞시대 사람들이 역사를 편찬했던 다양한 방법을 흡수하고 종합적으로 운용해 총 130편을 완성했죠. 그 안의 다섯 체제는 서로 어울리며 보완적인 역할을 함으로써 엄격하고도 완전한 체계라 할 수 있는 '기전체紀傳體'를 창조해냅니다. 그리하여 "하늘과 인간의 관계를

탐구하고 과거와 현재의 변화를 꿰뚫어 일가의 설을 이루고자"(〈보임안서〉) 했던 목적을 달성했어요.

일찍이 아버지 사마담이 이 체제의 대강을 마련했다고 생각하는 학자들도 있습니다. 그가 사마천에게 남긴 유언을 보면 군주, 충신, 의로운 인물들의 행적을 기록하지 못한 점을 무척 안타까워합니다. 이는 사마담이 적어도 본기, 세가, 열전을 구상하고 있었음을 암시한다는 것이지요.

체제는 단순히 역사서의 형식에 한정되지 않습니다. 역사가가 기록한 시대의 사회구조 및 내부관계, 변화발전에 대한 외재적 표현입니다. 또한 여러 인물, 사건, 제도 등의 사회역사적 지위 및 그것이 역사에 영향을 미치는 성격과 작용에 대한 인식이기도 하지요. 따라서 체제는 특정한 시대를 살아가는 역사가의 인식수준을 적나라하게 반영하는 동시에, 역사가의 세계관과 방법론이 사학을 통해 체현된 것이라고 할 수 있어요.

《사기》의 체제가 지닌 가치를 정확히 꿰뚫은 송나라 때의 학자 정초.

사마천이 《사기》를 구성하는 체제의 이름을 전부 창조한 것은 아닙니다. 그러나 다섯 체제를 개조하고 보완해 하나의 완전체로 만들었어요. 사마천이 중국 역사학, 아니 세계 역사학계에 남긴 위대한 선물입니다. 바로 이 때문에 봉건시대의 각 왕조가 역사 편찬시《사기》를 모범으로 삼았던 거죠. 송나라 때 학자 정초鄭樵는 사마천 부자를 이렇게 평가했어요.

대를 이어 서적들을 관리하고 제작에 공을 들였으며 … 황제·요·순에서 진·한에 이르기까지를 하나의 책으로 엮고 이를 다섯 체제로 나누었다. 본기는 기년이고, 세가는 세대를 전하는 것이며, 표는 달력을 바르게 하는 것이고, 서는 일(제도)을 분류한 것이며, 전은 사람을 드러나게 한 것이다. 이렇게 하여 백 세대가 지나도록 사관이 그 법을 바꾸기 쉽지 않았고, 학자는 이 책을 버릴 수 없었던 것이다. 6경이 나온 이후로 오로지 이 책이 있을 뿐이다.

《사기》의 다섯 체제는 그 하나 하나가 전체와 연계되며, 전체 역시 하나 하나와 연결됩니다. 'one for all, all for one(하나는 전체를 위하여, 전체는 하나를 위하여)'이라 할 수 있는 유기적 체제의 전형이죠.

학 생ㅣ 선생님께서는 마지막에 등장하는 〈태사공자서〉를 따로 떼어내 분석하셨네요.
김영수ㅣ 〈태사공자서〉는 사마천의 생애와 가문에 대한 서술이란 점 때문에 일반적으로 열전에 편입되는데요. 〈자서〉의 중대성과 특별한 의미를 고려해 따로 분류해보았습니다. 〈자서〉의 중요성을 강조하기 위해 따로 분류했을 뿐이니 오해 없기를 바랍니다.

▌《사기》 저술시 참고한 서적 및 자료

학 생 | 《사기》를 저술하기 위해 사마천이 참고한 서적들로는 무엇이 있습니까?

김영수 | 통계에 따르면 《사기》에 102종의 전적이 참고서로 등장하는데, 일일이 거론하는 것은 크게 의미가 없을 것 같네요. 간단히 표를 참고하십시오.

이밖에 조정의 공식문서(황제가 내린 조서, 신하들이 올린 글과 각종 보고서)와 비밀문서, 사마천이 직접 수집한 기록과 채록, 현장 탐방, 그리고 "조상 대대로 편집하고 정리해놓은 옛날 기록과 이야기들"(〈자서〉)을 참고한 것으로 보입니다. 또한 아버지 사마담이 자료의 상당 부분을 미리 정리해놓은 듯합니다.

학 생 | 사마천이 참고한 자료들은 종이책이 아니지 않습니까? 종이가 발명되기 전이니까요.

김영수 | 그렇습니다. 죽간이나 목간에 칼로 새기거나 붓으로 기록한 것들이에요. 귀중한 기록일 경우 비단 같은 옷감을 사용하기도 했죠. 여기서 우리는 102종에 이르는 참고서적의 많고 적음이 아니라 죽간과 목간의 양에 주목해야 합니다. 아마 엄청났을 거예요. 황가 도서관 정도의 규모와 그것을 마음대로 이용할 수 있는 조건이 아니었다면, 그림의 떡이었을 겁니다. 사마천 부자의 열정이 어느 정도였는지 알 수 있는 대목이죠.

학 생 | '구슬이 서말이라도 꿰어야 보배'라는 속담처럼, 방대한 자료를 효과적으로 활용하려면 분류나 서술에 대한 원칙이 있어야 할 것 같은데요.

김영수 | 물론이죠. 사마천은 이 자료들을 아버지와 자신이 정한 원칙에 따라 활용했습니다. 문헌 정리와 서술에 따른 원칙이라 할 수 있는데,《사기》의 전체적인 내용과 〈자서〉 및 〈보임안서〉를 면밀히 따져보면 몇 가지가 시선을 끕니다.

《사기》 집필시 주요 참고서적은 6경과 제자백가서였습니다. 사마천은 이 방대한 서적들을 정리한 다음, 내용상 모순되는 점은 삭제하거나 대조하여 서로 조화를 이루도록 다듬었습니다. 무분별한 삭제가 아니라 객관적이고 합리적인 기준에 입각해서요. 사실 제자백가의 서적들에는 황당무계하고 실제적이지 못한 내용이 부지기수입니다. 이런 것들을 삭제하거나 취사선택하지 않고는 제대로 된 역사서를 만들기가 불가능했을 거예요.

또한 사마천이 밝혔듯이 "천하에 흩어져 있는 옛 이야기들을 망라"했습니다. 이는 민간에 전해져오는 전설이나 문헌자료를 최대한 수집했다는 뜻이죠. 그런 다음 그 자료들을 고증하고 시말을 정리했습니다. 6경과 제자백가의 서적들을 기본자료로 삼되, 직접 현장을 누비며 온갖 자료들을 모았어요. 그는 이 자료들을 도서관에서 다시 정리·고증했습니다.

자료의 내용을 취사선택할 때는 시기적으로 오래된 '고문古文' 기록을 중시하되 문장이 반듯한 것을 우선시했죠. 사마천은 오래된 기록이 역사적 사실에 더 가깝고 내용도 반듯하여 믿을 만하다고 보았는데, 이는 오늘날의 역사학 방법론과도 일맥상통합니다.

서술 원칙으로 가장 눈길을 끄는 건, 의심스러운 대목일지라도 의심스러운 채 전달하는 것입니다. 시기적으로 한참 전의 일은 고증하고 밝힐 길이 없으므로 의문점이 있더라도 그대로 전달한다는 생각이지요. 의심스러울 경우 때로는 비워두기도 했습니다. 물론 확실한 것은 그대로 기록했고요. 또 두 가지 설이 맞서 어느 쪽도 확신할 수 없을 때는 둘 다 기록하는 균형감각을 발휘했습니다. 이런 것들이 서술의 원칙이자 문헌 정리의 원칙이었어요.

문헌자료는 시대와 자료의 성격 등을 최대한 고려해 활용했습니다. 오제를 비롯하여 하·상·주와 같이 상고시대의 사적은 오래된 문헌자료들을 편집해 그 줄거리를 파악한 후 전달했어요. 〈자서〉에 "제가 이른바 지난 일들을 서술하는 방법은 인물들 세대 간의 전기를 정리하는 것이지 창작하는 것이 아닙니다"라는 대목이 있습니다.

한편, 사실 여부가 의심되는 부분은 치밀한 고증을 거쳤어요. 이는 《사기》 곳곳에서 쉽게 확인할 수 있습니다. 이런 태도는 문헌학 분야에서 구체적인 공적을 남겼죠. 사마천은 기괴하거나 황당한 설일 경우, 그것이 아무리 오래되고 내용이 많다 해도 취하지 않는 엄격한 태도를 고수했습니다.

학 생 | 이런 자료들을 그대로 인용할 것인가, 문장을 적절히 바꿀 것인가 하는 문제도 존재할 텐데요. 또한 사마천의 주관적 견해도 많이 반영되었다니, 서술방법에 신경을 쓰지 않을 수 없었겠지요?

김영수 | 사마천이 동원하고 구사한 서술법은 다양합니다. 가능한 모

든 방법을 동원했다고 볼 수 있어요. 서술방법 가운데 특히 주목할 만한 것은, 오래된 고문을 당시 통용되던 쉬운 문장으로 번역해 전달했다는 겁니다. 이에 대해 비판적인 견해도 있지만, 형식론에 찌든 일부 인사들의 억지에 지나지 않는다고 생각해요.

학 생 | 《사기》 저술시 한 인물에 관한 기록과 내용을 여러 곳에 분산시키는 방법을 구사했다고 들었는데요.

김영수 | 《사기》는 다섯 가지 체제가 긴밀하게 결합된 역사서입니다. 사마천은 어떤 사건이나 인물에 대한 기록을 특정한 체제에 집중하지 않고 여러 곳에 분산시켰어요. 이를 호견법互見法이라고 하는데, 현대식 영어로 표현하면 하이퍼텍스트hypertext에 가깝습니다. 《사기》를 꼼꼼히 읽지 않으면 사마천의 의도를 제대로 알 수 없죠. 또 내용이 모순된다고 오해하기 쉽습니다. 인물과 사건에 대한 기록이 여기저기 분산되어 있는 것은 인물과 상황에 맞춘 의도적 안배예요. 독자 입장에서는 깊은 사색과 세밀한 관찰, 정독 등 유기적 독서법이 필요하죠. 그래서 혹자는 《사기》를 '난서難書'라 부르기도 합니다. 읽기 힘들다는 의미지요.

호견법을 활용해 기술함으로써 사마천은 사건과 인물을 보다 완전하고 생동감 넘치게 만들었습니다. 또한 사건과 인물에 대한 평가를 효과적으로 드러낼 수 있었죠. 예를 들어, 한 고조 유방과 항우는 각각의 본기를 면밀히 비교하고 검토할 때 구체적이고 입체적인 인물상이 보입니다. 뿐만 아니라 두 사람과 관련된 많은 열전들도 함께 검토해야 합니다. 번거로운 면이 없지 않지만, 그 과정에서 맛볼 수 있는 희열이 여간 아닙니다.

사마천이 호견법을 생각할 수밖에 없었던 또 다른 이유가 있습니다. 《사기》에는 권력자를 비판하는 내용이 많아요. 특히 사마천 당대의 무제를 비롯해 한나라 황제들에 대한 비판이 상당히 많습니다. 마음만 먹으면 얼마든지 폐기될 수 있었어요. 이를 피하기 위한 측면도 있었습니다. 요컨대 주의력을 분산시킨 거죠.

학　생 ｜ 그래서 《사기》를 두 부 만든 거로군요. 참으로 대단하고 복잡한 사연입니다. 어쨌든 《사기》는 제대로 읽기가 매우 어렵다는 결론이네요.

김영수 ｜ 《사기》의 다섯 체제는 내용 및 명칭면에서 어떤 특정한 책이나 몇몇 종류의 서적에서 기원한 것으로 보이지 않습니다. 과거 전적들의 영향을 받았지만, 전적으로 따르거나 의존하지는 않았어요. 재창조라고 할 수 있겠죠. 다섯 체제는 상호 배합을 통해 하나의 책으로 종합되었고, 그로 인해 역사의 변화과정에서 풍부하고 복잡하며 생동감 넘치는 인간군상의 모습을 표현할 수 있었어요. 결국 시공간 및 인간사 활동이란 측면에서 우리의 시야는 크게 확장되었습니다.

《사기》는 결코 읽기 쉬운 책이 아닙니다. 《사기》의 '난독難讀'은 문자상의 '난독'이 아닙니다. 물론 문자상의 '난독'이 전혀 없다고는 할 수 없지만 해결 못할 정도는 아니에요. 《사기》의 '난독'은 문자의 이면을 깊게 파고들어가야 한다는 데 있습니다. '행간을 읽어라!Read between the lines!'라는 서양 격언이 어울릴 것 같네요. 또한 전체를 이해한 토대 위에서 읽어야 한다는 어려움이 있습니다. 《사기》의 문장은 구체적인 스토리를 결합해 반복적으로 읽고 이해해야 참맛을 느낄 수 있어요. 이런 요소들이 《사기》의 매력이자 마력이라고 할 수 있죠.

학 생 | '난독'과 '난서'의 매력을 제대로 느끼려면 얼마나 공부해야 할까요? 알아야 할 주변부 지식 또한 엄청나네요.

김영수 | 그래서 저 같은 길잡이가 필요한 것 아닐까요? 꼭 언급해야 할 부분이 하나 더 남았습니다. 바로 《사기》 130편 모두에 딸려 있는 '태사공왈太史公曰'이란 사론史論입니다.

▌ 역사가 사마천의 논평, '태사공왈'

학 생 | '태사공왈'을 각 권의 요지로 이해하면 될까요?

김영수 | 물론 주제와 요지를 개괄적으로 나타내기도 합니다. 하지만 그럴 경우 〈태사공자서〉와 구분이 안 됩니다. '태사공왈'은 말 그대로 역사가 사마천의 논평이라고 할 수 있어요.

학 생 | 《사기》 이전에도 이런 논평 형식이 있었던가요?

김영수 | 공자가 집필한 《춘추》에서 그 선구적 형식을 찾아볼 수 있습니다. 공자는 과거를 거울 삼아 기강이 무너진 천하를 바로잡아야겠다는 취지로 《춘추》를 집필합니다. 사건을 기록하는 기사記事, 직분을 바로잡는 정명正名, 칭찬과 비난을 엄격히 하는 포폄褒貶을 원칙으로 제시하고, 오직 객관적 사실에 입각해 독자적으로 판단했어요. 누

구도 예외가 될 수 없었죠. 이렇게 해서 편년체編年體 역사서의 효시 《춘추》가 탄생했습니다. 이처럼 대의명분에 따라 객관적 사실에 의거, 엄정하게 기록하는 태도나 집필방법을 '춘추필법春秋筆法'이라 불렀어요.

사마천은 이런 전통을 계승하되 전혀 다른 형식 내지 이론적 체계로써 '태사공왈'이란 것을 창안했죠. 이 부분이 화룡·점정畵龍點睛, 요즘식으로 표현하면 '신의 한 수'가 되어 《사기》의 가치를 한 차원 더 끌어올렸습니다.

학 생 | '태사공왈'은 130편 전부 끝부분에 등장하나요?
김영수 | 그렇지 않아요. 대개 세 가지 형식으로 나뉩니다. 물론 대부분 끝에 나오기는 합니다. 이런 형식을 찬贊이라고 하죠. 맨앞에 있는 경우도 있는데 이를 서序라 하고, 중간에 있는 것을 논論이라 합니다. 흔히 이것들을 한마디로 논찬이라 합니다.

학 생 | 한 권에 한 편썩만 있습니까?
김영수 | 아닙니다. 통계에 따르면, 논찬이 총 134번 나오고 3만 936자에 이른다고 합니다.

학 생 | 논찬의 경우 어떤 내용을 담고 있나요? 130편의 취지와 요지를 기록한 〈태사공자서〉와 비슷한 점이 있다고 하셨는데요.
김영수 | 요지를 개괄하고 주된 뜻을 분명하게 드러낸 것이 가장 많습니다. 역사적 사건이나 인물에 대해 공정하고 타당한 평가를 내리는

경우도 적지 않아요. 농민봉기군의 수령 진섭을 세가에 편입시키고, 그의 역할을 혁명에 비유한 것이 가장 대표적이죠. 이 때문에 많은 비판과 비난을 받았지만 말입니다. 인물에 대한 칭찬과 비판, 즉 포폄도 공정한 논지를 견지합니다. 진시황을 비판하지만, 천하통일의 업적을 크게 평가한 것이 그런 경우에 해당해요.

때로 논찬에 자신의 감정을 드러내기도 했는데요. 〈공자세가〉에서 《시경》의 '고산앙지高山仰之, 경행행지景行行止'라는 대목을 인용해 공자에 대한 존경심을 표현했습니다. '높은 산은 우러러보고, 큰길은 따라 간다'는 의미입니다. 존경의 마음이 흘러넘치지 않습니까?

학 생| 논찬을 제대로 분석하면, 역사가로서 사마천의 사관과 역사의식을 분명히 알 수 있겠군요.

김영수| 그렇습니다. 이제 각 체제의 특징과 해당 편들의 핵심내용을 살펴볼까요?

─── 《사기》의 체제별 취지·내용·특징 ───

체제	취지	내용·특징	비고
전체	• "하늘과 인간의 관계를 탐구하고, 과거와 현재의 변화를 꿰뚫어 일가의 설을 이루고자 한" 역사서. • 처음에는 《태사공서》로 명명함. • 도합 130편, 52만 6,500자로 이루어짐.	• 〈본기〉(12편), 〈표〉(10편), 〈서〉(8편), 〈세가〉(30편), 〈열전〉(69편), 〈자서〉(1편)를 유기적으로 결합한 진보적 통사이자 세계사임. • 인간을 주체로 한 역사서술 방법을 체계화한 당대의 가장 참신하고 혁신적 역사서임.	• 《사기》의 체제는 과거 유산의 총결이지만 결과는 사마천의 창조물임.
본기 (1~12, 12편)	• "천하에 흩어져 있는 옛 이야기들을 두루 모아 왕의 행적들의 시말과 성쇠를 탐구·관찰한 다음, 사실에 근거해 위로 3대의 역사를 간략하게 추구하고, 아래로는 현재에 이르기까지 12본기 서술." • 〈오제본기〉〈하본기〉〈은본기〉〈주본기〉〈진본기〉〈진시황본기〉〈항우본기〉〈고조본기〉〈여후본기〉〈효문본기〉〈효경본기〉〈효무본기〉	• 제왕을 중심으로 연·월에 따라 치적과 각 방면의 주요 사건을 기록하되, 유명무실한 제왕(한 혜제)은 배제하고 한 시대를 풍미한 항우, 실권을 휘둘렀던 여후를 본기에 편입시키는 등 계기적·합리적·진보적·파격적·거시적 역사관을 보여줌.	• '본기'는 《우본기(禹本紀)》라는 고서에서 유래함. • '기'는 제왕의 책, 기전체와 편년체의 결합 체임.
표 (13~22, 10편)	• "사적에는 시대가 같은 것도 다른 것도 있어 연대치가 분명치 않으므로 10표를 만듦." • 〈삼대세표〉〈십이제후연표〉〈육국연표〉〈진초지제월표〉〈한흥이래제후왕연표〉〈고조공신후자연표〉〈혜경간후자연표〉〈건원이래후자연표〉〈건원이래왕자후자연표〉〈한흥이래장상명신연표〉	• 시간을 축으로 삼고 표 형식으로 세계·인물·역사사실을 나열하여 맥락을 밝힘. • 사료의 많고 적음, 사실의 신뢰도, 대상의 비중에 따라 연·월표로 나눔. • 본기와 더불어 역사를 시·공간적으로 파악할 수 있게 함. • 크게 대사표와 인물표로 구분.	• '표'는 《주보(周譜)》 등 가계도와 족보류에서 유래함. • 역사적 사실 또는 인물의 시간성을 가리키는 체제이자 《사기》의 부록임.
서 (23~30, 8편)	• 시대에 따른 예악의 증감, 율력의 변화, 병권, 산천, 귀신, 하늘과 인간의 관계 등에 대해 그 득실과 폐단을 살피고 변화를 꿰는 내용." • 〈예서〉〈악서〉〈율서〉〈역서〉〈천관서〉〈봉선서〉〈하거서〉〈평준서〉	• 인물 중심의 기전체 역사서에서 부족하거나 찾아보기 어려운 사회·문물제도에 대한 발전적 내용을 보완하기 위한 배려임. • 사회경제기초(평준·하거), 정치제도(예악·율·역), 천문(천관), 종교(봉선)의 변화과정이 일목요연하게 제시됨.	• '서'는 《상서》에 연원을 둠. • 8서는 《사기》의 총론격임.

체제	취지	내용·특징	비고
세가 (31~60, 30편)	• "별들이 북극성을 중심으로 돌고, 30개 바퀴살이 하나의 바퀴에 집중되어 무한히 굴러가듯, 신하들이 충성으로 천자를 받드는 모습을 내용으로 삼음." • 〈오태백세가〉~〈삼왕세가〉	• 역사를 움직인 주체적 인물들에 대한 기록으로 어느 한 공간이 아닌 그 시간을 지배한 역사의 동력이었음. • 농민봉기군 진섭, 유가의 창시자 공자를 세가에 편입한 파격이 돋보임. • 상당수가 국별사에 해당함.	• '세가'는 과거의 《세가》에 연원을 둠. • 혁명과 문화의 역사적 의의를 인식한 《사기》의 축.
열전 (61~129, 69편)	• "정의롭게 행동하고, 기개가 넘쳐 남에게 억눌리지 않으며, 세상살이에서 기회를 놓치지 않고, 공명을 천하에 떨친 사람들의 일을 내용으로 삼음." • 〈백이열전〉~〈화식열전〉	• 다양한 인간상과 각계각층의 활약상, 주위세계에 대한 인식 등을 합리적으로 분류하고, 의미심장한 배열 및 대비로 전기문학의 백미로 평가받음. • 역사의 여러 측면을 파노라마처럼 생동감 넘치게 서술한 장쾌한 서사시. • 외국 또는 소수민족의 상황을 기록한 대외관계사 및 민족관계사가 포함됨.	• '열전'은 과거의 '사전(史傳)'과 이야기, 현장 답사로 이루어짐. • 그 자체로 역사에 대한 설명이 이루어짐
태사공자서 (130, 1편)	• "흩어져 있는 (사적을) 모으고 육경을 보완하여 일가의 말(책)을 이룬 것. 육경에 대한 다른 견해들을 모아 취사선택한 다음, 백가의 이런 저런 말들을 다듬은 것." • 사마씨의 가계, 아버지 사마담과 사마천의 생애를 서술함.	• 《사기》의 저술 경위 및 129편의 취지, 개략적 내용을 소개함과 동시에 사마천 자신의 역경을 비교적 상세히 소개함. • 울분과 비장함이 가득하며, 《사기》를 이해하기 위한 가장 중요한 안내문임.	• 전무후무한 역사가의 자기고백이자 《사기》의 지침 역할을 함.

《사기》 저술시 참고서적

서적(총 102종)	종수(%)
6경 및 그 주석서	23종(23%)
제자백가서	52종(51%)
고금 역사서 및 황실기록	20종(20%)
문학서	7종(6%)

2장

본기, 천하대세를 장악한 주체들의 기록

本紀

本紀 —————— 본기는《사기》의 다섯 체제 가운데 시작

이자 3천 년이라는 시간의 축이라 할 수 있다. 시간의 흐름을 축으로

하되 인간의 작용을 주된 내용으로 채움으로써 시간과 인간의 작용

을 절묘하게 결합시킨다.

　12편의 이름과 배치는 얼핏 통일성이 없어 보이지만, 사마천의 깊

은 식견과 안배의 결과물이다. 복수의 인물(오제), 왕조(하, 은, 주), 개

인(진시황, 항우), 왕조 내 개인(한 고조 이하)을 사료의 양과 시대적 상

황에 따라 적절히 배치하고 있다.

　본기에 편입된 몇몇 인물들(진시황, 항우, 여태후)로 인해 사마천은

보수적 역사관에 매몰된 고지식한 어용학자들에게 2천 년 이상을

시달렸다. 하지만 지금은 오히려 그러한 부분들이 사마천의 역사

인식을 빛나게 하는 요소로 평가받는다.

　본기는《사기》의 출발점이자 전체를 떠받치는 기둥이다. 이 기둥

들을 의지해 대들보와 서까래가 올라가고 지붕이 얹혀져《사기》라는

집이 완성된다.

　사마천은 천하의 대세를 장악한 주체라면 누구든 본기에 편입시켰

다. 짧은 시간이지만 실질적으로 천하의 주인이었던 항우가 대표적

이다. 하지만 사마천 후대의 역사가들은 본기에 제왕만 포함되도록

규칙을 오히려 강화시켰다.《사기》의 서술 체제를 갖다 쓰면서도 그

들은 자격이 안 되는 항우와 여태후를 본기에 편입시켰다며 사마천을 비난했다. 통사의 기술방법과 단대사의 그것이 엄연히 다를 수밖에 없는 기본적인 차이도 인식하지 못한 것이다.

적어도 중국 역사학의 역사인식과 역사가의 사관은 사마천과《사기》를 기점으로 퇴행했다.《사기》의 외형은 어찌 흉내를 냈지만, 그 정신을 따라잡기에는 역부족이었던 것이다.

▋▋ 본기 12편의 의미와 특징

학 생 | 《사기》 다섯 체제의 시작, 본기입니다. 우선 본기의 의미와
특징에 대해 자세히 알아볼까요?
김영수 | 사마천은 〈태사공자서〉에서 본기의 취지를 이렇게 말했습
니다.

　　천하에 흩어져 있는 오랜 이야기들을 두루 모아 제왕들이 일어나
게 된 자취를 살폈는데, 그 처음과 끝을 탐구하고 흥망성쇠를 보되
사실에 근거하여 결론을 지었다. 삼대 이상은 간략하게 추정하고,
진과 한은 상세히 기록하되, 위로는 황제 헌원으로부터 아래로는
지금에 이르기까지 12편의 본기로 저술되었는데, 모두 나름대로의

뼈대를 갖추고 있다.

당나라 때 학자 사마정司馬貞은 《사기》에 비교적 상세한 주석을 달았습니다. 이것이 바로 《사기색은史記索隱》이죠. 여기서 사마정은 본기에 대해 이렇게 말합니다.

> 기紀란 기록한다는 뜻이다. 그 사실에 근본을 두고 기록했기 때문에 본기라 한 것이다. …그리고 제왕의 책을 기라 한 것은 후대를 위한 벼리를 말한다.

《사기》에 주석을 달았던 많은 사람들의 견해를 종합하면, '본本'은 각 편의 전체로서 나라의 지배자와 왕실을 다루고 있음을 나타냅니다. 그리고 '기紀'는 완벽하지는 않지만 세가나 열전에 비해 연대기적 형식으로 사건을 기록함을 의미합니다.

본기의 형식이나 명칭은 사마천이 처음 구상해낸 체제가 아닌 듯합니다. 《사기》 권123 〈대완열전〉에 〈우본기〉라는 기록이 보이기 때문이죠. 그러나 내용의 일부는 대단히 파격적입니다. 이 때문에 첫 편인 〈오제본기〉부터 논란의 대상이 되었어요.

12편의 본기는 기본적으로 황제부터 한 무제에 이르는 약 3천 년 역사의 중대한 사건을 기록한 체제입니다. 따라서 당시 통치계급의 대표적 인물을 중심에 놓고 연대순으로 기술하는 것이 합리적이었을 겁니다. 통상적으로 당시의 제왕들이 그에 속하므로, 진시황이나 한 고조, 한 문제 등이 본기에 편입되었어요. 이들 제왕을 중심으로 정책의 실행과 변화, 관리의 임면, 전쟁, 자연재해, 외교 같은 국가 대사가 기록되었죠.

사마천이 만들어낸 《사기》의 '다섯 체제'는 마치 유기체와 같습니다. 모두 과거로부터 계승한 체제이면서 과거와는 전혀 다른 모습으로 나타나죠. 그 하나 하나가 독자적이지만 서로 결합되어 놀랍고 참신한 매력을 발산합니다.

본기 12편은 표면적으로 '천자의 기록'이지만 천자가 아닌 인물이 포함되며, 훗날 수구적 정통주의자들로부터 천자로서의 지위를 의심받거나 부정당한 인물도 들어가 있습니다. 수구적 보수주의자나 어용 사가들로서는 그런 인물들이 본기에 편입된 것 자체가 상당히 거슬렸을 겁니다. 항우와 진시황, 그리고 여태후가 그 주인공인데, 많은 논란을 불러일으켰죠. 사마천과 《사기》를 비판하는 이라면 예외 없이 이 부분을 거론합니다. 하지만 그들은 《사기》의 겉모습만 보았

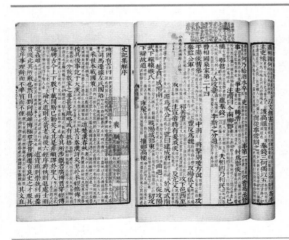

당나라 학자 사마정이 《사기》에 주석을 달아 완성한 《사기색은》 판본.

을 뿐 그 정신은 보지 못했습니다. 《사기》의 체제를 거의 그대로 모방한 《한서》는 항우를 세가世家도 아닌 열전列傳으로 격하시켰습니다. 반고같이 뛰어난 역사가가 사마천의 의도를 읽어내지 못한 것일까요? 아니면 알고서도 자신의 견해와 달라 그렇게 처리한 걸까요? 알고도 그렇게 했다면 역사가로서의 자질에 의문을 품을 수밖에 없습니다.

사가나 평론가들은 사마천의 의도를 제대로 파악하지 못한 채 《한서》를 기점으로 형식화된 의미로만 《사기》의 본기를 대했어요. 그로 인해 《사기》와 본기는 오래도록 합당한 평가를 받지 못했습니다. 비교적 개화된 사론가로 평가받는 유지기조차 사마천의 의도를 비판했죠. 많은 사람들이 최근까지 이러한 태도를 답습했습니다.

정도는 덜하지만, 제후국 시기의 진나라와 제후국들을 아우르고 최초의 통일제국을 수립한 진시황을 본기에 편입시킨 것에도 많은 비난이 따랐습니다. 폭군의 대명사인 진시황을 본기에 편입할 수 없다는 단선적 논리에 지배된 것이죠. 더군다나 사마천 이후 역사서를 편찬한 인물들이 대부분 유가 계통이었습니다. 따라서 '분서갱유'를 단행했던 진시황에 대한 선입견과 혐오감이 컸어요. 어쩌면 본기를 정당하게 인식하고 평가하는 일이 불가능한 상황이었을지도 모릅니다.

학 생 │ 그에 대한 사마천의 반응은 없습니까? 비판과 비평이 후대에 나왔으므로 직접 대응할 수는 없었겠습니다만.

김영수 │ 있습니다. 사마천 당대에도 통일 왕조 진나라에 대한 인식의 차이가 상당했던 것 같아요. 해당 대목을 살펴보겠습니다.

학자들은 자신들이 보고 들은 것에 얽매여 진 왕조가 오래 존속하지 못한 현상만 본다. 그 처음과 끝을 살피지 못한 채 모두들 비웃으며 칭찬 같은 것은 엄두도 못 내고 있으니, 이것이야말로 '귀로 음식을 먹으려는' 것과 무엇이 다른가? 서글프다! ─〈육국연표〉 서문

《사기》 본기 중 〈고조본기〉의 첫부분.

사마천은 이데올로기나 낡은 관념에 얽매여 역사적 인물이나 사건의 본질을 제대로 보지 못하는 학자들을 가리켜 '귀로 음식을 먹으려는', 즉 '이식耳食'하려는 자들이라고 꼬집었습니다.

학 생 | 여태후의 본기 편입은 더 큰 논란을 불러일으켰죠?
김영수 | 맞습니다. 남성 중심의 봉건사회였기 때문에 격렬한 반응을 보일 수밖에 없었을 거예요. '천자의 기록'만 본기에 편입될 수 있다는, 본말이 전도된 원칙과 표면적 의미에 매달려 본질을 외면한 거죠. 이밖에 〈진본기〉도 시빗거리가 되었습니다. 그러나 이 모든 시비는 결과적으로 《사기》의 독창성과 탁월한 식견을 반증하는 것이나 다름없습니다.

▌'시세'와 '대세'를 주도한 자들의 기록

학 생 │ 본기의 진정한 의미와 본질은 무엇일까요?

김영수 │ 사마천은 왜 항우와 진나라, 그리고 진시황을 본기에 편입시켰는가? 여태후를 본기에 편입한 것은 어떻게 해석해야 하나? 이 질문을 풀어가다 보면 답이 나올 겁니다.

사마천은 본기 서술의 중점을 역사의 큰 흐름에 두었습니다. 본기 12편은 상고시대사를 정리한 네 편, 즉 〈오제본기〉〈하본기〉〈은본기〉〈주본기〉를 시작으로 천하를 통일한 진의 역사적 역할과 원동력, 통일 이후의 득실을 각각 〈진본기〉와 〈진시황본기〉에서 분석합니다. 그런 다음 진의 붕괴를 기점으로 천하의 대세를 가늠할 때 주도적으로 역할했던 항우를 본기에 편입시켜, 당시 정세와 그의 비극적 행적을 극적으로 서술하죠. 이어 천하를 재통일한 한 고조 유방의 본기를 시작으로 한나라의 역사를 풀어가는데, 혜제惠帝 즉위 후 실질적으로 대권을 장악하고 황로사상에 입각해 백성을 편히 쉬게 하면서 생산과 인구를 늘리는 이른바 '휴양생식休養生息'의 정치를 펼친 여태후를 본기에 편입시킵니다.

학 생 │ 그런 대담한 발상이 가능했던 이유를 어떻게 봐야 할까요?

김영수 │ 〈진본기〉도 같은 맥락입니다. 유지기는 〈진본기〉가 제후국에 대한 기술이므로 제태공齊太公(강태공)이나 노주공魯周公처럼 세가로 편입시켜야 한다고 목소리를 높였어요. 일리가 전혀 없는 주장은 아닙니다. 하지만 〈진본기〉는 〈진시황본기〉의 '전기前紀'와 같습니다.

기간도 길고 내용도 많기 때문에, 〈은본기〉나 〈주본기〉처럼 개국 제
왕 이전에 살았던 먼 조상들의 사적을 앞에다 서술하지 않고 독립시
킨 것이지요. 형식상으로는 독립이지만 성격상 〈진시황본기〉의 상편
에 해당한다고 보면 됩니다. 진은 효공孝公 이래 전국의 여러 나라들
과 위상면에서 크게 달라집니다. 사마천은 이런 견해를 앞서 인용한
〈육국연표〉 서문에서 분명히 밝혔습니다.

학 생ㅣ 만약 유지기나 사마정 등의 주장대로《사기》의 순서를 바꾸었
다면 어떻게 될까요?
김영수ㅣ 당장 독자들이 불편해지죠. 즉, 진나라의 역사를 시대순으
로 읽고 싶을 때 뒷부분에 등장하는 '세가'를 읽고 다시 앞으로 가서
〈진시황본기〉를 읽어야 하는 상황이 발생합니다. 단편적으로 형식만
추구한 결과죠. 사마천은 형식보다 실질을
중시했고, 그렇게 해서 지금의 '본기'가 탄생
한 것입니다.
　사마정은 유방의 장자로서 한나라 2대 황
제였던 혜제를 본기에서 배제한 것 또한 잘
못이라며, 혜제와 여태후의 '본기'를 각각 분
리시켜야 한다고 주장했어요. 물론 그렇게
하는 것도 방법이고 명분 또한 있습니다. 반
고가《한서》를 편찬하면서 그렇게 했어요. 여
기서 핵심은, 혜제가 즉위한 뒤 조정의 일을
전혀 돌보지 않았다고 판단한 사마천의 인식

개화된 역사평론가 유지기도 본기 편
제에 대한 사마천의 의도를 제대로
파악하지 못했다.

에 있습니다.

알려진 것처럼, 혜제는 즉위 1년 만에 모후 여태후가 유방이 사랑했던 척희를 '인체人彘(인간돼지)'로 만든 일에 충격을 받았습니다. 혜제는 여후에게 더는 천하를 다스릴 수 없다고 선언하죠. 그리고 술과 놀이에 빠져 살다가 젊은 나이로 세상을 떴습니다. 대권은 물론 여태후가 장악했고요. '실질적인 정치권력을 행사한다'는 시각에서 보면 사마천이 혜제를 본기에서 뺀 것이 이상하지 않습니다.(항우의 꼭두각시 노릇을 한 초의 의제를 기록에서 제외한 것도 마찬가지입니다.)

학 생 | 시대를 단절시키지 않고 천하형세를 장악한 사람이라면 누구든 본기에 편입되어야 한다고 판단한 거네요?

김영수 | 그렇죠. 천하정치의 중심을 기준으로 삼았는데, 이것이 《사기》의 창조성이자 매력 아닐까요? 기계적 중립이나 무소신을 답습 내지 모방하려는 태도가 《사기》에 자리잡을 가능성은 애초 없었습니다. '시세'와 '대세'를 주도한 자들의 기록, 이것이 바로 본기입니다.

《사기》 본기는 전통적 체제를 계승하면서도 창의성이 넘치는 탁월한 체제의 출발점이었습니다. 후대의 수많은 정사들이 형식적으로는 《사기》를 표준으로 삼았지만, 사마천이 추구했던 창조와 비판정신은 잃어버렸어요. 이런 점에서 중국 역사학은 《사기》와 사마천을 기점으로 도리어 퇴보했다는 비판을 받기도 합니다.

본기 12편(1~12권)의 취지·내용·특징

체제·권명		취지·내용·특징	비고
본기 12편		● "천하에 흩어져 있는 오랜 이야기들을 두루 모아 제왕들이 일어나게 된 자취를 살폈는데, 그 처음과 끝을 탐구하고 흥망성쇠를 보되 사실에 근거하여 결론을 지었다. 상대 이상은 간략하게 추정하고, 진과 한은 상세히 기록하되, 위로는 황제 헌원으로부터 아래로는 지금에 이르기까지 12편의 본기로 저술되었는데, 모두 나름대로의 뼈대를 갖추고 있다." ● 12본기는 계기적·합리적·진보적·파격적·거시적 역사관을 동시에 종합적으로 보여주는 체제이다. ● 제왕을 역사적 사건의 중심에 놓고 논술하는 것에서 그치지 않고, 전후 계승관계로 역사의 발전을 드러내고 역사를 거시적으로 바라보는 탁월한 안목을 보여준다.	
	권1 오제본기	● 5제(황제·전욱·제곡·요·순)의 공덕을 찬미하여 천추만대에 전할 것과 조상·도덕·인간사·제도·세계관·역사학 방법을 밝힌 《사기》의 첫 권으로 제위의 선양 전통을 부각시키고 있다. ● 현지답사와 여러 학설을 수집, 검토하고 합리적인 부분을 택해 서술한 본기의 총체적 서문 성격을 띤다. ● 실사구시 정신을 바탕으로 한 사마천의 역사관이 돋보이는 문장으로 평가받는다.	《상서》 《오제덕》 《제계성》 《국어》 《좌전》 《세본》 《장자》 《세본》 《맹자》 《한비자》 《전국책》 《여씨춘추》 《예기》 《회남자》 참조.
	권2 하본기	● 중국사 최초의 왕조로 그 실체를 인정받는 하의 시조 하우(대우)의 공덕과 하 일대의 역사적 사건을 기록하고 있다. ● 우순과 하우 때부터 공물과 조세제도가 정비되고 부자 계승으로 전환된 점을 강조한다. ● '하'·'화하'는 중화대일통의 중요한 표지이며, 이로부터 중국이란 개념이 정식으로 형성되었다는 인식이 담겨 있다.	《오제덕》 《제계성》 《맹자》 《상서》 《우공》 《감서》 《대우모》 《고도모》 《익직》 《오자지가》 《윤정》 참조.
	권3 은본기	● 상의 건국으로부터 성탕, 그리고 제신의 멸망까지를 흥망성쇠의 논리로 서술했다. 전편을 흥망성쇠와 덕치의 유무로 꿰뚫어 서술하는 사마천의 순환론적 사관이 엿보인다. ● 은허 갑골문의 발굴로, 이 부분에 기록된 은의 왕계 및 기록의 정확성이 증명되었다.	《제계성》 《상서》 《국어》 《일주서》 《묵자》 《맹자》 《시경》 《여씨춘추》 참조.
	권4 주본기	● 주의 흥기·발전·쇠퇴·천도와 멸망의 역사과정을 이른바 '대세'의 흐름으로 파악했다. ● 주의 초기 도읍지가 종래 학자들의 주장대로 낙읍이 아니라 풍호라고 주장한 사마천의 고증이 돋보인다. ● 내용면에서 군주와 대신의 자질을 강조한 점이 주목된다.	《시경》 《상서》 《일주서》 《춘추》 《좌전》 《국어》 《전국책》 《세본》 《죽서기년》 《예기》 《제계성》 《여씨춘추》 《순자》 《한시외전》 참조.
	권5 진본기	● 천하를 통일한 진의 역사를 초기부터 비약적으로 발전한 춘추 전국시대까지 단계적으로 서술했다. ● 복잡한 역사적 사실 중에서 진보에 영향을 준 몇 단계를 탁월한 식견과 용기로 부각시킨 점이 눈길을 끈다. ● 어떤 교조나 틀에 매이지 않고 자신만의 원칙으로 역사발전의 대세를 기술했다.	〈진기〉 〈진시황본기〉 〈맹상군열전〉 〈백기 왕전열전〉 〈장의열전〉 〈범수채택열전〉 〈여불 위열전〉 〈이사열전〉 참조.

체제·권명		취지·내용·특징	비고
본기 12편	권6 진시황 본기	• 천하를 통일한 진시황의 치적과 진 제국의 몰락과정을 진시황을 중심으로 상세히 서술하고 평가하면서, 진의 통일이 역사발전의 필연적 결과임을 강조했다. • 완전한 진 왕조 흥망사이자 인물을 중심으로 한 최초의 제왕본기로, 장편에 속한다. • 진시황의 공과를 가감 없이 서술해 한대 통치자에게 귀감이 되도록 했다.	〈과진론〉〈이사열전〉〈몽염열전〉 참조.
	권7 항우본기	• 비극적 영웅 항우의 시대적 역할과 공적, 몰락과정을 문학적 필치로 구성했는데, 《사기》 전체에서 가장 중요하고 빛나는 한 편에 속한다. • 생생하고 구체적으로 파란만장했던 시대를 묘사했으며, 최초의 인물 중심 걸작을 탄생시켰다. • 항우에 대한 무한한 애정을 표현하면서도 그의 약점과 잘못을 솔직하게 그려낸 '실록' 정신이 돋보인다.	〈회음후열전〉〈고조본기〉 참조.
	권8 고조본기	• 천하를 다시 안정시킨 한 고조 유방의 행적을 기술하면서 역대 왕조의 폐단을 간결하게 지적한다. • 〈항우본기〉와 더불어 《사기》 전체에서 가장 훌륭하고 중요한 편으로 꼽힌다. • 천하를 재통일한 유방의 장점들을 생생한 필치로 묘사하며 잔인하고 이기적이었던 단점들도 함께 그려낸다. 이를 통해 정통 역사학자들이 흔히 범해온 개국 황제에 대한 찬양일변도의 위선적 의식을 통렬히 반박했다.	〈항우본기〉〈회음후열전〉〈유후세가〉〈소상국세가〉〈전담열전〉〈팽월열전〉 참조.
	권9 여후본기	• 혜제 이후 여씨 일족이 정권을 독단하고 여후가 실질적인 황제 노릇을 하였으나, 천하는 편하고 즐거웠다고 언급한다. • 한나라 초기 통치집단 내부에서 벌어졌던 권력투쟁 과정을 생동감 있고 박진감 넘치게 묘사함으로써 한 편의 단편소설을 보는 듯하다. • 황제는 되지 못했지만 실질적으로 황제 권력을 행사한 여후를 본기에 포함시킨 사마천의 현실적이고 파격적인 역사관이 돋보인다.	〈계포난포열전〉〈흉노열전〉 참조.
	권10 효문본기	• 한나라 초기 황실의 불안정과 황제 계승에 따른 동요를 수습하고, 악법과 연좌제, 육형 폐지 등 어진 정치를 베풀어 나라를 안정시킨 문제의 치적을 서술했다. • 사마천이 이상적인 군주의 모델로 삼았던 문제를 찬양하며, 다른 본기에는 함부로 싣지 않았던 황제의 조서를 상세히 소개했다. • 황제에게 글을 올려 아버지의 목숨을 구한 소녀 제영의 행동을 조정의 정치적 조치와 연결해 풀어냄으로써 여성에 대한 진보적 관점을 보여준다.	〈장석지풍당열전〉〈강후주발세가〉〈효경본기〉 참조.

체제·권명		취지·내용·특징	비고
본기 12 편	권11 효경본기	• '오초 7국의 난'을 평정하고 천하를 안정시킨 경제 시대의 행적을 기술하고 있다. • 경제를 문제와 대비시켜 평가하는 한편, 다른 편에서 경제의 부정적인 점들을 비판했다. 하지만 전체적으로 통치계급 내부에 비판의 초점을 맞추었으며, 정책이나 백성에게 영향을 미치는 부분에 대한 비판은 많지 않은 편이다.	• 진위 여부가 역대로 논란거리임. 〈강후주발세가〉 〈위기문안후열전〉 〈장석지풍당열전〉 〈외척세가〉 〈오종세가〉〈양효왕세가〉 참조.
	권12 효무본기	• 대내외적으로 융성해진 무제 시대의 치적을 비교적 상세히 서술한 본기의 마지막 편이다. • 후대인이 〈봉선서〉 등에서 잘라내 보완한 것이라는 설이 만만치 않다. 《사기》가 무제의 심기를 건드리는 바람에 10여 편이 삭제된 채 유통되었다는 주장과도 맞물리는 부분이다.	• 〈봉선서〉를 반드시 참고하고, 여러 편에 흩어져 있는 사마천의 무제에 대한 인식과 평가 참고.

*《사기》 권130 〈태사공자서〉와 각 권의 '태사공왈'을 주요 축으로 삼고, 《사기제평史記題評》 등의 연구서를 참고하여 작성했음. 비고란에는 함께 읽어야 할 편명과 각 편에 참조된 문헌자료를 표시함. 이하 다른 표들도 동일함.

3장

표, 역사의 시공간을 인식하다

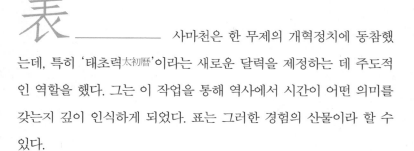 사마천은 한 무제의 개혁정치에 동참했
는데, 특히 '태초력太初曆'이라는 새로운 달력을 제정하는 데 주도적
인 역할을 했다. 그는 이 작업을 통해 역사에서 시간이 어떤 의미를
갖는지 깊이 인식하게 되었다. 표는 그러한 경험의 산물이라 할 수
있다.

표는 다른 곳에서 언급하지 못했거나, 특별히 남길 필요가 있는
사건들을 시간의 흐름 속에서 간명하게 기록한 것이다. 그렇다고 전
체를 동일한 형식으로 단순하게 정리하지 않았다. 3천 년을 다루는
통사에서 사건의 발생시점이 워낙 떨어져 있기 때문에 표의 형식을
달리할 수밖에 없었다. 세표, 연표, 월표는 그렇게 해서 나온 결과물
이다.

사마천은 표를 단순한 시간의 흐름에 머무르지 않도록 안배했다.
다른 체제에서 빠진 내용을 보완하고, 미처 생각하지 못한 사건들의
맥락을 짚음으로써 시간의 흐름 속에서 공간을 확보하는 절묘한 성
과를 거두었다.

《사기》는 철두철미하게 사람의 기록이다. 그만큼 입체적이다. 놀랍
게 표에서도 사람 냄새가 물씬 난다. 표를 《사기》 다섯 체제 중 가장
독창적이라고 평가하는 이유가 여기에 있다.

表

‖《사기》의 가장 독창적인 체제

학 생 l 《사기》와 사마천을 연구하는 이인호 교수님의 책을 보니
《사기》의 다섯 체제 중 표表를 엑셀 프로그램에 비유하셨더군요. 참
재미있고 기발한 비유라는 생각은 했지만, 선뜻 이해가 되지 않았
습니다.

김영수 l 먼저 표에 대한 기본적인 내용부터 살펴볼까요? 사마천은
〈태사공자서〉에서 "사건은 많은데 발생한 시간이 달라 연대가 분명
치 않은 사건들이 있다. 그래서 10편의 표를 지었다"고 했습니다. 이
에 대해 사마정은 《사기색은》에서 "《예》에 보면 〈표기〉가 있는데, 정
현은 '표는 밝히는 것이다'라고 했다. 사실이 희미하여 드러나지 않
아서 밝혔기 때문에 표라 한 것이다"라고 풀이했죠.

역사적으로 수많은 사건들이 발생했지만 시기는 모두 다릅니다. 그렇다고 그 많은 사건을 모조리 기록할 수는 없지 않겠습니까? 중대한 사건은 해당 부분에서 다루면 되지만, 그밖에 기록의 필요성이 있는 사건들을 어떻게 처리할지 고민이었을 겁니다. 그래서 표라는 형식이 등장한 거죠.

학 생 | 그렇군요. 우리가 역사를 공부할 때 접하게 되는 연표의 연원이 바로 《사기》의 표에 있다고 보면 되겠네요. 그런데 여기서 한 가지 의문이 떠오릅니다. 사건이 발생한 시기에 차이가 있지 않습니까? 저 아득한 상고시대의 사건은 그 연도조차 분명치 않지만, 최근 사건은 날짜와 심지어 시간까지 기록할 수 있잖아요.

김영수 | 바로 그겁니다. 사마천은 그 점을 고려해 10편의 표를 세 종류로 나눕니다. 바로 '세표', '연표', '월표'예요. 표는 왕조의 순서에 따라 역사를 몇 단계로 나눈 다음 다시 세대, 연, 월로 구분해 기록한, 큰 사건에 대한 간명한 정리이자 《사기》 전체를 아우르는 사건 서술의 연결과 보충 역할을 담당합니다.

학 생 | 절묘한 장치군요. 《사기》 이전에 이런 표를 구상한 역사가나 역사서가 있었나요?

김영수 | 없습니다. 어찌 보면 표는 《사기》 다섯 체제 중 가장 독창적이라고 할 수 있습니다.

학 생 | 하지만 표는 재미가 없고 읽기도 어렵습니다. 심지어 어떻게

읽어야 하는지도 모르겠어요.

김영수ㅣ 10편의 표는 청나라 이전까지
만 해도 중요성을 인식하지 못한 채 묻
혀 있었어요. 《사기》에 대한 탁월한 연
구서 《사기지의史記志疑》를 남긴 청나
라 양옥승梁玉繩 전후로 표에 관한 관
심이 고조되었고, 전문적인 연구가 속
출했습니다. 이러한 연구를 종합하면,
《사기》의 10표는 역사발전의 단계성을
제시한 사마천의 탁월한 안목을 보여
준다는 것입니다. 사마천은 10편의 표
를 통해 지난 3천 년 역사를 다음의 다
섯 단계로 파악합니다.

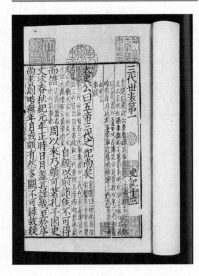

10표 중 권13 〈삼대세표〉의 첫 부분(송각본).

  ① 춘추 이전 : 〈삼대세표〉

  ② 춘추 : 〈십이제후연표〉

  ③ 전국 : 〈육국연표〉

  ④ 진·초 교체기 : 〈진초지제월표〉

  ⑤ 한 : 〈한흥이래제후왕연표〉~〈한흥이래장상명신연표〉

학 생ㅣ 진·초 교체기가 좀 특별해 보이네요. 나머지 시기에 비해 많
이 짧습니다.

김영수ㅣ 잘 보셨어요. 다섯 단계 가운데 가장 주목받는 것이 네 번째
인 '진·초 교체기'입니다. 진 2세 호해 원년인 기원전 209년부터 한

고조 5년인 기원전 202년까지 고작 8년이죠. 이 짧은 시기를 별도의 단계로 설정한 것부터 심상치 않은데, 사마천은 이때가 역사발전의 관점에서 매우 중요하고 특별한 의미를 갖는다고 판단했어요. 나머지 아홉 개의 표를 1년 단위로 기록한 것과 달리, 이 시기는 한 달 단위로 세밀히 기술했습니다. 교체기를 주도했던 세 영웅, 즉 농민봉기군의 수령 진승陳勝, 구귀족 세력의 대표 항우項羽, 말단관리 출신으로 농민봉기군을 이끈 유방劉邦의 역사적 작용에 주목했기 때문입니다. 사마천은 세 인물을 통해 천하정세의 흐름과 변화를 간파하는 역사적 안목을 발휘합니다. 그가 항우를 왜 본기에 편입하고, 천한 신분의 진승을 왜 세가에 편입시켰는지 쉽게 이해가 되죠.《사기》의 다섯 체제가 유기적 관계로 얽혀 있음에 새삼 감탄하게 됩니다.

요컨대 10표는 "과거와 현재의 변화를 관통"하고자 했던 사마천의 사학정신을 가장 잘 대변한다고 할 수 있습니다. 그래서 연구자들은 10표를《사기》에서 가장 빛나는 부분으로 꼽곤 합니다.

▌'표'의 네 가지 형식

학 생ㅣ 설명을 들으니, 이인호 교수님께서 표를 엑셀에 비유한 의미를 어렴풋이 알겠습니다.

김영수ㅣ 얘기가 나온 김에 이인호 선생님의 말씀을 직접 인용해보겠습니다.

표는 무엇일까요? MS 오피스 중에 엑셀을 사용해봤다면《사기》

의 표가 낯설지는 않을 것입니다. 엑셀의 가로세로 박스와 《사기》의 각 표는 그 모양이 비슷하기 때문이지요. 컴퓨터는커녕 널찍한 종이도 없던 시절에 이런 표를 만들었다는 것 자체가 경이롭습니다. _이인호, 《사기 ―중국을 읽는 첫 번째 코드》, 129쪽.

康王釗 刑錯四十餘年 音昭	成王誦 非 本成王作唐	제후국
弟武王初封	旦 周公	魯
師武文王初王封	尚 太公	齊
子武王初封	廣 唐叔	晉
初防	力廉父 惡來 有飛 助紂來	秦
王事文封	王事文封 鬻熊 釋父熊	楚
兄封初庶 弟仲	啓 微子	宋
康伯 弟武初王封 父孫子康 也牟王叔	康 叔	衞
後舜之封 申公	滿 胡公	陳
蔡仲 弟武初王封	叔 度	蔡
弟武王封	釋 振鐸	曹
侯至九惠世 姓周初同封	奭 召公	燕

〈삼대세표〉의 한 부분(청 광서제 때 판본).

학 생 | 표가 어떻게 생겼나요?

김영수 | 《사기》의 청나라 때 판본의 표 일부분을 참고하세요. 기원전 770년 춘추 이전의 연대표에 해당하는 〈삼대세표〉의 한 부분인데, 칸이 가로 세로로 여러 개 나뉘어져 있습니다.

학 생 | '백문이불여일견百聞而不如一見'이라는 말처럼, 역시 직접 보는 것이 최고입니다. 옛날에는 오른쪽에서 왼쪽으로 글을 썼으니, 그걸 감안하고 보면 되겠네요. 맨 위의 세 칸 중 한 칸은 비어 있고, 나머지 두 칸에는 왕의 이름이 있군요.

김영수 | 주 왕실의 왕을 기록하는 칸으로, 성왕成王과 강왕康王이 보이죠? 오른쪽에서 왼쪽으로는 시간의 흐름을 나타냅니다. 요즘은 위에서 아래로 시간의 흐름을 나타내죠. 가장 오른쪽 위에서 아래로 11개의 칸은 제후국의 이름들입니다.

학 생 | 주 왕조의 왕과 주 왕실이 봉한 주요 제후국의 이름과 군주들의 이름이 죽 나열되어 있군요.

김영수 | 제후국 이름 옆의 두 번째 칸에 군주들 이름이 있습니다. 글씨 크기를 조금 다르게 했죠?

학 생 | 주 왕실의 어느 왕 때 제후국 군주들이 누구였는지 한눈에 들어옵니다.

김영수 | 때로는 주요 사건들을 첨가해 내용을 보완했어요. 이 표와 함께, 앞에서 제시한 역사의 다섯 단계를 염두에 두고 10표의 구조를 구체적으로 분석해보면 다음의 네 가지 형식으로 구분됩니다.

첫째, 〈삼대세표〉는 세계世系 위주로 제왕의 계승 순서에 중점을 두며, 이를 세로축(시간축)으로 삼습니다. 표는 다시 두 부분으로 나뉘는데요. 전반부는 제왕에 오르지 못한 인물들의 계승관계를 가로축(공간축)으로 삼고, 후반부는 노魯에서 조曹에 이르는 10국의 세계를 가로축으로 삼았습니다. 이렇게 해서 전체적으로 "100세의 근간을 살피고자" 한 것입니다.

둘째, 〈십이제후연표〉〈육국연표〉〈진초지제월표〉〈한흥이래제후왕연표〉는 지역 기반 위주로, 1년(월표는 한 달)을 세로축(시간축)으로 삼고 나라를 가로축(공간축)으로 삼았습니다. 전체적인 내용은 "천하의 대세를 살피는" 것입니다. 말하자면, 〈삼대세표〉와 함께 각각이 지난 3천 년의 다섯 역사단계에 해당합니다. 다만 〈삼대세표〉는 시공간의 광범위함과 자료의 한계 등으로 하·상·주 3대의 계승관계에 중점을 두고 한꺼번에 다루었을 뿐이죠.

셋째, 〈고조공신후자연표〉 〈혜경간후자연표〉 〈건원이래후자연표〉 〈건원이래왕자후자연표〉는 시기를 위주로 한 것들인데요. 나라(왕국)를 가로축으로, 1년을 세로축으로 삼고 있습니다. 한나라 건국 초기 약 100년 동안 6왕국의 흥망성쇠를 전체적으로 살피고, 혜제·경제 연간의 4왕국과 건원 이후 주변의 사이四夷를 정벌한 상황을 정리하고 있어요. 전체적인 내용은 "한 시기의 득실을 살핀" 것이라 할 수 있습니다.

마지막으로 〈한흥이래장상명신연표〉는 큰 사건 위주로 1년을 세로축, 관직을 가로축으로 삼고 있습니다. 연도를 세로축으로 기록한 다음, 네 개의 틀에 큰 사건, 재상 자리, 장수 자리, 어사대부 자리를 기록했어요. 이 표를 통해 군주의 통치 상황과 신하들의 득실을 한눈에 볼 수 있어 편리하죠. 특히 관제의 설치와 폐지, 공경들의 죽음과 파면, 처형 등은 글자를 거꾸로 써서 금방 알아볼 수 있도록 배려했습니다. 전체적인 내용은 "군주와 신하의 직분을 살피는" 것으로 정리할 수 있겠습니다.

학 생 | 글자를 거꾸로 썼다고요?

김영수 | 네. 책을 위아래로 돌려서 봐야 읽을 수 있게 말이죠. 판본을 직접 보면 이해가 될 겁니다.

학 생 | 여전히 어렵습니다만, 오묘하다는 생각도 듭니다. 네모난 틀에 참 많은 것을 넣을 수 있구나 싶네요. 새롭고 신기한 것을 발견한 느낌입니다.

〈한흥이래장상명신연표〉의 부분. 왼쪽 표의 왼쪽, 위에서 네 번째 칸을 보면 '周苛守滎陽死'라는 글씨가 거꾸로 쓰여 있다. '주가가 형양을 지키다 죽었다'는 내용을 눈에 띄게 표기한 것이다. 오른쪽 표의 왼쪽에서 두 번째, 위에서 세 번째 칸을 보면 '置太尉官'이란 글자가 거꾸로 쓰여 있다. 태위라는 관직이 있었음을 눈에 띄게 기록한 것인데, 그 아래에 태위라는 관직을 두면서 '강후 주발이 태위가 되었다'는 기사가 등장한다.

김영수 | 맞습니다. 간단히 요약하면, '표 체제가 함축한 내용은 서로 다른 형식으로 구체적인 사태변화를 결합해 역사발전 과정의 천하대세를 나타내려 한 것'이라고 할 수 있어요. 표는 사마천의 독창성이 매우 돋보이는 체제입니다. 단순해 보이는 표 안에 수많은 의미를 담아냈죠. 그 의미들은 서로 유기적 관계를 맺으며 역사발전 과정의 다양한 변화와 흐름을 일목요연하게 전달합니다. 그것이 사마천이 말하는 '천하의 대세'이고, 그 지점에서 표는 본기와 절묘하게 조우합니다.

학 생 | 지금까지 말씀하신 네 가지 형식이 모두 특별합니다만, 특히 관심을 끄는 형식은 무엇일까요?

김영수 | 세 번째 형식의 표가 주목을 받는데요. 사마천의 독창성이 가장 잘 드러난다는 평가를 받습니다. 예를 들어 〈고조공신후자연표〉는 제후들이라 할 수 있는 143명의 후자侯者를 소개하는데, 이들이 활동한 시간축은 106년에 이릅니다. 고조의 공신으로 선정된 143명이 106년이란 시간 속에서 어떤 변화를 보이는지 표를 이용해 일목요연하게 정리한 것이죠. 공신들이 봉해진 각국의 계승관계와 연도, 수명, 끊어지거나 이어진 분봉의 상황 등이 한눈에 들어옵니다. 물론 열 개의 표 모두 사마천의 천재성이 엿보입니다. 그런 점에서 고대 연대학年代學 내지 연표학年表學의 발전에 그가 기여한 공은 영원불멸입니다.

체제·권명	취지·내용·특징	비고
	● "사건은 많은데 발생한 시간이 달라 연대가 분명치 않은 사건들이 있다. 그래서 10편의 표를 지었다." ● 시간을 축으로 삼아 표 형식으로 세계·인물·역사적 사실의 맥락을 밝힘으로써 본기와 더불어 역사를 시·공간적으로 파악할 수 있게 배려했다.	
권13 삼대세표	● 오래된 하·상·주 3대의 연대기를 보첩이나 옛 문헌을 참고해 만들었다. ● 서와 표로 구성되어 있는데, 후대인 저소손 등의 황당한 대화가 삽입되어 있는 등 시비가 많다. ● 서문에서 사마천의 실사구시적 태도와 시대 구분에 대한 인식을 엿볼 수 있다.	〈오제계보〉《상서》 〈오제본기〉 참조.
권14 십이제후 연표	● 주 왕실 쇠퇴 후 제후들의 독자적 정치행태와 부침의 의미를 살피고 있다. ● 주의 달력을 시간축, 제후국들을 공간축으로 삼아 366년 춘추시대사를 정식 기년과 함께 서술했다. ● 《춘추》의 정신을 계승해 고금의 변화를 두루 살피고 성패를 돌이켜보려 한 사마천의 사학사상이 집중적으로 표현되었다.	《춘추역보첩》 《춘추》《우씨춘추》 《여씨춘추》《국어》 참조.
권15 육국연표	● 전국시대의 혼란상과 진의 병합과정 및 몰락과정이 서술된다. ● 주와 진, 그리고 타국에 병합된 나라를 뺀 6국의 대사를 시대적 흐름에 따라 일목요연하게 정리했다. ● 진 통일의 역사적 필연성을 강조한 점, 사마천의 다양한 견문을 바탕으로 기록된 점, 뛰어난 문장 등으로 주목받는다. ● 전국시대의 사료가 부족해 착오가 많은 연표로 꼽힌다.	〈진기〉 참조. 사마천의 현지 답사.
권16 진초지제 월표	● 진 2세 원년(기원전 209) 7월부터 한 고조 5년(기원전 202) 9월까지의 중대사를 정리했다. ● 이 기간(8년)에 천하는 세 번의 정변을 겪었으며, 사건이 복잡하고 변화가 많아 9개의 월표로 상세하게 정리했다. ● 유방이 빠른 시간 내 천하를 얻은 것에 대해, 사마천은 '천(天)'과 '성(聖)'자를 연거푸 사용해 통일이 유방 스스로의 힘에 의한 것이 아님을 교묘히 암시했다.	〈진시황본기〉 〈이사열전〉 〈진섭세가〉 참조.
권17 한흥이래 제후왕 연표	● 105년의 한나라 역사에서 제후왕국의 발전상황을 6개 표로 정리했다. ● 특히 분봉의 역사와 한 초기 분봉의 변화를 객관적으로 제시했다. ● 제거된 공신들을 동정하는 한편, 통치자들에 대한 비판적 입장을 풍자와 암시를 통해 이야기한다.	〈고조공신후자연표〉 참조.
권18 고조공신 후자연표	● 유방의 칭제 이래 재위 12년간 봉해진 143명의 공신들이 100여 년 사이에 어떻게 쇠퇴해갔는지 일목요연하게 제시한다. ● 제후의 흥망성쇠는 그 시대의 성패와 득실에 원인이 있으며, 공신·제후들의 교만과 범법이 버림을 받게 한 주요 원인이지만 통치자의 지나친 법 적용도 크게 작용했다고 지적한다.	〈한흥이래제후왕연표〉 《평준서》 참조.

표
10
편

체제·권명		취지·내용·특징	비고
표 10 편	권19 혜경간 후자연표	● 혜제~경제 연간에 개국공신들 중 누락된 자, 기타 종속들에게 작위와 땅을 내린 상황과 변화를 서술하고 있다. ● 이성 제후왕으로 봉해진 8명이 장사왕을 제외하고 모반죄로 처형당하게 된 당시 정치의 내재 관계를 간파한다. ● 기타 90여 제후들의 소멸과정을 당시의 사회적 상황 속에서 이해한다. ● 역사단계의 특징과 역사적 인물의 면면을 파악하는 사마천의 탁월한 능력이 돋보인다.	
	권20 건원이래 후자연표	● 무제 건원 원년(기원전 140)에서 태초 연간(기원전 104~101)까지 공신의 분봉상황을 이야기한다. ● 표의 틀은 〈고조공신후자연표〉〈혜경간후자연표〉와 같다. ● 무제 당시 정벌전쟁에서 공을 세운 자들에 대한 분봉을 기록했지만, 다른 편과 비교해 무제의 정벌전쟁을 정의롭지 못한 것으로 비판한 사마천의 인식이 엿보인다. ● 정화 2년(기원전 91) 기사(《사기》에서 가장 늦은 연대)가 있어 사마천의 사망연도 추정에 귀중한 근거가 된다.	〈한노열전〉 〈조선열전〉 〈남월열전〉 〈대완열전〉〈평준서〉 〈평진후주보열전〉 참조.
	권21 건원이래 왕자후자 연표	● 한 무제가 봉한 왕자후 163명을 표로 나열해 '추은령'의 실시 상황을 반영했다. ● 권17〈한흥이래제후왕연표〉와 함께 살피면 서한 100여 년간의 봉건상황, 특히 7국의 난을 평정한 뒤 계속 강화된 중앙집권 과정을 일목요연하게 알 수 있다. ● 봉건제후의 세력을 소멸시키고 전제주의를 확립하려는 무제 시대의 화해할 수 없는 역사적 요구와 윤리의 충돌에 대한 사마천의 심각한 의식을 보여준다. ● 겉으로는 찬양하지만 행간에 야유와 조롱의 기운이 숨어 있다.	〈평진후주보열전〉 〈태사공자서〉 〈오왕비열전〉 참조.
	권22 한흥이래 장상명신 연표	● 고조 원년(기원전 206)부터 성제 홍가 원년(기원전 20)까지 장상 명신의 임면과 사망 등의 변화를 개관함으로써 열전을 보완하도록 했다. ● 5칸을 만들어 연도·대사기·상위·장위·어사대부의 상황변화를 일목요연하게 보여준다. ● 대사기는 역사발전의 실마리를 찾듯 파악하게 만들며, 장상명신의 신상 변화를 거꾸로 써넣었다. 이는 사마천의 독창성을 엿볼 수 있는 한편, 모종의 의도가 내포된 것으로 평가받는다. ● 10표 중 유일하게 서문이 없다. ● 후대에 보완한 부분이 존재한다.	

4장

서, 제도와 문물을 역사에 담다

書

 '서'는 천문, 지리, 사회·경제 생활 등을 포함한 제도에 대한 상세한 기록이다. 분야별 전문적인 문화사라고 할 수 있겠다.

사마천은 기본적으로 사람 중심의 체제를 염두에 두되, 자칫 소홀히 다루어질 수 있는 제도와 문물, 문화 부분을 8편의 '서書'로 정리했다. 이렇게 하여 제도와 문물을 함께 다룬 역사서가 탄생한 것이다. 이 체제 역시 《사기》의 독창성이 돋보이는 부분이다.

'서'는 《사기》를 백과전서의 반열로 끌어올렸다. 8서에서 다루는 광대한 지식의 양과 깊이 때문이다. 이는 제도의 오랜 근원을 밝히고, 그것의 변화를 거시적 안목에서 분석한 다음 폐단과 장단점까지 지적한 고급지식이다. 고도의 문화적 소양과 과학적 지식 없이는 만들어지기 어려운 체제이자 내용이라고 할 수 있겠다. '서'를 통해 우리는 사마천의 지적 방대함과 학문적 깊이를 제대로 만끽할 수 있다.

▌▌8서의 내용 및 특징

학 생 | 《사기》 다섯 체제 가운데 가장 난해한 부분으로 '서'를 꼽는 사람들이 많더군요.

김영수 | '서'는 저로서도 대단히 어려운 부분입니다. 사마천은 〈자서〉에서 "예악의 증감, 율력의 개역, 병가의 지혜와 모략, 산천지리의 형세, 귀신에 대한 제사, 하늘과 인간의 관계, 각종 사물의 발전과 변화를 살피기 위해 8편의 서를 지었다"고 했습니다. 사마정이 《사기색은》에서 "8서는 5경 6적을 모두 일컫는 이름이다. 이 8서로 국가의 대체를 기록한 것이다"라는 해석을 덧붙였고요 《사기》의 '서'는 한마디로 '당시 사회와 국가의 주요 문물제도에 대한 전문적인 논술'이라고 할 수 있습니다.

학 생 | 나라와 사회를 작동시키는 이런저런 메커니즘으로 보면 되겠네요?

김영수 | 네. 예의禮儀에 관한 〈예서禮書〉, 음악에 관한 〈악서樂書〉, 군사에 관한 〈율서律書〉, 역법에 관한 〈역서曆書〉, 별자리 등 천문에 관한 〈천관서天官書〉, 종교에 관한 〈봉선서封禪書〉, 물길을 다스리는 수리에 관한 〈하거서河渠書〉, 경제에 관한 〈평준서平準書〉가 있습니다. 이인호 선생님의 비유를 빌리면, 대학원 과정의 전공학과와 비슷하다고 할 수 있겠습니다.

학 생 | 8서는 어떤 특징을 갖고 있나요?《사기》이전에 이와 유사한 분야를 다룬 책이 있었던가요?

〈예서〉의 청나라 건륭제 때 판본.

김영수 | 여덟 편의 '서'는 '표'와 마찬가지로 《사기》의 독창성을 잘 보여주는 체제입니다. 사마정이 말한 것처럼 8서는 '국가의 대체'를 기록한 것으로, 오늘날의 국가운영 시스템에 비유할 수 있어요. 국가·사회·정치·경제 발전에 영향을 미친 중대한 제도를 다루고 있습니다.

사마천은 본기에서 역사발전의 전체적 추세를 주의 깊게 살피고, 표를 통해 후국들의 역사발전 단계를 검토한 다음, 정치를 비롯한 국가운영 체계로 관심을 돌렸습니다. 그 결과물이 여덟 편의 '서'예요. 사회 전체의 역사발전에 문물제도가 기여하는 무시할 수 없는 작용에 눈길을 돌린 것이죠. 과거의 책들에 관련 부분이 없는 건 아니지만, 한 곳에 모아 전체적으로 기술하기는 《사기》가 처음일 겁니다.

▌《사기》를 백과전서라 부를 수 있는 이유

학 생 | 역대로 8서에 대한 전문가들의 관심과 평가는 어땠습니까?

김영수 | '표'와 마찬가지로 '서' 역시 근대에 관심을 받고 집중적으로 연구되었어요. 연구자들은 문물제도가 사회생활이나 정치활동, 경제 방면에서 갖는 강령적綱領的 작용에 주목하고 있습니다. 8서는 《사기》 전체에서 본기나 표와는 성격이 다른 강령이자 총론이라고 할 수 있겠습니다.

8서의 성격에 관심이 커지면서 8서의 특징 또한 주목을 받게 되었죠. 8서는 국가의 문물제도에 대한 서술이자 운영원리, 운영철학까지 언급하고 있어요. 따라서 깊이가 있을 뿐만 아니라 광범위한 지식이 내포되어 있습니다. 《사기》를 백과전서라 부를 수 있는 건 8서에서 다루는 광대한 지식의 양과 깊이 때문입니다. 고도의 문화적 소양과 과학적 지식 없이는 탄생할 수 없는 체제이자 내용이죠. 특히 상업과 상인을 극도로 억압하던 시대적 분위기를 정면으로 비판하고 자유경제론을 적극적으로 제시하는 한편, 경제가 인간의 생활은 물론 심리에도 막대한 영향을 미친다는 사실을 간파한 〈평준서〉는 《사기》전체의 백미白眉로 꼽힙니다.

8서는 역사와 현실의 결합이라 할 수 있어요. 현실정치에서 관건이 되거나 가장 민감한 문제를 건드리고 있죠. 이런 문제들을 역사 속에서 결합시켜, 돌이켜보면 마치 '화룡점정畵龍點睛' 같은 작용을 하니 참으로 의미심장합니다.

학 생ㅣ 구체적인 내용을 조금만 이야기해주세요.
김영수ㅣ 〈악서〉의 한 대목을 소개할게요.

예·악의 이치는 인정과 세상사를 꿰뚫는 것이다. 인간 내면의 근원을 탐색하여 변화하는 규율을 미루어 아는 것이 악樂의 실제 모습이며, 인간의 진실한 성품을 드러내고 거짓으로 가려진 모습을 버리는 것이 예禮의 원칙이다. _〈악서〉

예와 악의 본질을 어쩌면 이토록 명쾌하게 정리할 수 있을까요? 사마천은 "옛말에 이르기를 음악은 그 깊은 것을 보게 한다"고 말합니다. 이어 "음악은 마음의 움직임이고, 소리는 음악이 겉으로 드러나는 것이며, 리듬은 소리를 꾸미는 것이다"라는 말로 소리와 음악, 마음의 관계를 정리했어요. 그리고 이를 인간의 예禮와 덕德, 그리고 절제節制와 연계시킵니다.

학 생ㅣ 다분히 철학적이네요. 누군가 음악에서 그 시대의 모습을 알 수 있다고 했는데, 사마천의 생각과 비슷한 것 같습니다. 〈평준서〉에 대한 소개도 부탁드립니다.

김영수 | 경제에 관한 전문적인 이론서라고 할 수 있죠. 〈평준서〉에서 사마천은 농업과 상공업의 고른 발전을 강조하고 교역 증가에 따른 화폐의 발전을 거론합니다. 이는 오랜 역사 속에서 이미 보편적으로 입증된 상황이라고 해요. 사마천은 다음과 같은 의미심장한 말로 끝을 맺습니다.

그 옛날 고대에는 천하의 재물을 모조리 긁어모아 그들의 임금을 섬겼으나 부족하다고 생각했다. 그것은 다른 이유가 있어서가 아니다. 사물의 발전 추세라는 것이 흐르는 물과 같아서 저지당하기 마련이니 무엇이 이상하다 하겠는가?

사마천은 시대에 따라 가치관이 다르고 또 변화해왔기 때문에 권력을 중시하던 시대에는 싸움이 잦을 수밖에 없으며, 이때는 인의仁義보다 부富를 중시한다고 진단합니다. 옥과 같은 보물도 시기에 따라 가치가 달라진다는 점을 정확히 간파했어요. 따라서 경제와 재부에 대처하는 방식과 인식 또한 시대적 상황을 고려해야 한다는 것이지요. 그는 이러한 인식을 역대 경제제도의 변천과

〈평준서〉의 첫 부분(청대 판본).

자신이 처한 시대의 경제상황에 결부시켜 보다 실제적인 경제이론을 끌어냈습니다.

학　생｜ 다른 부분에 관해서도 듣고 싶은데, 일반인들로서는 많이 어렵네요. 이 정도에서 마무리를 짓는 게 좋겠습니다. 혹시 보태고 싶은 말씀은 없으신지요?

김영수｜ 한 가지만 더 이야기할게요. 역대 제왕들의 제사활동을 기록한 〈봉선서〉에 관한 것입니다. 본기를 읽은 분들이 〈효무본기〉에 대한 질문을 많이 해요. 다른 본기들과 완전히 다르다는 거죠.

《사기》의 〈효무본기〉는 역대로 논란이 많은 부분입니다. 앞부분 몇 줄을 제외하고는 〈봉선서〉와 내용이 같아요. 〈효무본기〉에서 무제 관련 내용이 무제의 심기를 건드려 삭제되었고, 상대적으로 무제의 행적이 많이 기록된 〈봉선서〉를 인용했다는 주장들이 나왔죠.

학　생｜ 그 부분에 대해 어떻게 생각하십니까?

김영수｜ 삭제되었다는 설과 그렇지 않다는 설로 크게 나뉘는데, 저는 후자 쪽입니다. 특히 〈효무본기〉를 〈봉선서〉의 내용으로 대체한 것은 사마천의 의도에 따른 것이라고 생각합니다.

학　생｜ 고의로 그렇게 했다는 말씀이죠? 왜 그랬다고 생각하세요?

김영수｜ 무제에 대한 한 가지 복수라고 생각합니다. 〈봉선서〉의 내용은 역대 제왕들의 제사활동에 관한 기록이지만, 분량면에서 무제가 대부분을 차지하고 있어요. 무제는 제사와 신선을 찾고 불로장생을

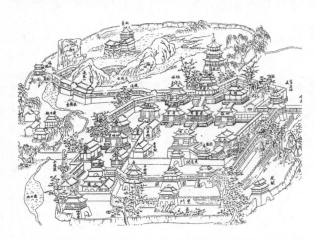

건장궁의 추정도. 무제는 자신의 미신 숭배를 만족시키기 위해 출입문이 1천 개에 이르는 건장궁을 축조했다.

추구하는 따위의 미신활동을 많이 벌였죠. 이 점을 사마천이 비판하고 싶었던 것 아닐까요? 제왕으로서의 통치활동을 기록하는 대신 미신과 관련된 내용 일색인 〈봉선서〉를 〈효무본기〉에 그대로 옮김으로써 무제를 조롱한 것입니다.

학 생 ㅣ 그 기록을 보고 무제가 더 화를 내지는 않았을까요?

김영수 ㅣ 글쎄요. 사마천의 의도를 무제가 읽어낼 수 있었을까요? 그런 일이 없었던 것도 아니고, 내용만으로는 무제를 비난하는 것인지 알기가 어렵거든요. 하지만 제 견해가 확실한 것은 아닙니다. 역사서를 통해 무제에게 복수하려 한 사마천의 의도가 실제로 존재한다면 이렇게 유추할 수도 있겠다 싶어서 생각해본 것뿐입니다.

만약 〈효무본기〉가 내용 때문에 폐기되었다면 누가 왜 〈봉선서〉로 대체했느냐도 의문입니다. 적어도 사마천의 의도를 정확하고 깊게 이해한 사람 아니겠습니까? 〈효무본기〉는 그 자체로 무제에 대한 조롱입니다. 사마천의 글이든, 또 후대 누군가에 의해 〈봉선서〉로 대체되었든 간에 사마천의 의도를 제대로 살렸다고 생각합니다.

체제·권명		취지·내용·특징	비고
서 8편		• "예악의 증감, 율력의 개역, 병가의 지혜와 모략, 산천지리의 형세, 귀신에 대한 제사, 하늘과 인간의 관계, 각종 사물의 발전과 변화를 살피기 위해 8편의 서를 지었다." • 결손된 부분이 있지만, 역대의 국가 시스템을 개괄했으며 《사기》의 독창성이 돋보이는 체제이다. • 인물 중심의 기전체 역사에서 결여되기 쉬운 사회·문물 제도를 기술한 《사기》의 총론격에 해당한다.	
	권23 예서	• "하, 은, 주 삼대의 예제는 나름대로 늘었다 줄었다 하면서 그 운용이 달랐다. 그러나 그 요지는 인정에 가깝고 왕도와 부합하느냐에 있다. 그러므로 예란 실제적인 생활에 근거하여 절제하고, 과거와 현재의 변화에 적응하는 것이다." • 글을 쓴 사람에 대한 논란이 가장 많은 부분이다. 하지만 사마천의 학술사상 체계를 이해하는 데 매우 중요하다. • 유가 예제의 기본관·정치관·학술사상에서 순자의 영향이 크며, 서주·서한에 이르는 예제의 변화를 회고하면서 역사 진화관과 변증법 사상을 잘 보여준다. 8서 중 예서를 첫부분에 위치시킴으로써 통일왕조의 통치질서를 상징적으로 대변한다. • 체제가 서지체 사서의 모범을 이룬다.	《순자》(의론·의병) 《예기》 《상군서》(갱법) 〈태공세가〉 〈노주공세가〉 〈육국연표〉 참조
	권24 악서	• "음악이란 풍속을 바꾸는 기능을 한다. (중략) 〈악서〉를 살펴 음악의 변천사를 서술하여 제2 〈악서〉를 지었다." • 사마천의 진짜 작품인가에 대한 논의가 분분한데, 서문의 경우 사마천이 쓴 것으로 평가받는다. • 역사 회고를 토대로 음악과 정치교화의 밀접한 관계를 서술했다. • 음악의 기원과 미적 가치, 음악의 사회적 기능, 음악과 예의 관계, 음악의 교화작용, 전통적인 예악제도 등을 서술한 중국 최초의 음악이론서로, 분량이 상당하다.	《예기》《악기》 참조.
	권25 율서	• "병력이 없으면 강할 수 없고, 덕이 없으면 번창할 수 없다. (중략) 요즘 세상사와 맞아떨어지고 인간사 변화를 제대로 짚어내었다. 이에 제3 〈율서〉를 지었다." • 서문을 보면 현존 〈율서〉는 〈병서〉에 해당하며, 〈병서〉와 〈율력서〉가 존재했던 것으로 추측된다. • 전쟁의 긍정적·부정적 작용을 대비시켜 설명하며, 인재 등용의 중요성을 강조했다. 아울러 한 무제 등의 지나친 무력 사용을 조롱하고 비판했다. • 병서와 관련해 진위 여부에 대한 논란이 많다.	
	권26 역서	• "음률은 음에 깃들어 있으면서 양을 끌어당기고, 역법은 양에 깃들어 있으면서 음을 끌어당긴다. 음률과 역법이 서로를 끌어당기기 때문에 터럭만큼의 오차나 틈을 용납하지 않는다. 황제력, 전욱력, 하력, 은력, 주력은 서로 다 달랐고, 태초 원년에 제정한 역법이 가장 정확하다. 이에 제4 〈역서〉를 지었다." • 중국 최초의 계통적인 고대 역법사의 전문적인 논문이자 천문학을 국가 정치체제에 포함시킨 역사문헌이다. • 역법의 발생과 발전과정을 과학적으로 종합하고, 천문역법이 사회발전에 미치는 의미를 역사적 사실 속에서 서술했다.	

체제·권명		취지·내용·특징	비고
서 8 편	권27 천관서	• "별과 기상으로 점을 치는 책에는 황당하고 근거 없는 길흉화복의 내용이 복잡하게 섞여 있다. (중략) 이와 관련된 일들을 모아 해와 달 그리고 별들의 운행과 궤도에 맞추어 그것을 기록하여 제5 〈천관서〉를 지었다." • 고대 중국의 천문학·점성학·역사학·철학을 망라한 천문학 종합 전서로, 중국 특유의 별자리 체계를 수립했다. • 하늘과 인간의 관계를 바로 이해하기 위해 통치자는 상하 1천 년의 역사를 이해하고 고찰해야 하며, 천상의 변화에 따른 통찰이 필요하다. 사마천은 이를 덕정의 바탕으로 보았다. • 문장에 대한 약간의 시비가 있다.	〈상서〉 참조.
	권28 봉선서	• "천명을 받아 제왕이 되었지만 봉선 대제를 거행하는 제왕은 드물었다. 봉선을 거행하면 모든 신령이 제사를 받게 된다. 여러 신과 명산 그리고 큰 물에 대한 제사의례의 근본을 추구하여 제6 〈봉선서〉를 지었다." • 상고시대부터 한 무제에 이르기까지 3천 년 동안 제왕이 천지·산천·귀신에게 제사 지낸 내용을 기록한 것으로, 사마천의 천도관과 역사관을 이해하는 데 중요한 부분이다. • 몇몇 '허사'를 반복적으로 사용하고, 투사법·대비법 등을 구사해 봉선의 의미와 허구성·낭비성을 비판적으로 지적했다. • 한 무제의 허황된 탐욕과 사기꾼 같은 방사들의 정체를 백일하에 폭로한다. • 사마천의 소박한 유물주의 사상과 강렬한 회의정신을 확인할 수 있다.	〈상서〉〈주관〉〈맹자 순경열전〉 참조. 〈평준서〉〈혹리열전〉 〈대완열전〉과 함께 〈효무본기〉를 온전하 게 구성할 수 있음.
	권29 하거서	• "대우가 하천의 물길을 터서 구주의 백성들이 안녕을 누리게 되었다. 선방궁을 지을 때도 물길을 터서 서로 통하게 하였다. 이에 제7 〈하거서〉를 지었다." • 상고부터 진한에 이르는 수리 발전의 상황을 기록한 것이다. 자연과 투쟁하고 자연을 인식하며 자연을 개조해가는 고대인의 험난한 실천과정을 보여준다. • 정국거 등 유명한 수리공사의 과정을 통해 응집된 고대인의 지혜와 힘을 보여준다.	
	권30 평준서	• "화폐는 농업과 상업의 교역을 위하여 발행한다. 그런데 그 폐단이 극에 이르면 교묘한 수단으로 투기하고 재산을 늘리기 위해 남의 것을 빼앗는다. 투기와 이익 때문에 싸우다 보면 농사는 팽개치고 돈 버는 쪽으로만 달려간다. 이에 제8 〈평준서〉를 지어 그 상황의 변화를 관찰하였다." • 《사기》 130권 중 문장이 가장 뛰어난 경제이론 전문서다. • 하·상·주 이래 경제발전의 형세를 연구·분석해 역대 통치자들의 경제정책이 가져온 이해득실을 종합적으로 따지고 있다. • 경제발전이 국가부강의 기초이며, 경제발전의 기초는 계급과 집안의 정치동향을 결정한다고 지적했다. • 개인 상공업의 자유로운 발전을 주장하고 관영 상공업을 반대했다. • 한나라의 전체 상황에 대한 탁월하고 심각한 문제의식이 가득 찬 명문으로 꼽힌다.	〈화식열전〉〈혹리열 전〉 참조.

5장

세가, 역사를 움직인 사람들

世家

世
家 ———————— 사마천은 '세가'를 별자리에 비유했다.
봉건왕조 체제에서 제왕의 위치는 절대적이었다. 그래서 사마천은
제왕을 북극성에 비유하고, 제왕을 보필하며 역사를 움직인 주체들
은 북극성을 따라 도는 별자리에 비유하여 세가를 마련한 것이다.
집으로 말하면, 본기가 기둥에 해당하고 그 위에 얹은 대들보를 비
롯한 여러 개의 들보를 세가라고 할 수 있겠다. 기둥과 들보가 완성
되면 집의 모양이 갖추어진다.

세가 역시 후대로부터 많은 비난을 받았다. 공자와 진섭을 편입시
켰기 때문이다. 하지만 이 또한 사마천의 탁월한 역사관을 입증하는
부분이다. 공자를 세가에 편입시킴으로써 그는 문화사적 업적에 주
목한 최초의 역사학자가 되었다. 또한 진섭을 세가에 편입시킴으로
써 한 시대의 획을 긋는 중대한 사건이라면 누구든 그 역할을 인정
해야 한다는, 당시로서는 대단히 파격적이지만 지극히 합리적인 역
사관을 각인시켰다. 더욱이 사마천은 진·한 교체의 변혁을 초래한
진섭의 역할과 작용을 '혁명革命'이라고 못박음으로써 후대의 비난을
초라하게 만들었다.

그 밖에도 세가는 열전을 입체적으로 읽기 위한 길잡이 역할을 한
다. 세가 곳곳에 열전의 주인공을 등장시킴으로써 열전의 존재감을
미리 인지시킨다. 본기, 세가, 열전 모두 사람 중심의 편제라는 점을

염두에 두고, 이들을 유기적으로 연계시키면 《사기》의 특징과 정신이 좀 더 선명하게 드러날 것이다. 물론 시간의 흐름이라는 세로축은 표가 단단히 잡아준다.

▌▌제왕을 보필하며 역사를 움직인 사람들

학 생ㅣ 흔히 제후들의 기록으로 알려진 '세가' 역시 제후들만의 기록은 아니잖습니까? 공자가 들어가 있고, 농민봉기군의 수령 진섭도 편입되어 있죠.

김영수ㅣ 그렇습니다. 사마천은 세가를 별자리에 비유했어요 먼저 〈자서〉의 관련 대목을 살펴보겠습니다.

> 28수의 별자리가 북극성을 중심으로 돌고 수레바퀴살 30개가 바퀴 안에 모여 끊임없이 돌고 도는 것처럼, 제왕의 팔다리와 같은 신하들의 충성스러운 행동과 주상을 받드는 모습을 30편의 세가에 담았다. _〈태사공자서〉

학 생 | 별자리가 북극성을 중심으로 돌듯이 제왕의 주위에서 제왕을 보필한 사람들의 행적을 기록했다는 말이군요.

김영수 | 그렇습니다. 이에 대해 사마정은 "세가란 제후의 본래 계통을 기록한 것으로, 아래로는 자손까지 언급했으며 모두가 국國이 있었다"고 했어요. 하지만 이는 후대 학자들의 기준에 따른 정확하지 못한 해설이지요. 진섭과 공자에게는 나라가 없었으니까요.

학 생 | 《사기》 이후의 세가는 기본적으로 제후들만의 기록이겠군요?

김영수 | 그렇다고 봐야죠. 여러 학자들의 설을 종합하면, '세가'는 제후국들의 역사와 함께 제후의 가문전승 과정도 함께 기록하고 있습니다. 체제는 연대순으로 사건을 기록한 본기와 같으며, 천자와 구별하기 위해 '세가'라는 이름을 붙인 것으로 보여요. 요컨대 〈공자세가〉와 〈진섭세가〉를 제외하고는 모두 춘추전국 이래 주요 제후국과 한나라 때 봉해진 제후·귀족의 역사이며, 그 의도는 본기와 비슷한 점이 있습니다.

학 생 | 세가와 관련한 논의는 〈공자세가〉와 〈진섭세가〉에 집중될 수밖에 없겠군요.

김영수 | 아무래도 그렇습니다. '세가' 30편에 관한 종래의 일반적인 인식은 '제후의 기록'이었어요. 배송지와 유지기를 중심으로 한 이러한 인식은 오랫동안 별다른 비판 없이 수용되었죠. 하지만 세가는 5체제 중에서도 상당히 복잡한 편에 속합니다.

사마천은 국가정치와 사회역사에서 천자(황제)가 차지하는 중심적

세가의 집필 취지를 보여주는 《사기》 〈태사공자서〉의 일부분 (청나라 판본).

지위를 인정함으로써 세가라는 체제를 창안할 수 있었습니다. 계급적 관점에서 보면, 봉건전제주의에 입각한 중앙집권 국가의 건립이라는 역사단계에서 국가통일과 중앙집권, 사회안정을 강조하는 통치계급의 요구를 반영한 결과라고 할 수 있어요. 역사적 요구에 대해 사마천이 체제와 형식의 창조로 화답한 것이지요. 천하대세의 흐름을 정확히 파악했기 때문에 가능한 일이었습니다. 30편에 이르는 세가의 전체적인 구조와 내용을 좀 더 분석해볼까요?

첫째, 〈오태백세가〉에서 〈전경중완세가〉에 이르는 16편은 귀족제후들에 관한 기록입니다. 춘추시기 13개 열국 제후들과 전국시기 4개국 제후들의 상하 1천 년 이상의 상황을 기록하고 있죠. 춘추전국의 역사를 연구하는 데 중요한 자료가 되기도 합니다. 이 부분은 다시 〈오태백세가〉에서 〈정세가〉까지 12편, 〈조세가〉에서 〈전경중완세가〉까지 4편으로 세분할 수 있어요. 전자는 주周 초기에 봉해진 제후국들의 기록이고, 후자는 전국시대에 폭력으로 권력을 빼앗은 제후국, 즉 조趙·위魏·한韓과 전제田齊에 대한 기록입니다.

둘째, 〈공자세가〉는 지금까지도 학자들 사이에서 의견이 분분합니다. 논쟁의 핵심은, 공자가 주 왕실에서 벼슬한 적이 없음에도 세가에 편입되었다는 것입니다. 그러나 춘추 말기 주 천자의 세력이 쇠퇴한 상황에서도 천자의 지위를 지키기 위해 혼신의 힘을 쏟은 공자의 공을 사마천은 높이 평가했어요. 또 《춘추》를 짓고 유가 경전을 종합적으로 정리해 '집대성'한 공자의 문화사적 공적에 주목했습니다. 공자의 역할을 자처할 정도로 공자에 대한 사마천의 평가와 애정은 남달랐습니다. 비록 후대에 시비와 논쟁을 불러일으키긴 했지만, 문화사적으로 큰 족적을 남긴 공자를 높이 평가하고 문화의 중요성을 확실히 인식시킨 점은 누구도 부인할 수 없지 않을까요?

공자의 대사구 벼슬 시절 초상화. 많은 논란에도 불구하고, 공자를 세가에 편입시킨 사마천의 의도와 안목은 대단히 탁월했다고 할 수 있다.

학 생 | 네. 특히 제자백가諸子百家의 사상과 철학, 장단점 등을 비교하고 정리한 부분과 같이 보면 획기적 안배라는 생각이 절로 듭니다.

김영수 | 그렇죠. 학술과 사상, 문화사에 주목한 점에 방점을 찍으면 《사기》와 사마천이 얼마나 훌륭한 문화유산인지 실감하게 됩니다.

셋째, 〈진섭세가〉인데, 이에 대해서는 별도로 언급하겠습니다.

넷째, 〈외척세가〉〈초원왕세가〉〈형연세가〉〈제도혜왕세가〉〈양효왕세가〉〈오종세가〉〈삼왕세가〉의 7편입니다. 모두 한나라 황실의 외척과 종친에 관한 기록이지요. 사마천은 외척을 황실의 보좌, 충성, 믿음의 관계로, 종친들은 황실의 울타리나 팔다리 같은 관계로 설정했어요. 따라서 일부 종친들의 반란에 대해 비판적일 수밖에 없었죠. 반란을 일으킨 오왕 비나 회남 형산왕은 세가가 아닌 열전으로 강등시켰습니다.

다섯째, 〈소상국세가〉〈조상국세가〉〈유후세가〉〈진승상세가〉〈강후주발세가〉의 6편은 한나라를 개국하는 데 큰 공을 세운 공신들에 대한 기록입니다.

▌ '세가'를 읽을 때 주의할 점

학 생 ┃ 안배의 이면에 함축되어 있는 세가의 사상적 특징이나 세가를 읽을 때 주의해야 할 점이 있을까요?

김영수 ┃ 세가도 본기 등과 마찬가지로, 사마천 역사사상의 핵심이라 할 수 있는 '시대의 흐름을 꿰뚫고 그 과정에서 변화를 읽어내는' 이른바 '통변通變' 사상을 반영하고 있습니다. 본기에서 끌어낸 역사발전의 대세에 상응해 '통일-분열-통일'을 강조하면서 '안정-혼란-안정'이란 논리를 구체화하고 있죠. 또 표에서 관통貫通의 사상으로 역사발전의 단계성을 강조한 것처럼 통변이란 특징을 보이고 있어요.

세가는 대체로 열국들이 발전하고 쇠퇴하는 과정의 대세를 기록하고 있다는 점에 주목해야 합니다. 지금까지 〈공자세가〉나 〈진섭세가〉에만 관심을 기울이고, 30편 가운데 절반 이상을 차지하는 열국 16편을 소홀히 취급한 측면이 없지 않아요. 《사기》를 큰 통사通史라고 한다면, 열국들의 세가는 춘추전국시대 각국의 작은 통사라 부를 수 있기 때문입니다. 특히 《사기》의 전체 강령에 해당하는 본기와 표 체제를 내용면에서 보조하고 보충하는 중요한 작용을 하고 있어요. 상고시대부터 이어져 온 열국의 계승관계와 흥망성쇠는 서로 얽히고설켜 복잡하게 전개되기 때문에, 열국들의 세가는 상고사와 춘추전국의 역사에 대한 시야와 안목을 넓히라고 주문합니다.

학 생 | '세가'를 제대로 이해하려면 상당히 어렵겠다는 생각이 듭니다. 특히 춘추전국시대 제후국들의 변천을 이해하려면 중국사에 대한 기초지식이 꽤 있어야겠어요. 주나라 초기에 분봉된 제후국들의 수가 만만치 않던데요.
김영수 | 기록과 연구자에 따라 조금씩 차이가 납니다만, 가장 많았을 때를 기준으로 최소 100개 이상입니다.

학 생 | 춘추전국의 역사만 제대로 알아도 중국사에 대한 지식과 이해가 대단히 풍부해지겠습니다.
김영수 | 그렇죠. '세가'의 각 편들, 특히 춘추전국 제후국들에 관한 편들을 일독하고, 주요 사건을 시간에 맞춰 나열한 후 경위와 결과를 추적해야 합니다. 그런 다음 그 많던 나라들이 어떻게 하나로 수렴되었는지를 살피면 진시황이 천하를 통일할 수 있었던 역사적 배경이

시야에 들어오겠죠. 여기에 그 시간과 공간을 이끌었던 주요 인물들을 대입시키면 입체적인 춘추전국 시대사가 조합되어 나옵니다.

학 생| 그래서 '표'가 중요하군요.

김영수| 맞습니다. 사마천은 '본기'라는 12개의 기둥을 세우고, 그 위로 세가라는 30개의 대들보를 올립니다. 그 대들보들이 어디에 어떻게 들어갔는지를 확인할 수 있게 '표'를 만들었고요.

학 생| 그럼 '열전'은 지붕에 비유할 수 있겠네요. 지붕을 덮은 수많은 기와들과 함께 말입니다.

김영수| 네. 그렇게 해서 집이 완성됩니다. 그리고 '서'를 통해 집의 역할을 나누죠. 안방, 주방, 마당, 사랑채 등으로 말입니다.

▌사마천의 대담한 시도 〈진섭세가〉

학 생| 그렇게 비유하니 재미도 있고 이해도 잘 됩니다. 세가 30편 중 백미는 누가 뭐래도 〈진섭세가〉 아니겠습니까?

김영수| 빈천한 출신으로 농민봉기를 이끈 진섭을 제후들의 기록이라 할 수 있는 세가에 편입시킨 사실 자체가 충격이고 파격이었죠. 사마천과《사기》에 대한 비난의 상당 부분이 여기에 집중되었어요.

그러나 앞에서 언급한 것처럼, 사마천은 진의 멸망을 초래한 근원지가 진섭임을 간파했고, 진섭의 역사적 지위와 작용을 충분히 긍정했습니다.《사기》는 진섭의 봉기와 진의 멸망을 상나라 탕왕이 하나라 걸왕을 정벌하고 주나라 무왕이 은나라 주왕을 토벌한 것과 연결시킵니다. 공자가 《춘추》를 지은 것과 연계시켜 진섭의 봉기에 '혁명'이란 의미를 부여하기까지 했지요. 사마천은 〈진섭세가〉 끝머리에서 이렇게 말해요.

　　진섭은 비록 죽었으나, 그가 봉하고 파견한 왕후장상들이 마침내 진나라를 멸망시켰다. 진섭으로부터 시작된 일이었다.

학 생 | 진섭을 세가에 편입시킨 일이 얼마나 파격적인지는 후대의 비난 정도와 비례할 것 같습니다.

김영수 | 《사기》야말로 그런 점에서 인류 역사상 최고의 문제작이라 할 수 있죠. 〈진섭세가〉가 중국 최초의 농민봉기 관련 사료라는 점에서 중요한 측면이 있지만, 첫번째 중국 정사인 《사기》에서 다루어졌다는 점이 더 큰 의미를 갖습니다. 《사기》 이후 어떤 정사도 이처럼 대담한 시도를 감행하지 못했어요.

학 생 | 한나라 개국 공신들의 기록에 대해서도 좀 더 말씀해주세요.

김영수 | 그 부분은 한 초기의 개국 공신들을 선택한 기준이 핵심입니다. 다른 체제에서 그랬듯이, 세가 역시 대세의 흐름과 변화를 주도하고 역사발전에 기여한 인물이면 아무런 편견 없이 기록했어요. 이때의 기준은 '천하의 존망'에 관계되느냐 여부입니다. 소하·장량·주발·진평 등을 세가에 편입한 것도 이러한 기준에 따른 것이죠. 그러나 이 기준은 단순히 기계적으로 적용될 수 없는, 묘한 여운을 남깁

니다.

진섭의 봉기 현장을 찾은 젊은 사마천. 농민봉기군 수령 진섭의 세가 편입은 파격을 넘어 충격이었다.

학 생│ 한나라 개국 공신들과 관련된 세가들을 보니 한신韓信이 빠져 있더군요. 서한삼걸西漢三杰의 한 사람으로, 공으로 따지면 단연 으뜸 아닙니까? 한신의 책사였던 괴통蒯通은 한신의 공이 주군을 떨게 할 정도라는 의미에서 '공고진주功高震主'라고 했고요.

김영수│ 사마천은 한나라의 공신들을 '존망存亡'이란 기준으로 세가에 편입시켰습니다. 하지만 자세히 들여다보면 공신들에 대한 야유와 조롱의 분위기도 함께 느껴져요. 그들이 보여준 굴종적인 처세술이 거슬렸기 때문인데, 비운의 명장 한신이 상당한 작용을 했죠. 객관적으로 이들 공신들은 유방이 항우를 물리치고 천하를 차지하는 데 결정적 공을 세운 한신에 비해 한 단계 아래였습니다. 그러나 반역을 도모했다는 죄목으로 처형되었기 때문에 한신은 세가에 편입되지 못하고 열전으로 내려갔어요.

사마천은 한신의 처지를 동정했습니다. 그의 죽음에 상당한 불만을 품었죠. 하지만 한신을 열전으로 내려보냈습니다. 의도된 안배였는데, 내용을 보면 한신에 대한 애정을 숨기지 않았어요. 공신들 가운데 열전에 배치된 인물을 보면, 〈소상국세가〉(소하), 〈조상국세가〉(조참), 〈강후주발세가〉(주발 부자)처럼 대개 성과 벼슬 또는 이름과 작위를 사용해 열전의 편명으로 삼았습니다. 그런데 한신은 '한신열전'이라 하지 않고, 마지막 작위였던 회음후를 써서 〈회음후열전〉이라고 이름 붙였어요.

학 생 | 《사기》는 130개의 편명까지도 면밀히 들여다봐야겠군요. 정말 절묘하고 오묘합니다. 세가에 대한 마지막 정리를 부탁드립니다.

김영수 | 사마천은 천하의 존망이란 기준에 따라 그에 부합하는 인물들을 세가에 편입시킵니다. 그리고 그들이 보여준 행적을 비판적으

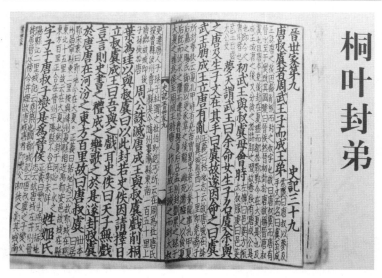

산서성 박물관에 전시되어 있는 〈진세가〉의 첫 부분. 산서성 박물관은 춘추시대 제후국 진(晉)의 본거지였던 산서성 태원시에 소재한다.

로 기술함으로써 시대의 큰 흐름과 그 속에서의 역할관계를 균형 있게 조정하는 절묘한 태도를 보여줍니다. 또한 세가에 편입되는 것이 마땅하나 그럴 수 없는 인물에 대한 안타까움과 애정을 담은 편명 및 내용으로 균형을 맞추죠.

사마천은 〈자서〉에서 세가 30편을 짓게 된 동기를 서술할 때 '가嘉' 자를 20차례 반복적으로 사용함으로써 해당 인물의 역사적 업적을 칭찬합니다. 학자들은 이를 사마천의 인재관을 반영하는 하나의 장치로 봅니다. 열전의 경우 18개의 '능能' 자가 보이는데, 이 역시 인재를 칭찬하기 위해 사마천이 선택한 단어라고 할 수 있겠습니다.

체제·권명		취지·내용·특징	비고
세가 30편		• "28수의 별자리가 북극성을 중심으로 돌고 수레바퀴살 30개가 바퀴 안에 모여 끊임없이 돌고 도는 것처럼, 제왕의 팔다리와 같은 신하들의 충성스러운 행동과 주상을 받는 모습을 30편의 세가에 담았다."	
		• 작위와 녹봉을 받으며 그 지위를 대대로 물려주고 받는 집안으로, 서주 이래 분봉받은 제후국과 서한 이래 역대 황제들이 봉한 유씨 종실 및 개국에 협조한 창업공신들을 포함한다. 이들은 당대를 주도한 역사의 주역들로, 이들의 행적과 부침이 입체적으로 소개된다.	
		• 〈외척세가〉처럼 '황후본기' 내지 '황후열전'의 성격을 띤 특수한 것도 있고, 〈공자세가〉와 〈진섭세가〉처럼 파격적인 인식을 보여주는 것들도 있다.	
	권31 오태백세가	• 뛰어난 동생 계력과 그 아들 희창(주 문왕)의 즉위를 위해 강남 야만족의 땅으로 피해 간 태백과 오의 건립과정 및 멸망을 기록한 세가의 첫 번째 편이다. • 왕위를 양보한 무사(無私)의 정신을 높이 평가한 사마천은 본기의 첫 편, 열전의 첫 편(백이·숙제), 그리고 세가의 첫 편에 모두 '양위' 고사를 안배했다. • 박학하고 사심 없던 계찰에 대한 존경심이 엿보인다. 또한 오자서·백비·부차 등에서는 와신상담의 치욕을 견디고 분발해 원한을 갚는 '복수관'을 극적으로 묘사했다. 이는 사마천의 처지와 심경을 절묘하게 투영함으로써 읽는 이의 심금을 울린다.	《좌전》《국어》 《논어》(태백편) 〈오자서열전〉 〈월왕구천세가〉 〈자객열전〉 참조.
	권32 제태공세가	• 주 건국의 1등 공신으로 제에 봉해진 태공의 "뛰어난 권모를 칭송하기 위한" 편이다. • 봉국으로부터 600년에 이르는 제의 역사를 기록하면서 태공·환공의 사적에 중점을 두었다. • 제나라가 패업을 이룰 수 있었던 자연·사회·역사적 조건과 시기·인화 등의 요소에 주목하면서, 인간의 작용이 역사발전의 결정적 요소 가운데 하나임을 잘 보여준다. • 백성을 이롭게 하는 실용주의에 입각한 '선정'의 중요성을 역사 발전의 각도에서 강조했다.	《국어》《좌전》 《공양전》《관자》 《안자춘추》 《한비자》 《여씨춘추》 〈관안열전〉 참조.
	권33 노주공세가	• 주공 단을 칭송해 짓는다고 했으나, 실제로는 혼란스럽고 험난했던 노국의 상황을 한탄하고 있다. • 예악으로 나라를 다스리는 현실에 회의를 품고, 공리주의 정치관을 바탕으로 제·노를 대비시킴으로써 지나친 형식주의가 가져오는 번거로움과 공허한 도덕적 설교에 일침을 가한다. • 이를 위해 제·노를 앞뒤로 배치하면서도 성이 다른 제나라를 앞세웠다. • 세가 중 연대가 확실한 가장 오래된 편에 속한다.	《국어》《좌전》 《상서》《주본기》 〈제태공세가〉 〈공자세가〉 참조.
	권34 연소공세가	• 주 초기 왕실의 불안 해소에 공을 세운 소공의 덕을 찬양하기 위해 지었다고 하나, 연의 지리적·정치적 비중 때문에 다른 세가보다 내용이 짧은 편이다.	《상서》《좌전》 《전국책》〈악의열전〉 〈전단열전〉 〈자객열전〉 〈소진열전〉 참조.

체제·권명		취지·내용·특징	비고
	권34 연소공세가	● 사상면에서 '인덕'의 작용과 유능한 인재 등용의 중요성을 부각시켰다. ● 소왕이 나라의 중흥과 선왕의 복수를 위해 유능한 인사를 적극 기용한 것이나, 태자 단이 형가를 기용해 진시황을 암살하려 한 것 등은 사마천의 문화적 복수심리를 잘 드러내는 대목으로 평가받는다.	
세 가 30 편	권35 관채세가	● 관숙과 채숙이 반란을 일으키긴 했지만, 채숙의 아들 중이 과오를 뉘우친 것을 칭송하여 이 편을 지었다. ● 주 무왕의 동모형제 10명의 사적을 기록한 '합전' 형식의 독특한 구성이다. ● 무왕의 형제 가운데 주공·소공·강숙 외에는 대부분 덕망이 떨어짐에도 그들의 기록을 남긴 까닭은, 무왕을 보좌해 천하를 평정한 공과 국가이익이란 대의를 위해 친척도 다스린 주공의 덕을 찬양하기 위함이다. ● 권력 쟁탈과 국가를 분열시키는 전쟁을 나무라고 '대일통'이란 일관된 입장을 강조하기 위한 내용이다.	《좌전》 《조세가》 참조.
	권36 진기세가	● "(순과 우 임금의) 공덕이 훌륭하고 청명하여서… 진나라와 기 나라가 존재하였으니" 이 편을 지었다. ● 〈관채세가〉와 마찬가지로 전체 국면의 변화를 시대순으로 조망하고, 순·우 후손의 나라인 진과 기에 대한 기록을 남겼다. ● 순·우의 덕정을 찬양하고 사마천 자신의 사상적 경향을 뒷받침하기 위해 선양을 내세웠다. ● 천인관계를 다루는 대목에서 모순과 곤혹스러움이 표출된다. 이는 자신의 비극적 운명에서 출발해 인간과 하늘의 기본 문제와 마주해야 하는 이성적 탐색과정에서 오는 곤혹감이다.	《전경중완세가》 《조세가》 《강후주발세가》 《오왕유비열전》 《경포열전》 《여불위열전》 《저리자감무열전》 《천관서》 참조.
	권37 위강숙세가	● 안정을 이루지 못하고 간신히 나라를 유지한 위나라 역사의 옛 교훈을 생각하며 이 편을 지었다. 덕과 색 부분에서 위나라 흥망의 역사적 교훈을 총결짓는 우수한 문장으로 꼽는다. ● 형제부자 간의 골육상잔, 지혜와 어리석음, 선과 악, 미와 추, 어짊과 불초함을 있는 그대로 드러냄과 동시에 통렬하게 결합시켜 미덕과 죄악을 유감없이 폭로하고 있다. ● '일가의 말'을 이루고 싶어한 사마천과 《사기》의 가치가 잘 드러난다.	《좌전》 《상서》 《오태백세가》 참조.
	권38 송미자세가	● 은 말기 세 사람의 인자로 꼽히는 기자·비간·미간의 사적을 함께 소개한 '합전' 형태이다. ● 전체적으로 어리석은 군주가 나라를 멸망으로 이끄는 역사적 교훈을 종합하면서, 백성을 불안하게 하는 통치자와 안정감을 주는 통치자가 국가 안위에 미치는 중요성을 '덕정'이라는 기준으로 귀결시킨다. ● 형제상속을 국가 혼란의 원인으로 본 사마천의 인식이 문제점으로 지적되기도 한다.	《상서》 《시》 《좌전》 《춘추》 참조.

체제·권명		취지·내용·특징	비고
세가 30편	권39 진세가	● 주 무왕의 아들 당숙우의 봉국 진(당)의 역사를 기술한 세가로, 춘추패자의 한 사람이었던 문공의 치적을 강조했다. ● 사마천의 기본사상이 여러 곳에서 강조된다. 적장자 계승의 옹호, 공신을 각박하게 대우하는 군주에 관한 불만, 역경을 이긴 사람만이 큰일을 성취할 수 있다는 불굴의 의지 강조, 예와 믿음이 인간의 기본준칙이라는 도덕사상, 공자 계승자로 자처, 직언하는 사관에 대한 존중, '공천하(公天下)' 사상 등이 담겨 있다.	《국어》《좌전》《춘추》〈월왕구천세가〉〈염파인상여열전〉참조.
	권40 초세가	● 위로 전욱 고양씨에서 아래로 전국 말에 이르는 초나라의 역사를 비교적 폭넓고 깊게 서술했다. ● 긍정·부정의 두 측면에서 초의 흥망성쇠를 종합했다. ● 초를 강국의 반열에 올린 성왕·장왕·소왕 등의 사적과 초를 멸망으로 이끈 영왕·평왕·회왕·경왕의 사적을 분명하게 대비시켰다. ● 초가 멸망한 근본적 원인이 귀족사회의 내부 문제와 철저하지 못한 개혁에 있음을 소홀히 다룬 감이 있지만, 지루하지 않게 묘사한 예술적 문장으로 평가받는다. ● 곰발바닥 요리, 문정(問鼎), 불비불명(不飛不鳴), 사족(蛇足), 장의와 굴원에 관한 고사 등이 흥미롭다.	《국어》《좌전》《전국책》〈진본기〉〈오태백세가〉〈손자오기열전〉〈상군열전〉〈오자서열전〉〈춘신군열전〉〈굴원가생열전〉참조.
	권41 월왕구천세가	● 《사기》 가운데 가장 생동감 넘치고 극적인 명편으로 꼽는다. ● 월왕 구천이 오왕 부차에게 패하고 10년 넘게 분발하여 재기한 다음, 끝내 오를 멸망시키고 패자가 되는 과정이 흥미진진하게 전개된다. 마치 한 편의 드라마를 보는 듯하다. ● 곳곳에서 사마천의 인내·분발·복수 사상이 짙게 드러난다. ● 승리한 뒤 공신을 제거하는 구천의 배신행위를 적나라하게 직필함으로써 잔혹한 역사의 단면에 깊은 회한을 드러냈다. ● 현명하게 은퇴를 선택한 범려의 행적을 특별히 첨가했는데, 항우와 장량, 한신의 처지를 염두에 두고 '과거로 현재의 일을 풍자'한 절묘한 대조라 할 수 있다. ● 와신상담(臥薪嘗膽), 토사구팽(兎死狗烹) 같은 고사의 상당부분이 출처를 알 수 없어 사마천이 직접 자료를 수집한 것으로 보인다.	《좌전》《국어》〈오어·월어〉〈오태백세가〉〈오자서열전〉〈유후세가〉〈회음후열전〉〈위표팽월열전〉〈경포열전〉〈한신노관열전〉참조.
	권42 정세가	● 서주 봉건 열국 중 마지막으로 봉해진 정나라의 사적과 입지를 시대적 상황과 열국의 흥망성쇠라는 관점에서 예언성 짙게 개괄하고 분석했다. ● 강대국이던 진·초 사이에 위치한 정의 처지와, 이들의 중원 진출을 저지하기 위한 각축상황에서 생존을 위한 정치적 책략을 간명한 필치로 기록했다. ● 이런 정나라의 상황을 장공과 정자산이라는 다른 유형의 영웅을 통해 효과적으로 부각시켰다. ● 생존과 변화에 직면함으로써 기존의 낡은 의식과 관념을 깨기 위해 권모술수도 마다하지 않았던 장공과, 정치가의 모든 미덕을 한몸에 지녔던 정자산의 치적을 교묘하게 대비시켰다. ● 권력과 이익으로 야합한 자들은 그것이 다하면 멀어지게 마련이라는, 냉엄한 세태에 대한 사마천의 감회가 포함된다.	〈순리열전〉〈맹상군열전〉〈장이진여열전〉〈계포난포열전〉〈염파인상여열전〉〈위장군표기열전〉〈평진후주보열전〉〈급정열전〉참조.

체제·권명		취지·내용·특징	비고
세가 30편	권43 조세가	● 조씨 집안의 흥쇠를 통해 춘추시기 '진(晉)' 6경'에 의한 정치독단과 3가가 진을 나누는 과정 및 전국시대 조씨의 성쇠를 거쳐, 끝내는 진(秦)에 의해 멸망하는 역사적 변화를 보여주는 비교적 긴 세가다. ● '덕정'의 중요성보다는 실력과 권모의 작용에 중점을 두고, 춘추 후기 가치관의 변화 및 그 변화가 역사발전에 미친 영향에 깊은 관심을 보인다. ● 간신 도안고에게 멸족당한 조씨 가문이 정영 등 생사를 초월한 영웅들의 비장한 선택으로 부흥하는 과정을 통해 '선비는 자신을 알아주는 사람을 위해 죽는다'는 생사관과 사마천 자신의 처지를 빗댄 이른바 '문화복수 방식'을 생생히 볼 수 있다. ● 조 무령왕의 개혁정치와 관련해 '상황이 달라지면 대처도 달라야 한다'는 변증적 역사관을 유감없이 드러냈으며, 후계자 선정을 머뭇거리다 굶어죽은 무령왕의 최후를 통탄했다. ● 네 명의 주요 인물이 꾼 꿈을 단서로 수백 년에 걸친 조씨 가문의 변화를 암시하는 독창성 넘치는 구성이다.	《좌전》《국어》 《전국책》《세본》 《맹자》《상군서》 《한비자》 참조.
	권44 위세가	● 평범하면서 문란하지 않게 위나라의 정치와 외교의 발전·변화 과정을 재구성했다. ● 위나라의 기초를 닦은 위강의 형상을 주로 부각시키면서 춘추 후기 위씨의 발전상황을 기술했다. ● 개명한 군주 위 문후의 인재 등용 등 정치적 재능을 높이 평가했다. ● 혜왕의 무도한 확장과 무력으로 위가 멸망에 이른 것을 비판적으로 분석했다. ● 위가 신릉군을 배제함으로써 결국 멸망에 이르는 상황을 깊이 탄식하고 천명에 대해 회의한다. ● 연대와 사건 기술상 약간의 착오가 발견된다.	《전국책》 참조.
	권45 한세가	● 전국 7웅 중 가장 약했지만 요충지에 위치했던 한나라가 역대 군주들의 우유부단한 정치적 판단 때문에 그대로 주저앉은 과정을 간략하게 서술했다. ● 신불해 당시 일시적 안정은 있었지만, 자국 출신 한비자를 배척하는 등의 정치적 미숙함을 꼬집었다. ● 역대로 지나치게 간략하다는 시비가 존재하는 편이다.	《전국책》 참조.
	권46 전경중완 세가	● 춘추시기 진의 궁정 쿠데타로 시작해 진왕이 제로 도망친 후 그 자손이 번창하기까지를 서술하고, 전씨가 강씨 정권을 찬탈한 뒤 전제(田齊)의 성쇠에 이르는 과정을 서술했다. ● 신흥귀족의 흥기에 따른 민심 수습의 중요성을 반영하는 한편, 새로운 생산제도와 혁신을 요구하는 객관적 역사 조류를 강조한다. ● 인재를 적절히 등용해 제를 강하게 만든 위왕과, 제를 몰락으로 이끈 건의 행태를 선명하게 대비시키고 있다. ● 인물 묘사가 섬세하고 문학적 색채가 농후한 문장에, 앞뒤 사건을 점복과 가요로 대비시킨 절묘한 안배가 돋보인다. ● 역사적 사건의 연대가 다른 연표와 크게 달라 교정이 필요하다.	〈육국연표〉 참조.

체제·권명	취지·내용·특징	비고
세가 30편	**권47 공자세가** ●공자의 여러 활동을 기술하고, 그의 학술사상을 높이 평가했다. 세가의 대상이 아님에도 파격적으로 편입시켜 공자에 대한 사마천의 존경심을 드러냈다. ●다양하고 폭넓은 문화·사상의 각도에서 공자를 평가했는데, 후세 유가들의 맹목적 추앙과는 근본적으로 다르다. ●한나라 이래 공자의 사상 및 일생 연구에 가장 중요한 근거를 제공한다. ●불굴의 의지로 깊고 넓은 학식을 닦아 고대 문헌 정리에 엄청난 노력을 기울인 공자를 '제2의 주공'으로 칭송했다. 아울러 사마천 자신이 '제2의 공자'가 되겠다는 뜻을 세운다. ●교육가·정치가로서의 공자를 불운한 일생, 불변의 신념면에서 조명함으로써 '지성(至聖)'의 반열에 올려놓았다.	《논어》《좌전》 《국어》《맹자》 《예기》〈중니제자열전〉 참조.
	권48 진섭세가 ●진 말기 농민봉기군의 수령 진섭의 행적을 세가에 편입시킨 사마천의 대담하고 진보적인 역사의식이 돋보인다. ●백성들의 거대한 역량을 역사발전 과정에서 탁월하게 그려낸 최초의 농민전쟁에 관한 기록이다. ●숙명을 거부하고 시대에 도전한 진섭의 정신과 생사관에 사마천 자신의 생사관을 투영시켰다. ●성공 후 백성과 점점 멀어지고 결국 실패한 진섭의 변화과정을 생동감 넘치게 묘사함으로써, 역사 속에서 귀중한 교훈을 찾으라고 충고한다.	
	권49 외척세가 ●한나라 초기 황후와 비빈들의 행적을 주로 기록했다. ●여성의 정치 참여와 관련된 최초의 기록으로, 국가의 정치상황에 여성이 중대한 영향을 미친다고 강조한다. ●제왕과 비빈, 비빈과 비빈 사이에 벌어지는 각종 모순과 투쟁을 폭로했다. ●예상할 수 없는 인간의 운명에 대한 감개를 궁중 여성들의 운명을 통해 표출했으며, 그 여인들의 운명을 좌우하는 황제의 존재를 비판적으로 의심하기도 했다. ●한 걸음 나아가, 사마천은 빛나는 혜안으로 궁정 내의 모순과 투쟁을 초래한 근본적 원인을 찾는다. ●문장 구조·보어·세부 묘사에서 탁월한 예술적 성취를 이루었다.	〈유림열전〉 〈양효왕세가〉 〈위기문안후열전〉 참조.
	권50 초원왕 세가 ●한 고조 유방의 친동생인 초왕 유교와 고조의 손자인 조왕 유우 및 그 자손으로 이어지는 정황을 기술했다. 역사가 서로 비슷해 두 나라를 합쳐 언급했다. ●유씨 통치집단 내부의 원한관계와 분쟁사실을 폭로하는 한편, 유능한 인재의 등용 여부가 국가적 흥망성쇠의 근본이라는 점을 강조한다. ●서두에 미천한 시절 고조 유방이 친구들과 밥 얻어먹는 것을 미워했던 형수 이야기를 짧게 삽입해, 이후 벌어진 유씨 집안 전체의 갈등을 암시하는 독특한 구성을 보여준다.	《예기》 참조.

체제·권명		취지·내용·특징	비고
세가 30편	권51 형연세가	●유방의 직계 친족은 아니지만, 유씨 성으로 초기 정치의 안정에 공을 세워 왕으로 봉해진 유고·유택의 행적을 하나로 합쳐 기록했다. ●후반부가 연왕 유택의 세가라고 하지만, 실제로는 유택을 위해 충성한 전국시대 유세가의 면모를 보이는 전생이란 인물을 공들여 묘사했다. ●직계 유씨는 아니지만, 계책을 내고 그 공으로 왕에 봉해진 인물들의 행적을 간결하지만 요령 있게 서술했다.	〈제도혜왕세가〉 참조.
	권52 제도혜왕 세가	●한나라 초기 최대의 동성 왕국이었던 제의 흥망성쇠를 완전하게 기록했다. 초기 중앙정부와 지방 제후국 간의 관계 및 변화과정을 전체적으로 이해하는 데 도움을 준다. ●문장 또한 사건의 추이에 따라 긴장감이 느껴지고, 각 정치세력의 투쟁을 전면적이면서도 심각하게 전개한 명편으로 꼽는다. ●'황제계'의 왕손과 '황후계'의 외척 간 투쟁, 조정 신하와 외척 간 투쟁, 조정 대신 내부의 투쟁 등 서로 연합하고 갈라서는 행태를 각 정파 간 이해타산이란 측면에서 심도 있게 분석했다.	〈형연세가〉 참조.
	권53 소상국 세가	●서한 개국의 일등공신인 소하를 다루고 있다. 양은 많지 않지만, 소하와 유방의 복잡한 관계를 다루고 있어 다른 공신들의 전기와 차이가 많다. ●소하가 유방을 도와 천하를 통일하는 업적을 서술하면서도, 유방·여씨를 도와 한신 등 공신들을 제거한 죄상을 은근히 드러냈다. 또한 그 과정에서 소하와 유방 간의 심리적 갈등 및 투쟁을 그렸다. ●이는 결국 봉건체제 밑에서 발생하는 군신 간의 심각한 모순과 위태로운 관계를 절묘하게 폭로한 것이다.	〈조상국세가〉 〈회음후열전〉 〈고조본기〉 참조.
	권54 조상국 세가	●소하의 뒤를 이어 한의 상국이 됨으로써 통치상 별다른 변화를 주지 않고도 백성들을 안정시킨 조참의 전기다. ●한신의 행적과 대비시켜, 전반기 뛰어난 군공을 세운 무장에서 후반기 황로사상의 '무위'를 기초로 너그러운 정치를 펼치며 겸손하게 처신한 정치가 조참의 변모를 부각시킨다. ●혹리와 가혹한 법에 희생된 사마천 자신의 이상적 사회상을 반영했다고 할 수 있다. ●조참의 행적이 역사변화의 객관적 반영이란 측면에서 돋보인다.	〈평준서〉 〈혹리열전〉 참조.
	권55 유후세가	●유방을 도와 천하를 재통일하고 초기 정국을 안정시키는 과정을 장자방 장량의 지혜와 역사적 업적, 사상 및 처세 등을 통해 전면적으로 묘사했다. ●격랑의 세월과 냉혹한 정치현실에서 '황로술'로 자신의 몸을 지켜 낸 '명철보신'의 대명사 장량의 원숙한 처신에 신비주의적 요소를 가미해 풍자적으로 서술한 점이 주목받는다. ●당시의 정치 환경과 사회적 배경을 심도 있게 분석했다. ●춘추시대 월나라의 범려와 비교하며 읽으면 더 흥미롭다.	〈항우본기〉 〈고조본기〉 〈소상국세가〉 〈조상국세가〉 〈진승상세가〉 〈회음후열전〉 〈월왕구천세가〉 〈화식열전〉 참조.

체제·권명		취지·내용·특징	비고
세가 30편	권56 진승상세가	● 여러 권력자들을 거치면서 남다른 처세술로 재상까지 오른 진평의 인생 역정을 격변의 시대상황 속에서 생동감 넘치게 그려내고 있다. ● '반간계'로 항우의 집단 내부를 분열시켜 한신을 비롯한 공신 및 여후 집단을 제거하는 음모가로서의 진평이 사마천의 비판적 붓끝에서 회생한다. ● 위기 때마다 계책을 내서 유방을 구한 책략가 진평의 모습이 잘 드러난다. 모든 과정에서 큰 공을 세운 후 군신관계를 설정하기가 얼마나 어려운지 실감할 수 있다.	〈고조본기〉 〈여후본기〉 〈효문본기〉 〈강후주발세가〉 〈회음후열전〉 참조.
	권57 강후주발세가	● 개국공신 주발과 아들 주아부의 탁월한 공로와 비극적 결말을 서술한 합전 형식이다. ● 공신들을 모반으로 몰아 제거하는 유방과 여후의 잔인한 정치 행위를 도움으로써 승승장구한 주발의 일대기를 통해, 험악하고 오랫동안 함께하기 힘든 군신관계와 최고통치집단의 각종 모순 등을 토로한다. 그와 동시에 주발 부자의 비극적 결말에 동정심을 표한다.	〈여후본기〉 〈효문본기〉 〈진승상세가〉 〈양효왕세가〉 〈위기무안후열전〉 참조.
	권58 양효왕세가	● 한 초기 최대의 위기상황을 연출한 '오초 7국의 난' 진압에 중요한 공을 세운 양 효왕이 어떤 과정으로 자기 세력을 과시하고 끝내 반역에 이르는지를 경제와 두태후, 양 효왕 모자·형제 간의 복잡하고 모순된 상황을 통해 생동감 넘치는 문장으로 그려내고 있다. ● 한 초기 황실 내부의 격렬한 투쟁상을 이해하는 데 중요하다. ● 한은 이러한 모순을 겪은 후 정치적 안정을 이룬다.	〈위기무안후열전〉 〈한장유열전〉 〈원앙조조열전〉 참조.
	권59 오종세가	● 경제의 다섯 후비에게서 태어난 13황자의 봉국 상황을 기술하고, 한 초기 이래 분봉제의 발전과 변화상 및 그 득실을 평가했다. ● 오초 7국의 난 이후 약화되어가는 제후국들의 상황과, 그 반대 급부로 중앙정부가 주도권을 쥐고 봉건 대일통을 다지는 상황이 묘사된다. ● 중앙정부와 지방 제후국들 사이의 첨예한 모순을 폭로하는 한편, 중앙에서 지방으로 파견되었다가 희생당한 많은 관리들의 행적을 통해 황자 13명의 황음무도한 타락상을 부각시켰다.	〈효경본기〉 참조.
	권60 삼왕세가	● 신하들이 올린 주장(奏章)과 천자가 내린 봉책서(封策書)를 통해 무제의 황자 유굉·유단·유서를 각각 제왕·연왕·광릉왕에 봉하는 과정을 기술한 세가의 마지막 편이다. ● 한나라 때 신하들이 올린 글과 황제가 내린 글의 격식을 이해하는 데 도움을 준다. ● 천자가 왕을 봉할 때, 신하들의 거듭된 요청을 민의로 포장해 자신의 뜻을 관철시키는 상투적인 봉건적 격식을 드러낸다. ● 진위 여부를 둘러싸고 역대로 논란이 많다.	〈효무본기〉 참조.

6장

열전, 진정한 역사의 주인공들

列傳

列
傳
──────── 사마천은 역사를 움직이는 원동력을 수많
은 보통 사람들에게서 발견했다. 그리고 삶을 주체적으로 살았던 사
람이라면 신분 여하를 막론하고 기록으로 남겼다.

　열전은《사기》의 백미이자 사마천의 사관을 가장 잘 드러내는 부
분이다. 70편 모두를 제목부터 배열까지 치밀하게 고민함으로써 수
천 년을 관통하는 거대한 인간통사를 창조해냈다.

　열전에 등장하는 인물들은 모두 생동감이 넘친다. 각 인물들을 살
아 움직이는 유기체로 만들기 위해 문학적 기술을 서슴없이 활용했
기 때문이다. 따라서 열전 한 편 한 편이 모두 소설을 방불케 한다.
역사와 문학의 절박한 조우를 이루어냈다고 할 수 있겠다.

　또한《사기》는 열전의 저력을 빌려 '서사시'의 경지를 개척했다
는 새로운 평가를 받고 있다. 중국학 전문가 앤드류 플랙스Andrew H.
Plaks는《사기》의 서사적 가치를 이렇게 평가했다.

　　서구 소설과 희극 연구자들은 대개 그 기원을 고대 그리스 서사
　　시로 올려 잡는다. 그런데 중국문학 연구자들은 고대 중국에 서사
　　시가 없다고 말한다. 그들이 말하는《수호전》《삼국지연의》《서유
　　기》《홍루몽》 같은 장편소설이 민간 설창說唱에서 왔다는 것이다.
　　하지만 고대 중국에도 서사시가 있었다. 안타깝게도 그것을 서사시

로 간주하지 않았을 뿐이다. 바로 《사기》이다.

서양인의 영혼 깊은 곳에 있는 프로메테우스 정신, 아폴로 정신, 제우스 정신 등이 고대 그리스 신화와 서사시에서 나왔듯이, 중국 장편 고전소설에 등장하는 주인공들의 내면세계는 곳곳에서 《사기》에 두드러졌던 형가 정신, 오자서 정신, 맹상군 정신 등과 조우한다.

열전은 다양한 인간군상의 종합적이고도 심도 깊은 보고서이다. 사마천은 인간의 본질을 통찰하고 문학적 표현을 이용해 생생히 전달함으로써 수많은 사람들의 심금을 울렸다. 지금도 그렇고, 앞으로도 그럴 것이다.

列
傳

▍▍품행이 고결하고 천하에 공이 있는 사람들

학 생ㅣ 드디어《사기》의 백미라고 할 수 있는 열전에 이르렀네요. 이
야기를 들을수록《사기》의 매력에 흠뻑 빠지지 않을 수 없군요. 한편
으로는 열전의 매력이 반감된 듯한 느낌마저 듭니다. 다른 체제들에
대한 이해가 깊어졌기 때문이겠죠. 전에는 모르고 못 느꼈던 새로운
사실과 장점들을 알게 되었으니까요.

김영수ㅣ 난이도의 차이는 있겠지만,《사기》다섯 체제 가운데 어느
것 하나 소중하지 않은 것이 있겠습니까? 열전 또한 그런 생각으로
살펴보면 새로운 매력을 찾아낼 수 있을 겁니다.

학 생ㅣ 먼저 열전에 대한 기본적인 사항을 알아볼까요?

김영수 | 〈자서〉에서 사마천은 "정의롭게 행동하고, 기개가 넘쳐 남에게 억눌리지 않으며, 세상살이에서 기회를 놓치지 않고, 공명을 천하에 떨친 사람들의 일을 내용으로 열전 70편을 지었다"고 말했어요. 열전을 쓴 주된 이유가 품행이 고결하고 천하에 공이 있는 사람들의 행적을 후세에 전하기 위해서라는 것이죠. 그러나 사마정은 《사기색은》에서 "열전이란 신하들의 사적을 서술해 후세에 전할 수 있었기 때문에 열전이라 한다"고 하여 사마천이 의도했던 범위를 명백히 축소시켰습니다.

사마천이 열전을 통해 행적을 남긴 사람과 사건들은 제왕의 신하에 국한되지 않습니다. 우선 〈흉노열전〉〈대완열전〉〈서남이열전〉〈남월열전〉〈동월열전〉〈조선열전〉 등 당시 중국 경내의 한족이 아닌, 나라와 국경을 벗어난 외국 역사를 함께 기록하고 있어요. 또 열전에 기록된 인물들은 대단히 광범위합니다. 귀족·관리·학자·정치가·군사가·문학가·자객·유협·상인 등 서로 다른 계층 및 직업의 다양한 인물들이 망라되어 마치 인간백화점 같다는 생각이 들 정도입니다.

학 생 | 전체적으로 편명을 훑어보기만 해도 현기증이 납니다. 얼핏 열전의 순서가 시대순인 것 같은데요. 열전의 편제에 대해 말씀해주세요.

김영수 | 열전은 인물의 서술방식에 따라 보통 네 종류로 나뉩니다.

첫째, '전전專傳'인데, 한 사람의 전기를 의미하죠. 전국시대 4공자의 한 사람이었던 신릉군의 행적을 기록한 〈위공자열전〉이 대표적입니다.

둘째, '합전合傳'으로, 두 사람 이상의 전기를 한 편에 합쳐 같은 비중으로 서술한 것입니다. 〈굴원가생열전〉이 대표적이죠.

셋째, 부전附傳'이 있습니다. 이는 한 사람의 전기 뒤에 그와 관련된 사적이나 가까운 인물의 전기를 덧붙인 것입니다. 〈위기무안후열전〉이 그런 경우에 속하는데, 위기후 두영과 무안후 전분의 사적을 주로 다루면서 중간에 관부의 전기를 끼워 놓았어요.

넷째, '유전類傳'이란 형식입니다. 이는 같은 부류의 인물들을 한 전기에서 비슷한 비중으로 다룬 것인데, '잡전雜傳' 또는 '휘전彙傳'이라 부르기도 합니다. 〈혹리열전〉〈자객열전〉 등이 이에 속하죠.

이밖에 '부견附見' 또는 '부출附出'이라 하여, 다른 이의 행적에 어떤 사람의 공과 등을 갖다 붙이는 형식도 있습니다. 그 사람을 위한 열전이 마련되어 있으면 부견이라 하고, 열전 없이 남의 열전에 부분적으로 삽입되는 걸 부출이라 하기도 합니다. 일반적으로 크게 주목하지 않는 형식입니다. 예를 들어, 서역 개척이란 큰 공을 남긴 장건의 행적은 위청과 곽거병 뒤에 보잘것없이 딸려 있는데, 정작 그의 자세한 행적은 〈대완열전〉에 나와 있습니다. 〈흉노열전〉〈조선열전〉 등 소수민족에 관한 기록들을 '소수민족전', 중화적 관점에서 '사이전四夷傳'이라고 해 따로 분류할

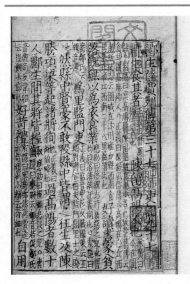

〈역생육고열전〉의 일부분(송각본).

수도 있겠지요.

학 생| 마지막 편인 〈자서〉를 선생님께서는 별도로 분류하셨는데, 특별한 이유라도 있습니까?

김영수| 〈자서〉는 성격이나 특징상 별도의 열전 유형으로 분류할 수 있습니다. 지금까지 그렇게 해왔고요. 이름으로 '자전自傳'이란 용어가 가능할 듯하고, 형식이나 내용으로는 첫 번째 유형인 '전전'에 포함시켜도 무방할 것입니다. 다만, 《사기》를 서술하게 된 동기와 취지, 129편 전체의 핵심과 개략적 내용을 소개한다는 점에서 별도의 유형으로 검토할 여지는 충분하다고 생각해요. 그 부분을 깊게 생각하고 연구한 것은 아닙니다. 가능성 정도를 열어놓았다고나 할까요?

▌▌ 열전의 배열 및 구조

학 생| 이제 '열전' 전체의 배열과 구조를 살펴볼까요?

김영수| 열전은 《사기》에서 분량이 가장 많고 중요한 부분입니다. 각계각층의 수많은 인물들을 역사의 시공이라는 장쾌한 구도 속에서 생생하게 그려내고 있어요. 이 체제는 역대로 가장 높이 평가받는 동시에 많은 비판을 받기도 했습니다. 왕조체제에 길들여진 정통주의 역사가들은 각계각층의 인물들을 선택해 평가한 사마천을 못마땅하게 여겼죠. 예를 들어, 체제에 저항한 유협들의 행적을 기록한 〈유협열전〉은 반고 이후 가장 많은 비난을 받았습니다.

열전의 배열 또한 논란이 많았어요. 하지만 《사기》의 전파과정에서 순서가 뒤섞였을 가능성도 배제할 수 없으므로, 이 문제는 쉽지 해결되지 않을 것 같습니다. 지금 우리가 보는《사기》열전의 배열을 토대로 구조를 살피면 대체로 몇 가지 특징이 있습니다.

첫째, 전체적으로 시간순 배열이라 할 수 있습니다. 이를 표와 연계시켜 역사단계로 살펴보면 〈자서〉를 제외한 69편의 열전은 아래와 같이 분류됩니다. (이하 61~129는 열전의 순서를 나타내는 숫자임.)

① 〈백이열전〉(61)~〈중니제자열전〉(67) : 춘추와 그 이전에 속하는 열전들로, 춘추 이전은 〈백이열전〉 한 편뿐입니다.
② 〈상군열전〉(68)~〈몽염열전〉(88) : 전국과 진나라 시기에 해당하는 열전들입니다.
③ 〈장이진여열전〉(89)~〈전담열전〉(94) : 초·한 교체기에 속하는 열전들입니다.
④ 〈번역등관열전〉(95)~〈오왕비열전〉(106) : 한나라 고조·혜제·문제·경제 시기에 속하는 열전들입니다.
⑤ 〈위기무안후열전〉(107) 이하는 무제 시기 및 외국에 관한 열전입니다.

둘째, 전체적으로 시간순 배열이지만, 일부는 시간이 뒤섞여 있기도 합니다. 예를 들어 〈노자한비열전〉(63), 〈손자오기열전〉(65), 〈노중련추양열전〉(83), 〈굴원가생열전〉(84)은 모두 합전인데, 같은 시대의 인물이 아닙니다. 하지만 이들을 한데 모은 의도는 매우 의미심장하죠.

〈자객열전〉(86)을 비롯해 〈순리열전〉(119), 〈유림열전〉(121), 〈혹리열전〉(122), 〈유협열전〉(124), 〈영행열전〉(125), 〈골계열전〉(126), 〈일자열전〉(127), 〈귀책열전〉(128), 〈화식열전〉(129)은 모두 유전에 속하는데, 이중 〈자객열전〉은 형가가 진시황을 암살하는 장면이 주를 이루므로 시간상 전국시대 말에 배치했습니다.

셋째, 〈이장군열전〉(109) 이하는 순서에 따라 한 무제 때 발생한 사건 사이의 상호관계를 보여줍니다. 〈이장군열전〉, 〈흉노열전〉(110), 〈위장군표기열전〉(111), 〈평진후주보열전〉(112)은 흉노 정벌과 관련되어 있죠. 특히 〈흉노열전〉을 사이에 두고 〈이장군열전〉과 〈위장군표기열전〉을 배치한 것은 특별한 의미가 있어요. 아부로 일관한 위청과 곽거병 같은 정치군인들에게 배척당함으로써 억울하게 자살한 이장군 이광을 대비시키려는 배려입니다.

그리고 이어지는 〈남월열전〉(113), 〈동월열전〉(114), 〈조선열전〉(115), 〈서남이열전〉(116)은 소수민족 또는 외국에 대한 전문 열전입니다. 앞의 〈흉노열전〉과 같은 종류에 속하죠. 〈사마상여열전〉(117)을 그 뒤에 배치한 까닭은 그가 서남이 경영에 직접 관여했기 때문입니다. 전체적으로 한과 사이四夷의 관계를 두루 검토한 귀중한 기록들이라 할 수 있어요.

이어 〈회남형산열전〉(118)은 회남왕 유장과 형산왕 유사 3부자의 모반과 멸망을 폭로했으며, 〈순리열전〉(119)은 정치를 잘한 다섯 명의 순리들에 관한 기록인데 한 왕조 출신은 한 명도 없습니다. 이를 보완하기 위해 〈급정열전〉(120)을 배치해, 한 왕조 때 직언을 서슴지 않았던 급암과 정당시의 행적을 소개했어요. 이어 〈유림열전〉(121)

에서는 오경五經의 전수과정을 동중서까지 서술해 문치를 강조하는 듯하지만, 〈혹리열전〉(122)에서 한 무제 당대의 가혹한 정치행태를 10명에 이르는 혹리들을 통해 폭로함으로써 선명한 대비효과를 만들어냅니다.

〈대완열전〉(123)에서는 대내적으로 무력을 동원한 가혹한 혹리들과 대외적으로 허망한 논리를 일삼는 무리를 볼 수 있는데요. 서역을 개척한 장건의 행적이 자세히 기록되어 있습니다. 서역 개척에 대한 사마천의 비판적 관점을 엿볼 수 있죠.

마지막으로 〈유협열전〉(124), 〈영행열전〉(125), 〈골계열전〉(126), 〈일자열전〉(127), 〈귀책열전〉(128), 〈화식열전〉(129)은 모두 유전류에 속합니다. 각 계층의 사회적 기능을 실감나게 전달하는 특징이 있죠. 이 중에서 〈유협열전〉과 〈화식열전〉은 정치·경제 방면에서 시정을 종합적으로 비판합니다.

학 생ㅣ 사마천이 열전의 편명에 대단히 신경을 썼다고 하던데요.

김영수ㅣ 그렇습니다. 다른 정사들과의 차이점이죠. 《사기》 직후에 나온 정사인 《한서》는 열전 70권 모두 인물의 이름을 제목으로 삼았습니다. 하지만 《사기》의 열전 70편 가운데 인물 이름을 제목으로 삼은 것은 42편입니다. 성을 제목으로 삼은 것이 3편, 관직과 작위를 제목으로 삼은 것이 각각 3편과 11편이고, 존호를 제목으로 삼은 것도 11편에 이릅니다. 이밖에 종류로 제목을 삼은 것이 10편이에요. 〈노자한비열전〉이나 〈굴원가생열전〉처럼 두 사람 이름이 합쳐진 열전에서 각각의 인물을 별도로 계산하면 모두 80편에 이릅니다. 열전의 제목을 간단히 이름으로 삼지 않고 이처럼 다양하게 나눈 건 어떤 의도가 작용했기 때문이에요. 그 점을 이해하지 못하고 비판하거나 불만을 터뜨린 학자들이 적지 않았습니다.

우선 '자子'를 넣어 제목을 붙인 것은 해당 인물에 대한 존경을 나타내기 위해서입니다. 〈노자한비열전〉〈손자오기열전〉 등이 대표적인 경우죠. '자子'를 제목으로 삼은 것 역시 존경을 드러내기 위한 것입니다. 〈백이열전〉〈관중안영열전〉 등이 대표적이에요. '숙叔'이나 '생生'을 제목으로 넣는 경우 존칭을 의미하는데, 우리식으로 말하면 '선생님' 정도가 됩니다. 〈굴원가생열전〉, 〈전숙열전〉이 대표적이죠. 〈이장군열전〉은 이광의 억울함을 동정하는 의미에서 '장군'을 제목에 넣은 반면, 〈위장군표기열전〉은 위청과 곽거병을 조롱하는 의미가 담겨있다는 해석이 정설입니다. 앞에서 언급했지만, 한신의 억울한 죽음을 생각하고 작위를 넣어 제목을 지은 〈회음후열전〉도 있어요.

이처럼 모든 제목에 사마천의 남다른 의도가 깔려 있습니다. 이를 소홀히 한 채,《한서》와 같은 후대 정사류의 천편일률적 체제를 토대로《사기》를 비판하는 것은 타당하지 않습니다.

학 생 | 열전에 등장하는 인물의 행적과 다른 체제에 기록된 사건의 관련성도 언급하셨는데요.

김영수 | 대체로 열전은 본기에 기록된 사건의 내용을 보충하고 더 풍부하게 해주지만, 그 자체로도 독특한 구조와 특별한 의미를 갖습니다. 〈진본기〉에서는 효공이 상앙의 변법개혁을 받아들이고 왕권을 강화함으로써 진나라를 전국시대 후기의 강국대열에 올려놓았다

고 기록합니다. 이와 직접적으로 관련된 열전은 〈상군열전〉이지요. 하지만 이것만으로는 전국시대 후기라는 시대적 상황에서 진나라가 개혁에 성공해 강국으로 부상하는 과정을 제대로 읽어낼 수가 없어요. 그래서 〈소진열전〉, 〈장의열전〉, 〈저리자감무열전〉, 〈양후열전〉, 〈백기왕전열전〉, 〈범수채택열전〉 등을 함께 검토해야 합니다.

열전은 내용에서 그치지 않고 사상이란 측면에서도 본기의 기록을 더욱 심화시킵니다. 가장 대표적인 경우가 고조 유방에 대한 기록이에요. 즉, 〈고조본기〉는 그와 대립했던 〈항우본기〉를 비롯해 공신들에 관한 열전들을 참고해 그 의미와 사상적 측면을 음미하지 않고는 제대로 이해할 수 없습니다. 이 때문에 열전은 사람 위주의 기록일 뿐만 아니라 사건 위주의 기록이기도 하다는 평가가 가능하지요.

학 생 | 열전에 편입된 인물들의 선정기준이 따로 있었나요?
김영수 | 사마천은 열전을 구상하게 된 취지를 마지막 권인 〈자서〉에서 다음과 같이 말했어요.

정의롭게 행동하고, 기개가 넘쳐 남에게 억눌리지 않으며, 세상 살이에서 기회를 놓치지 않고, 공명을 천하에 떨친 사람들의 일을 내용으로 열전 70편을 지었다.

이러한 진술은 사마천이 열전을 구상한 취지이자 열전에 소개된 인물들의 선정기준이기도 합니다. 정의와 기개로 어떤 불의에도 굽히지 않는 사람들, 시세를 잘 살펴 기회를 놓치지 않고 자신의 의지

〈태사공자서〉에서 밝힌 열전 구상의 취지 부분.

와 사상을 드러낸 사람들, 천하에 공명을 떨친 인물들을 골라 열전을 구성한 것이지요. 요컨대, 특정한 시대에 나름의 역사적 역할을 수행한 인물들에 대한 기록으로 열전을 구상하고, 이를 생생한 기록으로 남긴 것입니다.

하지만 자세히 살펴보면 사마천이 시대의 변화에 적응했는가, 역사가 던진 기회를 잡고 자신의 역사적 능동성을 발휘했는가에 더 비중을 두었음을 확인할 수 있어요. 말하자면 열전은 역사라는 시·공간에서 한 인간의 역할을 추적하되, 그 역할이 시대적 요구와 변화의 흐름 속에서 얼마나 주동적이고 주체적이었느냐에 초점을 맞춘 역사 대하드라마라 할 수 있겠습니다. 그래서 어떤 학자는 이렇게 평가합니다.

> 서에 등장하는 제후들 중 한 사람을 제거하거나 열전에 나오는 인물들의 기록에서 사건을 하나라도 제외하면 《사기》는 제대로 읽을 수 없다. 하나가 들어가고 나오는 데 있어서 글자 하나가 천금과 같다. 사마천이 정본은 석실에 깊이 간직하고 부본은 인간세상에 전하겠다고 한 말이 결코 지나친 것이 아니었다. _하량준(何良俊)

▌ 역사적 문학서, 문학적 역사서의 근거

학 생 | 지금까지 열전에 대해 많은 이야기를 나누었는데요. 역사를 움직인 주체로서 인간의 작용을 인정하고, 이를 문학적 기술로 극대화시킨 것이 열전 아닌가 싶습니다. 다섯 체제 가운데 가장 문학적이죠?

김영수 | 물론입니다. 《사기》를 역사적 문학서, 문학적 역사서라 할 수 있는 가장 큰 요인이 바로 열전입니다. 한 편 한 편이 소설을 방불케 하니까요. 열전에 나오는 인물 대부분이 소설이나 드라마의 주인공으로 등장했을 정도입니다.

학 생 | 이제 뒤로 미루어놓았던 《사기》 체제의 마지막 이야기를 나눠볼까요?

김영수 | 그럴까요? 〈자서〉는 〈태사공자서太史公自序〉를 줄인 말입니다. 〈자서〉에 대한 사마천의 말을 들어보겠습니다.

간략한 서문을 통해 여기저기 흩어져 있는 자료들을 모으고 빠진 곳을 보충하여 나름의 견해를 밝혔다. 아울러 6경의 다양한 해석을 취하고, 제자백가의 서로 다른 학설도 절충했다. 그리하여 정본은 명산에 감추어두고, 부본은 수도에 남겨 나중에 성인군자들이 참고할 수 있게 했다. 이것이 열전의 마지막 편인 제70 〈태사공자서〉다.

학 생 | 〈자서〉의 성격에 대한 말씀부터 들어보겠습니다.

김영수ㅣ 마지막 권이자 서문의 성격을 가진 〈자서〉는 《사기》의 전체적인 내용과 사마천의 의도를 가장 잘 나타냅니다. 따라서 〈자서〉는 《사기》를 이해하기 위한 가장 기본적이고 중요한 자료이자 길잡이라고 할 수 있어요. 사마천의 일생과 아버지 사마담, 그리고 사마씨 가문을 파악하기 위한 절대자료이기도 하죠. 지금까지는 〈자서〉를 사마천과 사마씨 가문에 대한 열전으로 판단해 별다른 의문 없이 열전에 포함시켰습니다.

학 생ㅣ 〈자서〉를 별도의 체제로 분류한 경우는 처음인 듯하네요. 그이유를 들어볼까요?

김영수ㅣ 첫째, 〈자서〉는 사마천의 대체적인 생애와 가문의 내력을 기록한 자전적 진술입니다. 이런 자전적 기록을 다른 열전에서는 찾아보기 힘듭니다.

둘째, 〈자서〉는 《사기》 129권 전체에 대한 요약을 포함하고 있습니다. 《사기》를 저술하게 된 동기와 취지, 목적 등도 진술되어 있죠. 이 역시 다른 열전들과는 성격이 다른 부분입니다.

셋째, 마지막에 〈자서〉를 배치한 사마천의 의도를 고려할 때, 다른 열전과 동일하게 취급할 수 없습니다. 〈자서〉는 《사기》의 전체적인 안내자이자 요점을 간추린 축소판 《사기》이며, 사마천 생애의 압축판이라 할 수 있기 때문이에요.

학 생ㅣ 그렇군요. 무엇보다 다른 역사서에서는 찾아볼 수 없는 체제라는 데 가장 큰 의미가 있겠습니다.

〈자서〉를 제외한 열전 69편(61~129권)의 취지·내용·특징

체제·권명	취지·내용·특징	비고
	● "정의롭게 행동하고, 기개가 넘쳐 남에게 억눌리지 않으며, 세상살이에서 기회를 놓치지 않고, 공명을 천하에 떨친 사람들의 일을 내용으로 열전 70편을 짓는다." ● 사마천의 가치관과 인생관을 가장 잘 드러내는 《사기》의 핵심 체제이자 백미이다. ● 부패한 기득권층에 대한 신랄한 비판과 풍자, 하층민에 대한 애정 등 진보적이고 민주적인 감성을 '전전'·'합전'·'유전'·'부전'·'소수민족전' 등의 다양한 형식으로 폭넓게 이야기한다.	
열전 69편 / 권61 백이열전	● 존재조차 의심받는 '창백한 정신의 귀족' 백이와 숙제를 열전의 첫머리에 올린 사마천의 의도가 의미심장하다. ● 권력과 이익 때문에 백성을 희생시키는 현실정치와 선명한 대조를 이룬 두 형제의 '양보'를 부각시켰다. 또한 사람을 기만하는 '천도'와 '미신'을 부정함으로써 사마천 자신의 불우한 처지를 투영하고 있다. ● 〈유협열전〉과 더불어 서정성이 가장 강한 문장으로 평가받는다.	《관자》 《안자춘추》 참조.
권62 관중안영열전	● 춘추시대 제나라의 정치가 관중과 안영의 합전이다. 두 인물의 일생과 주요 업적을 계통적으로 서술하는 대신 몇 개의 고사를 소개하는 것이 특징이다. ● 제 환공의 인재 기용을 칭송하고, 관중의 친구 포숙아의 공평무사함을 부각시켰다. 또한 틀에 매이지 않은 안영의 인재 발탁을 칭찬했다. 특히 생사의 관문에서 관중·안영이 보여준 탁월한 결단과 관중·포숙아의 우정을 강조했다. ● 인물 전기로써는 성공작으로 평가받지 못하지만, 사상적 가치를 상당부분 보여주고 있다.	
권63 노자한비열전	● 노자·장자·신불해·한비자 4인의 합전이다. 도가와 법가의 연원 관계를 밝히고, 한 초기 도가가 실용주의화되고 노자가 '신비화' 되는 필연적 관계를 에둘러 반영한다. 또 한비자의 비극에 격렬한 동정을 표시한다. ● '은둔'과 '장수'의 상징인 노자가 통치자의 구미에 맞추어 신선화 되는 시대적 분위기를 반영함과 동시에, 한비자의 처지를 통해 봉건사회의 험악한 군신관계에 깊은 감회를 표출한다.	《태사공자서》 《논육가요지》 《유후세가》 《봉선서》 《보임안서》 참조.
권64 사마양저열전	● 사마천 가문에서 탁월한 군사가(사마조·사마근)가 배출된 것에 영향을 받아, 군사와 전쟁을 냉철하고 탁월한 인식으로 저술했다. ● 정의로운 군사활동에 찬성하면서 허망한 도덕적 교화로는 나라에 치욕만 초래할 뿐이라고 비판했다. 통수권 보장과 군기 수립의 필요성을 강조하고, 장수의 문무 겸비를 주장했다. ● 사마양저를 가장 이상적인 군사가로 묘사했다. ● 간결한 문장과 적절한 고사가 돋보인다.	《손자오기열전》 참조.
권65 손자오기열전	● 손무·손빈·오기 3인의 합전인데, 손빈의 적수 방연까지 포함한다. 사건 전개와 장면 묘사가 생동감 넘치며, 소설적 요소와 연극적 요소가 강하다.	《태사공자서》 《상군열전》 《원앙조조열전》 《사마양저열전》 참조.

체제·권명	취지·내용·특징	비고
권65 손자오기열전	●3인의 재능을 칭찬하고, 그들의 공적과 인생의 가치를 높이 평가하면서, 사마천 자신의 인생관과 가치관을 투영했다. 특히 고난 속에서도 좌절하지 않고 불굴의 의지로 끝내 복수하는 손빈의 영웅적 기개를 감동적으로 그려냈다. ●오기의 잔인한 법가적 성품을 혐오하는 한편, 시기와 질투에 몰려 비참한 최후를 맞이한 것에 무한한 동정심을 표출하고 있다.	
권66 오자서열전	● 오자서의 파란만장한 일생을 통해 사마천의 가치관·생사관·대의명분·복수관 등을 가장 잘 드러냈다고 평가받는다. '시체에 채찍질을 300번 했다'는 극적인 고사로 유명하다. ●나라를 그르치는 간신과 혼군에 대한 경계와 울분이 포함되어 있다. ●많은 사람들을 등장시켜 주인공 오자서의 기질을 돋보이게 만든 기법은 〈자객열전〉의 형가에 대한 묘사와 함께 흥미로운 부분이다.	〈오세가〉〈조세가〉〈자객열전〉 참조.
권67 중니제자열전	●고대 귀족이 독점해오던 시·서·예·악을 민간에 전파해 문화 이동을 촉진한 공자의 제자들을 기록했다. ●77인의 뛰어난 제자들 중 35인의 사적을 기술하고 나머지 42인은 이름만 남겼다. 노자·거백옥·자산·안영·유하혜 등 공자의 친구나 스승의 사적도 덧붙였다. ●자공에 대해 각별한 관심을 표현했다. 자공의 상업활동과 능력을 높이 평가한 사마천의 진보적 인식을 반영한 것이자, 공자 이후 상업활동을 천시해온 유생들의 행태를 조롱한 것으로 보인다.	〈손자오기열전〉 참조.
권68 상군열전	●변법개혁을 주도한 인물들(오기·조 무령왕·조조 등) 가운데 가장 관심이 컸던 풍운의 개혁가 상앙의 일생을 서술했다. ●진에서 반역으로 몰려 멸국당함으로써 철저히 부정되고 배척된 상앙을 객관적으로 평가한 사마천의 역사의식이 돋보인다. 반면 법가 인물에 대한 그릇된 평가는 지적의 대상이 되고 있다. ●중국 고대사에서 진의 6국 통일이 가장 웅장한 활극이라면 상앙의 변법은 그것을 위한 빛나는 서막이었다.	〈태사공자서〉〈상군열전〉〈원앙조조열전〉〈사마양저열전〉 참조.
권69 소진열전	●합종설을 주창해 전국시대 6국의 공동재상에 오른 소진의 활약상을 중심축으로 삼고, 두 동생의 활동을 배경으로 하여 전국시대 유세가들의 모습을 그려냈다. ●불굴의 의지로 역경을 헤치며 자신의 능력을 마음껏 펼친 소진의 파란만장하면서도 비극적인 일생을 통해, 도덕과 공리(실리) 간의 모순과 인심세태의 천박함을 통찰한 점이 돋보인다. ●함축된 문장과 의미심장한 세태 묘사가 사마천의 정치적 이상과 가치관을 잘 반영하고 있다. ●사실성 여부에 대한 시비가 있다.	〈장의열전〉 참조.
권70 장의열전	●소진의 합종에 맞서 연횡설과 진의 6국 통일을 위한 외교론을 주장한 장의의 활약상을 통해 역사발전에서 유세가의 작용을 긍정적으로 그려냈다. 진진과 공손룡의 전기도 딸려 있다. ●이익만 중시하고 온갖 권모술수를 동원하던 전국시대의 사회 풍조를 폭로한다.	〈소진열전〉 참조.

열전 69편

체제·권명	취지·내용·특징	비고
권70 장의열전	• 마왕퇴에서 나온 《전국종횡가서》에 따르면, 장의와 소진의 동문 수학 여부와 연령에 문제가 있다.	
권71 저리자감무 열전	• 진이 동방 6국과 각축을 벌이는 과정에서 중요한 공을 세운 저리자와 감무의 전기를 한 곳에 기록했다. • 동방 각국의 책사들이 진의 발전에 기여한 주요 작용과 책사들의 출현이 시대적 산물이란 관점을 이끌어낸다. • 더불어 책사들 간의 모순과 투쟁, 이익을 위해 수단방법을 가리지 않는 행태 등을 전국이라는 시대적 상황 속에서 분석·파악한다. • 인물의 주요 특징을 정확하고 뚜렷한 이미지로 그려냈다.	
권72 양후열전	• 재상을 네 차례 지내면서 진이 6국을 정복하는 데 중대한 역할을 한 위염의 전기로, 그가 활약한 30년 동안 진과 동방 6국의 상호 각축과 역사적 진전을 이야기한다. • 겉으로 드러나는 공과 내면의 장점을 결합시켜 위염이라는 인물 을 보다 완벽하게 묘사하며, 그가 타국 출신 책사들과의 투쟁 속에서 희생당하는 진의 정치적 삭막함을 함께 표출했다.	〈범수채택열전〉 참조.
권73 백기왕전열전	• 용병에 능한 군사전문가, 혁혁한 공과 결정적 승리, 통치자와의 갈등 등 여러 면에서 공통점을 가진 진나라 명장 백기와 왕전의 전기다. • 비슷한 부분이 많지만 서로 다른 기질로 마지막 모습이 달라지는 두 사람의 삶을 절묘하게 묘사하고 있다. • 무력 남용에 반대하면서, 공이 쌓일수록 그에 비례하는 군주의 시기와 대신들의 질투, 끝내 비극적 운명으로 끝나는 싸움에만 능했던 무인의 일생을 통치자의 잔혹함, 전제군주와 신하 간의 긴장관계 속에서 생생히 묘사했다.	
권74 맹자순경열전	• 의(義)를 중시한 맹자와 예(禮)를 중시한 순자의 사상적 차이에도 불구하고, 그것이 개인과 사회에 똑같이 작용함을 간파하고, 이 두 가지를 함께 기술한 사마천의 식견이 돋보인다. • 두 사람의 행적과 사상을 통해 학술의 독립정신과 학자의 독립 인격을 강조한다. • 전국시대 중후기 학술발달사를 간명하게 압축하고 요약했다. • 당대 통치자(무제)의 탐욕을 충족시키기 위한 통치도구로 전락한 유가학설에 예리한 비난의 붓끝을 겨눈 서정성 넘치는 문장이 특징적이다.	
권75 맹상군열전	• 전국시대 '양사(養士)'로 이름난 4공자의 사적을 기록한 열전 중 첫 번째이다. • '선비는 자신을 알아주는 사람을 위해 목숨을 바친다'는 사상을 강조하는 한편, 은혜와 의리를 저버리는 냉담한 세태를 강력히 비판한다. • '양사'에 힘을 쏟고 문객을 정성으로 대하는 맹상군의 행적을 부각시키면서도, 그의 귀족기질(단견·자만·이기심·체면치레)을 차례로 드러내 위공자와 대비시킨다.	〈평원군우경열전〉 〈위공자열전〉 〈춘신군열전〉 참조.

(좌측 세로) 열전 69편

체제·권명	취지·내용·특징	비고
권76 평원군우경열전	●조나라를 지키는 데 큰 역할을 한 평원군과 우경의 합전이다. ●가족까지 희생시키며 나라를 지킨 평원군과 하층 인물들의 활약상을 선명하게 그렸다. ●소진·장의 같은 부류의 유세가들과 달리 충성과 지조를 지킨 우경의 행적을 '우국충절'이란 주제로 열전에 편입시켜 서술했다.	〈소진열전〉 〈장의열전〉 〈맹상군열전〉 〈위공자열전〉 〈춘신군열전〉 참조.
권77 위공자열전	●유능한 인재를 겸손한 마음으로 우대하며 국가이익을 중시한 신릉군의 행동을 찬양한다. 동시에, 자신을 알아주는 사람을 위해 몸과 마음을 바친 후영의 지조를 감동적으로 그려낸다. ●위공자 신릉군은 사마천의 가슴에 깊이 새겨진 인물로, 이 열전에 많은 공을 들였다. 사마천의 사상 연구에 중요하다.	〈맹상군열전〉 〈평원군우경열전〉 〈춘신군열전〉 참조.
권78 춘신군열전	●모략을 갖춘 변사이자 지혜와 용기를 겸비한 춘신군 황헐의 행적을 다룬다. 모순된 그의 성격을 있는 그대로 폭로한다. ●일신의 영달을 위해 국가를 혼란에 빠뜨리는 일조차 마다하지 않는 황헐의 모습을, '이원여제(李園女弟)' 고사(훗날을 위해 임신한 첩을 초왕의 후궁으로 보낸 사건)를 통해 마치 한 편의 단편소설처럼 그려낸다.	〈맹상군열전〉 〈평원군우경열전〉 〈위공자열전〉 참조.
권79 범수채택열전	●좌절·역경·고난·굴욕을 불굴의 의지로 딛고 일어선 범수('원교근교'의 창시자)와 채택의 일생을 그렸다. ●두 사람의 재능과 진의 발전에 미친 공적을 인정하면서도 곧지 못한 인품에 대해 비판의 자세를 견지한다. ●이들이 큰 공을 세운 것은 능력 때문이 아니라 시기를 잘 타고 났으며 사람을 잘 상대했기 때문이라고 분석한다. ●〈소진열전〉〈장의열전〉과 체제면에서 비슷해 사마천이 가공하고 꾸몄다는 의심을 받고 있다.	〈소진열전〉 〈장의열전〉 〈월왕구천세가〉 〈공자세가〉 〈손자오기열전〉 〈오자서열전〉 〈원군우경열전〉 〈보임안서〉 참조.
권80 악의열전	●전국시대 대군사가 악의의 일생을 기술했다. 악의의 행적을 통해 주로 연·제 두 나라의 상호침략 과정을 다룬다. ●연 소왕과 악의 사이에 펼쳐진 군신관계의 정수가 돋보인다. ●악의를 질투해 내친 혜왕의 행동을 통해 역사적 책임이라는 문제를 동감케 된다. ●타국으로 도망가서도 연을 적으로 여기지 않았던 지조의 대명사 악의는 전국시대 여느 인사와도 격이 달랐다고 여긴다.	〈전단열전〉 〈연세가〉 참조.
권81 염파인상여열전	●'문경지교'·'완벽귀조'의 고사로 유명한데, 염파·인상여·조사·이목 4인의 합전이다. 이들의 영웅적 행적을 통해 조의 흥망을 뛰어난 필치로 단편소설처럼 그려냈다. ●용기와 기지, 철저하게 공(公)을 앞세운 인상여의 정신적 기개를 높이 평가하면서, 잘못을 흔쾌히 뉘우친 염파의 공명정대한 자세, 강대국 진의 위협과 공격을 막아낸 조사, 흉노를 격파한 마지막 명장 이목의 행적을 칭송한다. ●이들을 끝까지 믿지 못함으로써 나라를 멸망에 이르게 한 군주의 용렬함을 통해 인재가 곧 흥망을 결정하는 요인이라는 점을 부각시켰다.	

왼쪽 세로 항목: **열전 69편**

체제·권명	취지·내용·특징	비고
권82 **전단열전**	● 가장 짧지만 긴장감 넘치는 전개와 리듬감, 클라이맥스 등 소설적 요소가 충만하다. ● 멸망의 위기에 처한 제나라를 즉묵성 전투로 구한 군사가 전단의 활약상을 그렸다. '화우진'이라는 극적인 전술과 간첩계, 절묘한 심리전 등 흥미진진한 요소를 가미시켰다.	
권83 **노중련추양** **열전**	● 전국시대 협사 노중련과 서한시대 양 효왕의 문객이었던 추양의 합전이다. ● 노중련은 진에 공동으로 대항하기 위한 동방 국가들의 통일전선 수립에 이론적 기초를 세웠다. 협객 기질이 농후한 고상한 인격의 소유자로, 사마천이 특별히 애착을 가진 인물이다. ● 추양은 옥중에서 글을 올려 끝내 석방되고 상객 대접을 받는 불굴의 정신을 보임으로써 열전에 편입되었다 ● 전문가들은 추양을 열전에 편입시킨 것에 강한 의혹을 품으며, 두 인물의 합전이 여러 모로 격에 맞지 않다고 평가한다.	〈유협열전〉 〈자객열전〉 참조.
권84 **굴원가생열전**	● 유능한 인재가 시기와 질투로 뜻을 이루지 못하고, 고고한 자존심과 강직한 품성 때문에 결국 비극적 결말을 맞이하는 현실에 침통함을 드러낸 명편이다. ● 인물의 작품에 대한 평가와 인물 자체에 대한 역사적 평가를 절묘하게 결합해 사료 부족의 한계를 극복했다.	〈태사공자서〉 〈보임안서〉 참조.
권85 **여불위열전**	● 역사적으로 6국 통일이라는 엄청난 시대변혁의 와중에 장사꾼에서 통일제국의 정치를 좌우하는 최고권력자로 변신한 여불위의 사적과 비극적 운명을 서술했다. ● 중대한 시점에 여불위가 맡은 역사적 역할에 대한 긍정적 평가보다는 '천하제일의 간특한 장사치'라는 이미지를 부각시켰다. ● 소설적 요소가 지나치게 가미되었다는 평을 받기도 한다.	
권86 **자객열전**	● 형가를 중심으로 조말·전저·예양·섭정에 이르는 다섯 자객의 행적을 협의정신을 축으로 삼아 전개했다. ● 다양한 각도에서 여러 장면을 배경으로 상호 대비시키며 생생하게 묘사해 소설적 특징을 가장 많이 보여준다. ● 주종관계에서 탈피해, 개인적 은원관계에 따른 일종의 거래이자 평등에 입각한 쌍방적 선택이라는 전국시대의 변화된 인간관계를 반영한다. ● 훗날 중국의 영웅적 기질과 영광스러운 전통으로 융화된 형가와 친구들의 모습이 잘 그려졌는데, 〈자객열전〉 전체에서 5분의 3 가량을 차지한다.	
권87 **이사열전**	● 인생체험을 가장 심각하게 묘사한 명편이다. ● 이사라는 개인의 성격묘사를 통해 입신출세, 처세술, 진시황을 도와 통일대업을 이루고 각종 법제를 마련하는 과정, 조고의 꾐에 빠져 중대한 시점에 원칙을 버리고 영혼을 팔아넘김으로써 자신과 가족, 나아가 국가까지 멸망으로 몰아넣는 역사적 변화상을 파란만장하게 그려냈다.	〈진시황본기〉 〈몽염열전〉 참조.

(왼쪽 세로: 열전 69편)

체제·권명		취지·내용·특징	비고
열전 69편	권87 이사열전	●진나라 문학 연구의 기본자료로써 가치가 크다. ●2인 대화, 독백 및 전형적인 문장을 통해 인물의 심리를 드러내고, 심리활동의 각인을 통해 인물의 성격을 드러낸 뛰어난 명문이다.	
	권88 몽염열전	●진의 통일과정에서 탁월한 공을 세운 몽씨 가족의 행적, 그 중에서도 몽염·몽의 형제의 영욕과 비극적 운명을 진의 흥망성쇠 속에서 서술했다. ●몽염 형제의 공적을 긍정하면서도 진 왕조의 잘못된 정책에 직간하지 못하고 영합한 부분을 비판하는 한편, 그들의 처지를 동정한다. ●몽염이 죽기 전 '지맥을 끊어서 자신이 벌을 받는다'고 한 미신적 사고방식을 반박하는 실사구시적 역사관을 엿볼 수 있다.	〈이사열전〉 〈백기왕전열전〉 참조.
	권89 장이진여열전	●진 말기 진에 대항하고 초·한 전쟁이 이어지는 상황에서 조나라가 처한 지리적 형세와 장이·진여의 시대적 역할을 강조했다. ●당시 천하를 울린 풍운아 장이와 진여의 진한 우정, 생사존망의 상황에서 오해로 인해 결국 서로에게 칼을 겨누는 과정을 안타까운 어조로 묘사한다. ●두 사람의 결별을 '대세에 따른 이해관계'로만 파악한 사마천의 시각이 부정적으로 평가되기도 한다. ●진 말기 각지 제후들의 봉기와 초한 전쟁의 전 과정을 연구하는 데 중요한 자료이다.	
	권90 위표팽월열전	●위구·위표 형제와 팽월의 3인 합전이다. 제후들이 진을 멸망시킨 과정과 초한 전쟁 중 위에서 중요한 활동을 벌인 이들의 행적을 기록했다. 특히 유방이 항우를 물리칠 때 중요한 역할을 한 토비 출신 팽월을 두드러지게 묘사했다. ●통일 이후 공신들에게 죄를 뒤집어씌우고 제거해가는 유방과 여후의 비열함과 잔인함을 폭로했다. ●한 초기에 제거된 공신들의 열전 가운데 상황에 대한 해부가 가장 구체적이고 분명하다. ●사마천의 생사관 및 치욕을 참고 발분한 그의 사상이 잘 반영되어 있다.	〈보임안서〉 〈계포난포열전〉 〈오자서열전〉 참조.
	권91 경포열전	●유방의 공신들 중 특히 우여곡절이 많았던 경포의 열전이다. ●도적–반진봉기–항량–항우–유방–모반–처형으로 거듭 변신한 경포의 행적을 통해 진한 교체기의 긴박한 상황을 실감나게 묘사한다. ●거칠고 폭력적이고 어리석고 식견 없고 계산도 모른 채 자기 이익만을 좇아 전전하는 경포의 성격과 행적이 잘 드러난다. ●공신들에게 죄를 뒤집어씌워 숙청함으로써 나머지 공신들이 반란을 꾀할 수밖에 없도록 상황을 조장하는 유방과 여후의 정치적 음모가 잘 드러난다. ●경포를 설득해 유방에게 귀순토록 한 모사 수하의 사적이 유일하게 기록되어 있다.	

체제·권명		취지·내용·특징	비고
열전 69 편	권92 회음후열전	• 문학적 색채가 농후한 필치로 한 역사적 인물의 일생을 몇 단계로 나누어 묘사했다. 《사기》 130편 가운데 백미로 꼽는다. • 한신이란 인물의 정신적 기질, 총명한 재능, 역사적 공과 등을 사마천 자신의 진한 감정과 함께 녹여 선명하게 펼쳐보인다. • 맹장과 지장의 덕을 동시에 갖춘 한신의 군사적 재능을 최대한 칭송한다. • 당시 상황에 대한 정확한 분석과 대처방안을 설파하는 한신의 모습은 훗날 광무제 앞의 등우, 유비 앞의 제갈량의 전신으로 평가받는다. • 사마천은 한신이 무고로 처형되고 멸족을 당하는 비참한 결말에 무한한 동정을 보인다. 이를 통해 유방과 모사들(진평·소하·장량 등)이 공신을 해치는 작태에 극도의 분노와 혐오의 감정을 표출했다. • 일부 완곡하고 함축적인 표현으로 시비를 초래하기도 했다.	〈위표팽월열전〉 〈경포열전〉 〈한신노관열전〉 참조.
	권93 한신노관열전	• 한왕 신, 노관, 그리고 진희의 합전이다. 서한 초기의 정치 변화에 대한 사마천의 인식을 잘 반영하고 있다. • 세 사람이 잇달아 반란을 꾀하게 된 정치적 배경을 유방·여후의 이성왕과 공신들의 잇단 제거에서 찾고 있다. • 전제주의의 강화로 빈객들을 거느리던 과거의 기풍이 사라지게 된 것에 대한 유감이 짙게 묻어나는 한편, 배반자의 비애가 반영되었다.	
	권94 전담열전	• 진 말기에서 초한 전쟁에 이르는 동안 제 전씨 정권의 성쇠과정과 그들이 일으킨 특수한 작용을 드러냈다. • 전씨가 항우에게 강력히 맞섬으로써 유방에게 전열을 가다듬도록 도움을 주었다고 보았다. 그러나 전씨 정권이 극단적 이기심과 뒤떨어진 정치의식으로 결국 역사의 발목잡기에서 벗어나지 못했다고 지적한다. 그럼에도 전횡의 빈객 우대와 죽음 앞에서도 당당했던 기개에 경의를 표한다. • 문장면에서 두서가 없는 듯하면서도 매우 질서정연하다는 평을 받는다.	〈역생육고열전〉 〈회음후열전〉 참조.
	권95 번역등관열전	• 번쾌·여상·하후영·관영의 4인 합전이다. 이들의 역사적 활동과 미천한 신분에서 장상이 되기까지의 과정을 비교적 상세히 소개했다. • 개 도살꾼 등 미천한 신분이었던 이들이 시세와 유력자를 좇아 역사적 작용을 다하는 모습을 통해, 이른바 '시대가 영웅을 만든다'는 역사규율을 보여준다. • '따를 종(從)' 자를 무려 54회나 사용해 이들의 행태를 더욱 부각시켰고, 공신 간의 살육을 폭로해 역사의 복잡성을 표출했다. • 이들의 행적을 〈조상국세가〉나 〈강후주발세가〉에서처럼 군공 중심의 구체적인 숫자로 표현하는 단순소박한 묘사법도 나타난다. • 〈항우본기〉의 홍문연 장면과 비교하며 읽으면 번쾌의 이미지를 각인시키는 서술효과를 확인할 수 있다.	〈항우본기〉 〈고조본기〉 〈여후본기〉 참조.

체제 · 권명	취지 · 내용 · 특징	비고
열전 69편 / 권96 장승상열전	●장창·주창·임오·신도가의 4인 합전에 조요·도청·유사·허창·설택·장창책·조주의 부전이 딸려 있다. 또한 장창의 사적 전후로 시간을 뛰어넘고 직무가 다른 인물들을 섞어 배열하면서도, 전체적으로는 상대적인 집중효과를 이끌어낸 특이한 구조를 취하고 있다. ●진 왕조의 존재를 부정하는 단순한 역사의식을 비판한다. ●주창·신도가 등의 직언에 경의를 표하는 한편, 유방의 무뢰, 여후의 잔인함, 등통의 아부, 조조의 가혹함과 대비시킴으로써 이들에 대한 반감을 드러냈다. ●서한 궁정 내 권력쟁탈의 격렬함과 복잡성을 폭로했다. ●끝머리에 별다른 행적을 보이지 못한 승상들의 이름을 죽 나열함으로써 무제 때 강화된 중앙집권으로 승상의 직무가 추락할 수밖에 없었음을 보여준다.	〈육국연표〉〈여후본기〉〈유후세가〉 참조.
	〈권97 역생육고열전〉 ●언변이 좋으면서 각자 특색을 갖춘 역이기·육고·주건의 3인 합전이다. ●역이기는 호방하고 통이 큰 인물로, 일처리에서 큰 줄기만 잡을 뿐 소소하게 따지지 않는다. ●육고는 출중한 변사이자 시세의 흐름을 잘 간파한 지자이다. 저서 《신어》를 통해 진이 천하를 잃고 한이 천하를 얻게 된 역사적 경험을 총결지음으로써, 시대를 문치의 역사로 바꾸는 데 큰 역할을 했다. ●주건은 역이기를 도운 우정과 그로 인해 자살에 이르는 '협의'로운 행동으로 사마천의 칭송을 받는다. ●3인을 한 열전에 안배한 것에 역대로 논쟁이 적지 않았다.	
	〈권98 부근괴성열전〉 ●고조 유방의 공신으로, 다른 마음을 품지 않고 충성을 다해 천수를 누린 부관·근흡·주설의 3인 합전이다. ●이들의 사람됨과 유방의 용인술에 대해 풍자적 필치로 기술했다. ●〈번역등관열전〉과 문체가 일치한다. ●사마천이 쓴 열전이 아니라는 등의 논쟁이 있다.	〈번역등관열전〉 참조.
	〈권99 유경숙손통열전〉 ●유경과 숙손통의 합전으로, 사마천의 풍자와 조롱이 돋보인다. ●유경은 도읍지 결정에 합리적 논리를 제공하고, 흉노와의 평성 전투에서 곤경을 해결했으며, 화친외교의 틀을 마련한 공으로 '유'씨 성을 하사받았다. ●사마천은 유경의 재능과 식견을 긍정하면서도, 그의 갑작스러운 출세를 운으로 보고 평가를 유보했다. ●숙손통은 사마천이 가장 혐오하는 인물 중 한 명이다. 기회주의적이고 이중인격자인 유자 숙손통과 황제의 체통을 세우려 한 유방의 공생관계를 예리하게 분석한다. ●이득이 없을 때는 욕하다 권세를 얻자 일제히 숙손통을 성인으로 추켜세우는 제자들의 행태에서 숙손통의 인간됨을 엿보게 만드는 교묘한 풍자와 절묘한 안배가 돋보인다.	

체제·권명	취지·내용·특징	비고
권100 **계포난포** **열전**	●계포와 난포의 합전으로, 계포의 동생 계심, 계포의 동모제 정 공 두 사람의 사적이 부전으로 딸려 있다. 사마천의 생사관과 인 간관이 비교적 잘 표현되었다. ●사마천은 계포와 난포의 충정과 직언을 칭찬한다. 황제의 명에도 불구하고 처형된 친구 팽월의 시체 밑에서 통곡하고 제사를 지내 억울함을 풀어주는 난포의 의리가 돋보인다. ●한순간의 치욕을 참아내고 끝내 더 큰 명성을 얻은 계포를 찬양한다. 이는 《사기》의 중요한 주제다. ●한편, 부귀영화를 위해 주인을 배반하고 결국 비참한 최후를 맞 이한 정공의 행적을 두 사람과 대비시킨다.	〈유협열전〉 참조.
권101 **원앙조조** **열전**	●공적과 과실이 공존하고, 서로를 적대시하며 알력을 벌이다 비 참한 죽음을 맞이한 원앙과 조조의 합전이다. ●유능하고 강직하며 언제나 큰 이치로 일에 임했던 원앙이 대범한 정치가로서의 풍도를 끝까지 지키지 못하고 자객에게 살해된 것, '지낭'으로 불릴 만큼 뛰어난 재능을 지닌 조조가 무리한 법 개정 등으로 제후들의 원망을 사고 결국 오초 7국의 난 때 희생양이 된 사실을 대비시켰다. ●법가 인물에 대한 편견과 혐오의 감정이 깔려 있는데, 《사기》의 한계로 비판받기도 한다.	
권102 **장석지풍당** **열전**	●이상적인 군신관계를 보여주는 중요한 문장이다. ●국가에 충성하고 원칙을 견지하면서 제왕의 잘못까지 바로잡 으려는 장석지와 풍당을 칭찬한다. ●'법이란 천자와 천하 사람이 함께 공유하는 것'이라는 장석지의 말을 빌려 공평무사하며 권세가에 아부하지 않는 그의 인품을 칭찬한다. ●이들을 넓은 마음으로 수용한 문제의 아량이 이상적 군신관계 수립에 꼭 필요한 요소임을 강조한다. ●이런 군신관계의 강조는 결국 무제 시대의 관료사회 분위기와 대비시키려는 사마천의 의도가 반영된 것이다.	〈평진후주보열전〉 〈만석장숙열전〉 참조.
권103 **만석장숙** **열전**	●석분·석건·석경 일가와 위관·직불의·주문·장숙 등의 합전이다. '장자'의 모습으로 '공경스럽고 근면한' 인물들을 모아놓았다. ●'장자'의 이면에 감추어진 비열한 영혼과 노예근성을 날카롭게 비판하고, 봉건 전제주의의 본질을 철저히 폭로한다. ●석분 등의 '공근'한 모습이 실제로는 자신의 몸을 지키기 위해 귀머거리·벙어리 행세하는 것임을 간파했다. 이는 무제의 전제 정치가 빚어낸 공포의 반영이기도 하다. '공근'의 배후에 법을 가혹하게 적용하는 무제의 성격이 감추어져 있다고 본 것이다. ●유학의 고유한 비판정신을 잃어버리고 통치자의 도구로 전락한 이른바 '덕치'의 진상을 폭로한다. ●다수를 따로 다루지만 혼연일체의 문장을 느끼게 하며, 생생한 인물 묘사로 사마천의 풍자적 재능이 돋보인다.	

(왼쪽 세로 칸: 열전 69편)

체제·권명		취지·내용·특징	비고
열전 69편	권104 전숙열전	• 제나라 귀족 전씨의 후예로 협의정신이 충만했던 전숙의 행적을 기록했다. • 의리를 지키고 너그러우며 후덕한 인품에 바른 말을 잘한 전숙에게서 장자의 풍모를 발견한다. 특히 생사를 건 황실의 투쟁을 중단시킨 전숙의 행적이 빛을 발한다. 전숙의 아들이자 사마천과 교류가 있었던 전인에 대해서도 기록을 남겼다. • 훗날 저소손은 사마천의 친구였던 임안의 사적을 상세히 비교한 보충기록을 남겨 이들의 행적을 보다 생동감 넘치게 만들었다.	〈만석장숙열전〉 참조.
	권105 편작창공 열전	• 춘추시대 편작과 한 문제 때의 창공 순은 모두 명의다. 사마천은 두 명의가 의학사는 물론 인류 건강에 미친 중대한 의의를 발견하고 이 열전을 남겼다. • 명의가 실천을 통해 체현한 실사구시적 과학정신을 존중함으로써 〈봉선서〉에서 보여준 미신 비판의 사상과 연결시킨다. • 이들의 사상과 행적을 통해 의학의 유물론적 요소를 긍정하고, 과학의 변증적 사상을 인정한다. • 편작이 진 태의령의 시기로 살해되는 장면에서는 험악한 현실에 대한 사마천의 곤혹감과 초월적 인재의 고독이 드러난다. • 과학과 역사는 상관없는 영역임을 잘 보여준다. • 의학과 관련된 많은 영역(분야·증상·처방·원인분석 등)의 귀중한 자료들이 담겨 있다.	
	권106 오왕비열전	• 오초 7국의 난에서 중심에 있던 오왕 비의 행적을 통해 사건의 전과정을 상세히 기록했다. • 국가와 백성을 위기로 내모는 지방세력의 반란을 비판하면서도, 전제독재라는 욕망을 단적으로 표출한 '삭번(削藩)'에 비판의 눈초리를 드리운다. • 서한 초기 중앙정부와 지방세력의 충돌을 극명하게 보여준다. • '삭번'에 대해 모순된 태도를 보임으로써 사마천이 봉건제를 얼마나 곤혹스럽게 여겼는지 알 수 있다.	
	권107 위기무안후 열전	• 《사기》 전체에서 가장 읽기 힘든 부분이다. 표면적으로는 전분과 두영이라는 대귀족 집단 간의 모순과 분쟁을 다루고 있지만, 그 이면에 한 초기 정치투쟁의 모든 요소와 모순, 특징이 함축되어 있다. • 최고통치집단 내부, 즉 황제(경제·무제)와 태후(두태후·왕태후) 간의 투쟁과 알력을 폭로한다. • 백가를 축출하고 유가독존의 독재적 사상정책 과정에서 황로사상과 유가사상의 첨예한 대립을 암시한다. • 사상투쟁의 잔혹함과 격렬함이 '분서갱유' 못지않다. • 황제의 권력에 아부해 출세하려는 어용 '유술(유자)'이 대거 등장하고, 이면에 비열한 음모와 정변이 거미줄처럼 얽혀 있다. • 다른 열전에서는 찾아볼 수 없는 복선과 암시가 곳곳에 존재하므로 세심하게 읽어야 한다.	〈양효왕세가〉 〈외척세가〉 〈평진후주보열전〉 〈유림열전〉 참조.

체제·권명		취지·내용·특징	비고
열전 69편	권108 한장유열전	●독특한 개성의 소유자로 황실 간(경제와 양효왕)의 모순을 완화시키고 대흉노 정책에서 중요한 역할을 했던 한안국에 관한 이야기이다. ●장자로서의 기풍과 옹졸하고 음험한 면을 동시에 갖춘 한안국에게 흥미를 느껴 단독 열전을 구성했다. ●자신보다 뛰어난 인물을 서슴없이 추천한 한안국의 풍모는 시기와 질투, 투쟁으로 얼룩진 관료사회에서 희귀한 행적이라며 높이 평가했다. 한편, 재물을 탐내고 부귀를 추구한 점은 비판했다.	
	권109 이장군열전	●사마천이 편애했던 인물 이광과 일가족의 비극적 운명을 기록하고 있다. ●무제의 대외전쟁 및 황실 인재의 처우 문제 등을 거론한다. ●무인으로서의 기질과 인품을 고루 갖춘 이광을 존경하는 사마천의 마음이 드러난다. ●이광이 통치자들에게 외면당하고 급기야 위청의 사사로운 감정 개입과 치욕 때문에 자살하는 과정을 울분에 차 고발한다. ●이광의 동생 이채와 아들 이감, 손자 이릉으로 이어지는 비극적 죽음과 처참한 운명을 통해 통치자와 그 일당의 죄악을 폭로한다. ●감정과 사실이 서로 침범하지 않는 선에서 강렬하게 표출되는 사마천의 위대한 정신을 확인할 수 있는 열전이다.	
	권110 흉노열전	●최초의 민족사 연구로, 흉노의 사회체제·풍속·역사발전을 객관적 태도로 비교적 상세히 기록했다. ●민족 간 평등의식과 문화의 상대적 독립성 및 유효성을 긍정한다. ●무제의 대흉노 강행책을 비판하고, 문화적 쇼비니즘을 부정한다. ●특히 중행성과 한나라 사신의 대논쟁을 통해 '문명'과 '야만'의 한계를 생각하게 만든다. ●사마천의 역사인식 범위가 이미 중국 밖의 세계로까지 미침으로써 연구의 층차와 수준을 높였다.	
	권111 위장군표기 열전	●무제 때의 장수 위청과 곽거병을 중심으로 대흉노 전쟁을 계통적으로 서술하고, 이들의 공적과 그에 따른 문제점들을 구체적으로 언급했다. ●대흉노 강경책을 비판한 사마천은 위청과 곽거병의 인품을 꼬집고, 교묘한 서술과 안배로 무제까지 풍자함으로써 열전 내에서 또다른 형식을 창조했다. ●〈흉노열전〉을 중심으로 존경하는 이장군의 열전과 혐오하는 위청·곽거병의 열전을 앞뒤로 배치함으로써 사마천 자신의 감정을 절묘하게 표출했다.	〈이장군열전〉 〈흉노열전〉 참조.
	권112 평진후주보 열전	●아부와 위선으로 무제의 신임을 얻어 승상에 오른 공손홍의 행적과 글을 통해 기용된 주보언·서악·엄안의 사적을 함께 기록했다. ●충효로 이름난 유생 공손홍의 위선과 기만, 곡학아세, 잔인함 등을 폭로함으로써 유생 존중을 표방했던 무제의 진면목과 통치자의 도구가 되려는 당시 유생들의 비굴함을 비판한다.	〈유경숙손통열전〉 〈유협열전〉 〈유림열전〉 참조.

체제·권명	취지·내용·특징	비고
권112 **평진후주보** **열전**	●각종 비열하고 각박한 정책으로 제후왕들을 제거한 주보언이 죽자 시체조차 거두는 이가 없는 세태의 비정함을 이야기한다. ●주보언·서악·엄안이 올린 상서문은 사료가치가 높다.	
권113 **남월열전**	●진시황 통일 후 영남지구에 대한 경영으로 생산성이 높아지고 민족융합이 촉진되었다. 진 말기의 혼란 속에서 남월왕으로 자립한 조타와 한 이후 변화되는 정치관계를 다루고 있다. ●영남지구 소수민족을 단합시킨 조타를 칭찬하는 한편, 남월 병합을 위해 광분한 무제와 신하들을 비판한다. ●담력과 식견, 노련한 처세술까지 갖춘 조타의 성격을 생생히 묘사했다. ●'태사공왈'은 후대인이 함부로 쓴 것으로 평가된다.	
권114 **동월열전**	●춘추시대 월왕 구천의 후예 무저와 요가 세운 동월이 오초 7국의 난과 남월 정복전쟁 중에 멸망함으로써 군현으로 편입되는 과정을 서술했다. ●우수한 민족전통이 역사발전에 미치는 영향을 간파한 사마천의 진보적 민족관이 잘 드러난다. ●문학적 색채는 짙지 않지만, 복잡하게 얽힌 민족관계와 흥망관계 등을 잘 배치했다.	
권115 **조선열전**	●연나라 사람 위만이 조선에서 왕으로 자립해 3대를 지나 무제 때 멸망하고 한사군이 설치되기까지의 과정을 기술했다. ●무제의 야심을 조롱하고 장수들의 부패와 음모 등을 폭로한다. ●위만이 상투를 트는 등 스스로를 소수민족의 일원으로 융합시키며 조선의 왕이 된 것을 칭찬한다. ●무제의 조선 출병이 갖는 부당함과 결과를 상세히 기록함으로써, 이것이 초래한 문제점을 비판적 입장에서 분석했다. ●고대 조선과 중국의 교류사 연구에 귀중한 자료이다.	
권116 **서남이열전**	●서남이 지구 소수민족의 지리 분포, 사회풍속, 한과의 관계 및 서남이 지구 개척의 전 과정을 기록했다. ●사마천이 직접 시찰한 경험을 토대로 구체적이고 사실적이며 공평하게 서술했다. ●무제의 서남이 개통이 역사발전에 긍정적으로 작용했음을 인정하면서도, 현실적 이익만 추구했던 당몽·장건 등에 대한 증오심을 감추지 않았다. ●지금도 파악하기가 쉽지 않은 사천성, 운남성, 귀주성 일대 소수민족의 상황을 가장 상세하고 요령 있게 기록한 것으로 평가받는다.	
권117 **사마상여** **열전**	●한대의 걸출한 문학가 사마상여의 연애와 가정사, 문학 창작과 관료사회에서의 부침, 쓸쓸한 말로를 기록했다. ●유일한 전업작가라 할 수 있는 사마상여의 작품을 다수 수록해 문학사에서의 위치와 작품의 특징, 후세에 미친 영향 등을 평가했다.	

(좌측 세로: 열전 69편)

체제·권명	취지·내용·특징	비고
권117 사마상여 열전	●탁문군과의 애정 이야기를 역사책에 수록하는 독특한 혜안을 만날 수 있다. ●사마상여의 처량한 말로에 사마천 자신의 삶이 투영되어 있다. ●9,200자 분량으로 〈항우본기〉 다음으로 길다.	
권118 회남형산열전	●회남왕 유장·유안과 형산왕 유사 3부자의 모반과 멸망과정을 통해 한대 통치자 내부의 권력 쟁탈과 상상을 폭로했다. ●제후들의 명분 없는 모반에 반대하면서도, 그 일에 모함이 개입되어 있음을 시사한다. ●두 사건(인물)을 비교·연계·보완·대조함으로써 실체적 진실에 접근할 수 있도록 한 '호견법(互見法)'을 사용해 '실록' 정신을 체현하고 있다. ●사회문화 풍속이 인간에 미치는 영향을 소홀히 할 수 없다고 지적한다. ●7천 자가 넘는 문학성 높은 작품이다.	
권119 순리열전	●춘추시대 정치가 손숙오·자산·공의휴·석사·이리의 5인 합전이다. ●이들은 백성을 아끼고 청렴결백한 자질을 갖추었기에 '순리'로 불렸다. 이들의 행적을 통해 중요한 정치·경제 사상을 드러냈다. ●소금과 철의 전매, 주류 전매, 화폐의 잦은 변경, 평균·균수법 등과 같은 국가정책이 백성들의 이익을 침범하는 데 반감을 드러내며 '순리'들의 교화와 덕치를 대비시킨다. ●정치의 본질은 엄격함과 가혹함이 아니라 도덕에 있다는 결론에 이른다. ●형식과 내용에서 선진시대 제자백가의 산문적 특징이 뚜렷하다.	〈혹리열전〉 〈화식열전〉 〈평준서〉 참조.
권120 급정열전	●황제 앞에서 직간을 서슴지 않았던 급암이 중심이며, 유능한 인재를 우대했던 정당시를 함께 다루었다. ●황로사상 소유자들의 행적을 통해 무제가 취한 위선적 정책과 혹리 기용, 가혹한 법집행 등을 강하게 비판한다. ●무제가 중용한 공손홍과 장탕의 위선과 음흉함을 폭로·비판하면서 상류사회의 세태에 증오감을 표출한다. ●사상과 성격이 전혀 다른 두 인물을 비교함으로써 독자의 공명감을 더욱 격발시키는 효과가 있다.	
권121 유림열전	●공자 이래 유학이 발전하고 탄압받으며 결국 독존의 지위에 오르는 과정을 다루었다. ●공자와 공자학설이 기여한 문화적 공헌에 큰 존경을 표하지만, 시간이 흐르면서 유가가 진보적이고 민주적인 색깔을 포기하고 정치적 들러리로 전락했음을 비판한다. ●'곡학아세'하는 위선적 유자들을 조롱하는 한편, 정도를 걷는 유자들을 존중한다.	〈위기무안후열전〉 〈평진후주보열전〉 〈혹리열전〉 〈유협열전〉 참조.
권122 혹리열전	●무제 당시 각종 모순의 조합체인 장탕을 비롯해 10인의 혹리들을 다루었다.	

열
전
69
편

체제·권명		취지·내용·특징		비고
열전 69 편	권122 혹리열전	●법가에 유가의 의관을 씌운 듯한 무제의 정치적 모순과 가혹한 법집행을 폭로한다. ●혹리들의 차이점과 긍정적 역할을 인정하면서도, 가혹한 수탈과 법집행의 불공평성 및 법의 왜곡을 신랄하게 비판한다. ●법은 천자와 천하가 공유하는 것이라는 기본사상이 반영된 고발서다.		〈평준서〉 참조.
	권123 대완열전	●전반부는 장건의 '서역 출사'의 경과를, 후반부는 '대완의 말(한혈마)'을 차지하려는 무제의 사욕으로 빚어진 전쟁상을 기록했다. ●무제의 탐욕과 무제가 아끼는 총희 이씨를 배경으로 출세한 이광리를 연결시켜 비판한다. ●장건의 서역 개척에 대해, 그의 탁월함을 인정하면서도 백성을 도탄에 빠뜨린 측면을 비판한다. ●서역의 지리적 위치, 물산, 생활습속, 사회조직 등에 대한 정확하고 귀중한 사료이다.		
	권124 유협열전	●통치자 및 상류사회를 격렬하게 비판한. 전투성이 가장 강한 열전으로 꼽힌다. ●법제를 파괴하면서까지 자신들의 원칙을 지킨 곽해 등의 유협을 칭송함으로써 유협들을 해친 공손홍 등 한대 유생들의 비열한 행위를 비난한다. ●문제 이래 끊임없이 박해받고 무제 때 철저히 소멸된 반체제 유협의 행적을 칭송한 사마천의 용기가 돋보이며 서정성이 넘친다. ●진보와 보수진영 간에 2천 년 이상 논쟁이 계속되고 있다.		〈혹리열전〉 〈유림열전〉 〈평진후주보열전〉 참조.
	권125 영행열전	●권력자의 비위를 맞춤으로써 사랑받은 '영행' 인물들에 관한 전기다. ●서한 몇몇 군주가 동성애라 할 수 있는 '남총(男寵)'에 빠진 습성을 신랄하게 풍자함으로써 통치자들을 난감하게 만든다. ●무제 때 외척 중에서 '남총'을 고르는 '영행' 인물들의 조직적 변화에 주목해 이들과 황실의 유착관계에 따른 정치사회적 폐단을 꼬집었다. ●위청·곽거병·이광리 같은 막강한 권세의 외척들까지 이 대열에 편입시킨 사마천의 남다른 정치사상을 엿볼 수 있다. ●등통의 이야기는 소설적 요소가 가장 강한 것으로 평가받는다.		〈번역등관열전〉 〈장승상열전〉 〈위장군표기열전〉 〈만석장숙열전〉 참조.
	권126 골계열전	●하층민 대상의 대표적 문장으로, 사마천의 뜨거운 애정과 민주사상, 진보적 성향이 두드러진다. ●말을 사람보다 아낀 초 장왕에게 말을 국빈장으로 치르라고 비꼰 우맹 등의 고사를 통해, 하층민들이 국가와 백성을 위해 보여준 탁월한 용기와 기막힌 착상을 생동감 있게 보여준다. ●풍자와 해학이 넘치며, 후대에 《세설신어》 등 숨겨진 이야기를 주로 다룬 문학사조의 시작점이라 할 수 있다. ●후반부의 저소손이 보완한 부분을 보면 사마천의 문장과 격이 다름을 알 수 있다.		

체제·권명		취지·내용·특징	비고
열전 69편	권127 일자열전	●사마천의 문장이 아닌 것으로 보기도 하는 10편 가운데 하나다. 그러나 작품 자체의 사상과 예술적 가치, 후세 문학에 미친 영향을 과소평가해서는 안 된다. ●점쟁이 사마계주의 입을 빌려 관료사회의 추악성과 험악함을 폭로한다. ●봉건사회 전제주의에 대한 사마천의 냉철하고 깨어 있는 인식이 체현되어 있다. ●선악이 바뀌고 흑백이 뒤섞이는 사회현실에 대한 하층민의 불만 섞인 정서가 반영되었다. ●내용과 형식면에서 '도가'와 연원 관계에 있는 '산문부'라 할 수 있다.	
	권128 귀책열전	●점복의 역사와 작용, 무제 시대의 각종 폐단을 유물론적 시각과 비판적 어조로 서술했다. ●각지에서 여러 민족이 다양하게 시행해온 점복활동의 발전사를 개괄하고, 그 배경과 사회적 원인을 분석한다. ●무제 시대의 대외정벌을 위한 점복과 권력투쟁에 동원된 '무고지화(巫蠱之禍, 저주)'로 인한 열악한 작용, 그에 동원된 점복자들의 죄악을 비판하고 있다. ●앞쪽의 서문 부분만 사마천의 글로 보기도 한다.	
	권129 화식열전	●〈평준서〉와 함께 전문적인 경제 관련 문장으로 높이 평가받는다. ●물질적 이익과 재부의 추구가 인간의 본성이라는 점을 인정하고, 물질적 재부가 사회적 지위·계급·계층을 결정한다고 보았다. ●경제발전이 국가적 강약성쇠의 기초라고 이야기한다. 특히 물질적 재부가 인간의 사유를 결정하고 경제권을 쥔 사람이 사회 여론을 조종한다고 지적함으로써, 통치계급이 표방하는 봉건 도덕의 허위성을 꿰뚫는다. ●사농공상의 고른 발전을 주장해 역대 중농정책에 반기를 들었다. 이와 관련해 무려 30명의 상인들을 소개하고 있다. ●고고한 귀족 백이숙제로 시작된 열전은 인간의 욕망과 물질의 본질적 관계를 다룬 〈화식열전〉에 이르러 대단원의 막을 내린다. ●사실상 열전의 마지막 편이다. 추상과 관념으로 시작된 열전을 구상과 실질로 체화시킨 사마천의 식견에 감탄하지 않을 수 없다.	

〈자서〉(130권)의 취지·내용·특징

체제·권명		취지·내용·특징	비고
자서	권130 태사공자서	● 《사기》의 저술 경위 및 129권의 취지와 개략적 내용, 사마천 자신의 역경을 상세히 소개했다. ● 울분과 비장함으로 가득 찬 《사기》의 전체내용을 이해하기 위해 꼭 필요한 안내문이다. ● 사마천의 가계와 삶, 창작 동기를 서술함으로써 사마천의 사상을 이해하는 데 매우 중요한 자료가 된다. ● 전설시대 전욱으로 거슬러 올라가는 가문의 내력과 사관 집안으로서의 자부심을 피력하고, 사마담의 중요한 논문 〈논육가요지〉 전문을 수록함으로써 아버지의 염원을 계승하겠다는 의지가 엿보이며, '존유'라는 독단적 사상정책을 비판한다.	● 열전과 분리시켜 독립적으로 다루는 것이 합리적임. ● 〈보임안서〉와 같이 읽으면 이해가 깊어짐.

〈보임안서〉의 취지·내용·특징

체제·권명	취지·내용·특징	비고
보임안서	● 《한서》 〈사마천전〉에 실린 친구 임안에게 보낸 편지로, 〈태사공자서〉와 함께 사마천의 일생과 사상 연구에 절대적으로 중요한 자료이다. ● 궁형에 처해진 사마천의 억울한 감정이 담겨 있다. ● 한 왕조의 충직한 장수들에 대한 각박한 대우와 혹리들의 잔인함을 공격하고, 인정세태의 비정함과 지배층의 삐뚤어진 기풍에 대해 울분과 절망을 표출한다. ● 사마천의 생사관 및 발분하여 《사기》를 완성하게 된 원동력이 잘 드러나 있다. ● 문장의 구조와 순서가 앞뒤로 긴밀히 호응되도록 짜여졌으며, 논리성을 강화하고 기세를 두드러지도록 하기 위해 사실과 어긋나는 과장된 표현을 사용해 서정성을 높였다. ● '복수'의 요소를 지닌 사마천의 분발, 삶에 대한 애착, 목적을 향한 불굴의 의지 등이 일에 대한 절대적 자신감과 정의감으로 승화해 읽는 이의 심금을 울리는 명문이다.	● 〈태사공자서〉와 비교하며 읽어야 함.

7장

장

《사기》의 철학사상

哲學

哲
學 —————— 《사기》의 철학사상은 저술 동기, 취지, 목적과 떼어놓고 생각하기 어렵다. 《사기》의 저술에서 사마천의 아버지 사마담의 동기부여는 무엇보다 중요하다. 사마담은 사마천이 뛰어난 역사가로 성장하는 데 절대적인 도움을 주었으며, 역사서 저술을 유언으로 당부하기도 했다. 그로 인해 사마천은 역사서 저술의 당위성을 깊이 인식하게 되었다. 더불어 사마천에게 닥친 궁형이라는 시련은 《사기》의 방향을 바꾸는 계기가 되었다.

이렇게 사마천은 집안과 시대, 그리고 역사가 부여한 동기를 과감히 짊어지고 "하늘과 인간의 관계를 탐구하고, 과거와 현재의 변화를 관통하여 일가의 말씀을 이루었다."

사마천의 철학사상은 사마천 당대를 지배하던 유가사상과 대립한다. 당시 유가사상은 공양학이 주도했다. 공안국孔安國, 동중서董仲舒 등으로 대표되는 이 사상은 천인감응天人感應 같은 미신적이고 수동적인 천명관天命觀에 기초해 체제를 옹호하는 등 대단히 수구적이었다. 따라서 그들이 내세운 철학사상은 허망한 정통론에 빠져 이데올로기화될 수밖에 없었다. 그러나 현실은 정반대였다. 사마천은 당대의 주류 철학사상에 회의를 품고 《사기》 곳곳에서 그들이 내세운 천명관을 비판했다.

품행이 도를 벗어나고 오로지 금기시하는 일만 저지르고도 평생토록 즐겁게 살고 부귀가 대대로 끊이지 않는 자들이 있다. 땅을 골라서 밟고, 때를 봐가며 말을 하고, 지름길로 가지 않고, 공정하지 않아도 분통을 터뜨리지 않았는데도 재앙을 만난 사람이 수를 헤아릴 수 없다.

나는 몹시 곤혹스럽다. 이른바 하늘의 도란 것이 정말 존재하는 것인지 아닌지?

사마천은 천도天道에 대한 회의에서 출발해 역사의 진보를 추동하는 주체가 하늘도, 천자도, 수구 지배세력도 아닌 수많은 보통사람이라는 사실을 확신했다.

이처럼 사마천의 철학사상은 체제 옹호적인 주류 유가사상에 반대하면서, 미신적인 천명과 천도가 아니라 수많은 인간의 주체적 의식과 활동을 긍정하는 인식 위에서 전개되었다. 그리고 이 같은 인간중심의 철학사상은 《사기》총 130권 중 절반 이상을 차지하는 열전 70권에 집중적으로 체현되어 있다.

‖《사기》의 저술 동기에 담긴 정신

학 생 | 지금부터는《사기》의 장점과 특징, 매력을 비롯해 전체를 관통하는 사마천의 주요 사상을 좀 더 깊이 알아보고자 합니다. 앞에서 이야기한 내용을 간단히 정리해볼까요?

김영수 | 본기·표·서·세가·열전의 다섯 부분과 사마천 자신의 자술서인 〈태사공자서〉로 나누어진《사기》의 체제는《사기》의 뼈와 살이자 사마천의 뼈와 살이라 할 수 있습니다. 즉, 육신인 셈이죠. 그 육신을 채우고 있는 52만 6,500자는《사기》와 사마천의 혈관이며, 그 혈관 속을 사마천과《사기》의 정신이 흐르고 있다고 말하고 싶습니다. '정신'이란 표현이 다소 추상적인데, 체제를 육신으로 표현했기 때문에 그에 맞추어《사기》의 정신이란 표현을 사용해봤습니다.

이제 《사기》를 저술하게 된 동기·취지·목적을 시작으로 《사기》 전체를 관류하는 주요 사상(철학·역사·정치·경제 등)에 대해 알아본 다음, 문사철을 통합해 참다운 인문정신을 체현했다는 점에서 《사기》가 이룬 문학적 성취와 후대에 미친 영향 등을 살펴보겠습니다.

학 생 | 《사기》 저술의 동기와 취지, 목적이라면 〈자서〉와 친구 임안에게 보낸 편지(〈보임안서〉)에 비교적 잘 나타나 있지 않습니까?

김영수 | 물론입니다. 하지만 그것만으로는 충분치 않아요. 《사기》 곳곳에서 확인되는 사마천의 심오한 의도를 함께 고려해야 하기 때문이죠. 어찌 보면 《사기》 자체가 동기요 취지요 목적이라고 할 수 있을 정도로, 내용은 물론 겉으로 드러나는 체제와 구성에서 사마천의 의도가 그대로 읽힙니다.

학 생 | 《사기》의 겉과 속 모두에 모종의 의도와 정신이 스며있다고 보시는 겁니까?

김영수 | 그렇습니다. 우선 사마천이 《사기》를 저술하게 된 동기부터 결코 단순하지 않아요. 1차적으로는 아버지와 집안에서 찾아야 할 것입니다. 사관史官 집안을 자랑스러워했던 아버지에게 사관으로서의 자질을 체계적으로 교육받은 사마천은 역사서 저술이라는 유업을 자연스럽게 이어받습니다. 따라서 1차적 동기부여는 아버지에게서 비롯되었다고 봐야겠지요. 〈자서〉에 기록된 아버지 사마담의 유언을 다시 한 번 살펴보겠습니다.

내가 죽더라도 너는 틀림없이 태사가 되어야 한다. 태사가 되거든 내가 쓰고자 하였던 논저를 잊지 말도록 하여라. … 내가 태사령이란 자리에 있으면서도 그것을 기록으로 남기지 못하여 천하의 역사를 폐기하기에 이르렀구나. 나는 이것이 너무나 두렵다. 그러니 너는 이런 내 심정을 잘 헤아리도록 하여라!

아버지가 부여한 1차 동기는 사마천의 성장과 교육과정 전반에 두루 영향을 미쳤고, 《사기》 저술에 절대적으로 작용했습니다. 아버지의 유언에 사마천은 눈물을 흘리며 "소자가 비록 못났지만 아버지께서 정리하고 보존하여 온 중요한 기록들을 빠짐없이 정리하도록 하겠습니다"라고 대답했죠. 이어 "바로 지금이란 뜻이구나! 바로 지금이란 뜻이구나! 그러니 내 어찌 감히 이 일을 마다하겠는가"라며 역사서 서술에 강한 의지와 책임감을 보였어요. 결국 사마천은 이를 주동적으로 받아들이고 자신의 소명으로 승화시켰죠.

학 생 | 그런데 그 과정은 결코 순탄하지 않았잖아요. 사마천에게 닥친 시련이 《사기》의 저술과 완성에 어떤 작용을 했을까요?
김영수 | 아버지가 당위성에 기반한 동기를 부여했다면, 개인적 시련은 《사기》의 방향성을 바꾸도록 사마천을 압박(?)했죠. 사마천은 그것을 역사적·시대적 동기로 승화시킵니다. 다시 사마천의 이야기를 들어보겠습니다.

예로부터 부귀했지만 이름이 사라진 경우는 헤아릴 수 없이 많앞고, 오로지 남다르고 비상한 사람만이 일컬어졌습니다. 문왕은 갇힌 상태에서 《주역》을 풀이했고, 공자는 곤경에 빠져 《춘추》를 지었습니다. 굴원은 쫓겨나서 《이소》를 썼고, 좌구명은 눈을 잃은 뒤에 《국어》를 지었습니다. 손빈은 발이 잘리는 빈각이란 형벌을 당하고도 《병법》을 남겼으며, 여불위는 촉으로 쫓겨났지만 세상에 《여람》을 남겼습니다. 한비자는 진나라에 갇혀서 〈세난〉과 〈고분〉 편을 저술했습니다. 《시경》300편의 시들도 대개 성현이 발분하여 지은 것입니다. 이 사람들은 모두 마음속에 그 무엇이 맺혀 있었지만 그것을 밝힐 길이 없었기 때문에, 지난일을 서술하여 후세 사람들이 자신의 뜻을 볼 수 있게 한 것입니다. 좌구명과 같이 눈이 없고 손자와 같이 발이 잘린 사람은 아무런 쓸모가 없지만, 물러나 책을 저술하여 자신의 분한 생각을 펼침으로써 문장으로 자신을 드러내려 한 것입니다.

…초고를 마치기도 전에 이런 화를 당했습니다만, 완성하지 못한 것을 안타깝게 생각했기 때문에 극형을 받고도 부끄러운 기색을 드러내지 않았던 것입니다. 이제 이 일을 마무리하고 명산에다 깊이 보관하여, 제 뜻을 알아줄 사람에게 전해져 이 마을 저 마을로 퍼져나감으로써 지난날 치욕에 대한 보상이라도 받을 수 있다면, 얼마든지 벌을 받는다 해도 후회는 없습니다. 그러나 이런 말은 지혜로운 사람에게나 할 수 있지 아무에게나 털어놓기는 어렵습니다. _〈보임안서〉

이처럼 치욕스럽기 짝이 없는 개인적 동기를 시대적·역사적 동기로 승화시킨 사마천의 의지와 용기로 《사기》는 더욱 빛날 수 있었습니다.

학 생ㅣ 아주 특별한 동기라 할 수 있겠네요. 아버지의 동기부여, 시대와 역사가 부여한 동기, 여기에 사마천의 고난이라는 개인적 동기까지 합쳐졌으니 말이죠.

김영수ㅣ 그렇습니다. 사마천의 이야기를 더 들어볼까요?

선친께서는 "주공이 세상을 뜨고 500년 만에 공자가 태어나셨다. 그리고 공자가 세상을 뜨고 오늘에 이르기까지 다시 500년이 지났다. 이제 누가 성인의 사업을 이어받아 《역전》을 정확하게 이해하고, 《춘추》를 잇고, 시·서·예·악의 본질을 밝힐 수 있을까?"라고 하셨다. 바로 지금이란 뜻이구나! 바로 지금이란 뜻이구나! 그러니 내 어찌 감히 이 일을 마다하겠는가? _〈자서〉

사마천은 아버지의 뜻을 빌려 과거를 대표하는 고전들을 계승·수정·종합하는 데 《사기》의 저술 취지가 있다고 밝힙니다. 특히, 단절된 역사기록을 잇는 것에 큰 의미를 두었죠. 그는 〈자서〉에서 《사기》 각 편의 구성을 간략히 소개했고, 각 편의 서론이나 '태사공왈'이란 사론을 통해 좀 더 구체적으로 밝혔습니다. 《사기》의 전체적인 취지에 대해 사마천은 〈자서〉에서 이렇게 말했어요.

삼대 이상은 간략하게 추정하고 진·한은 상세하게 기록하되, 위로는 황제 헌원으로부터 아래로는 지금에 이르기까지 12편의 본기로 저술되었는데, 모두 나름대로의 뼈대를 제시했다.

사건은 많은데 발생한 시간이 달라 연대가 분명치 않은 사건들이 있다. 그래서 10편의 표를 지었다.

예악의 증감, 율력의 개역, 병가의 지혜와 모략, 산천지리의 형세, 귀신에 대한 제사, 하늘과 인간의 관계, 각종 사물의 발전과 변화를 살피기 위해 8편의 서를 지었다.

28수의 별자리가 북극성을 중심으로 돌고 수레바퀴살 30개가 바퀴 안에 모여 끊임없이 돌고 도는 것처럼, 제왕의 팔다리와 같은 신하들의 충성스러운 행동과 주상을 받드는 모습을 30편의 세가에다 담았다.

정의롭게 행동하고 자잘한 일에 매이지 않으면서 시기를 놓치지 않고 세상에 공명을 세운 사람들을 위해 70편의 열전을 남긴다.

이렇게 해서 총 130편, 52만 6,500자에 《태사공서》라는 이름을 붙였다. 간략한 서문을 통해 여기저기 흩어져 있는 자료들을 모으고 빠진 곳을 보충하여 나름의 견해를 밝혔다. 아울러 6경의 다양한 해석을 취하고, 제자백가의 서로 다른 학설도 절충했다. 그리하여 정본은 명산에 감추어두고, 부본은 수도에 남겨 나중에 성인군자들이 참고할 수 있게 했다. 이것이 열전의 마지막 편인 제70 〈태사공자서〉다.

학 생ㅣ 동기가 나왔으니, 이제 목적과 목표를 세워야겠죠. 아무래도 《사기》의 집필 동기가 목적을 한층 강화시킨 것 같습니다.

김영수 | 여기에 사마천의 책임감과 역사가로서의 자질 등이 어우러지면서 목적은 더욱 뚜렷해졌죠. 그와 함께 목적이 방법을 규정하고, 방법 또한 목적을 규정한다고 말씀드리고 싶네요. 방법과 목적이 별개가 아니란 거죠. 사마천이 《사기》를 저술한 방법과 목적이 거의 일치한다는 의미입니다.

목적이란 '의지에 따라 행위를 규정하는 방향'을 말합니다. 그 방향을 보다 명확히 해주는 게 방법이겠죠. 이런 점에서 《사기》의 저술 목적은 뜻밖에도 단순하고 명쾌합니다.

> 아울러 하늘과 인간의 관계를 탐구하고, 과거와 현재의 변화를 꿰뚫어 일가의 문장을 이루고자 하였습니다. _〈보임안서〉

학 생 | 그 유명한 '구천인지제究天人之際, 통고금지변通古今之變, 성일가지언成一家之言' 대목이군요.

김영수 | 맞습니다. 요컨대 '일가의 말, 즉 문장을 이루는' 것, 바로 이것이 《사기》의 저술 목적이었어요. 얼핏 보기에는 개인적 차원처럼 보입니다. 하지만 사마천은 그 목적을 이루기 위해 '하늘과 인간의 관계를 탐구하고, 과거와 현재의 변화를 꿰뚫'는 큰 방법을 제시했죠. 그리고 그 결과물이 바로 《사기》입니다. 이렇게 하여 《사기》는 일가의 문장을 이루고 싶다는 사마천 개인의 목적을 넘어서 입체적인 3천 년 통사로 탄생하게 된 것입니다.

학 생 | 사마천으로서는 궁형까지 자청하며 《사기》를 완성한 만큼,

세상에 널리 알리고 싶었을 것 같은데요.

김영수 | 물론입니다. 《사기》가 널리 읽혀져 자신의 뜻이 전달되기를 희망했죠. 일가의 말을 이루는 것과 자신의 뜻이 전달되는 것은 일맥상통합니다. 이는 아버지 사마담의 바람이었고, 사마천에게 온갖 수모와 고초를 이겨내게 한 원동력이었죠. 사관 가문의 가업을 잇는 것은 물론 아버지의 유업을 받들고, 나아가 자신의 주체적인 사관史觀을 세우는 일, 이것이 《사기》 저술의 진정한 목적이라고 할 수 있겠습니다.

그 목적은 지극히 단순하지만, 더할 수 없이 솔직했습니다. 불구의 몸이 된 사마천이 모든 능력과 경험을 종합하고 비판하고 분석해 내놓은 결과물, 그것으로 세상을 향해 자신의 존재감을 드러내겠다는 피맺힌 절규였어요. 그래서 그의 목적은 더할 수 없이 순수한 '공명심功名心'이자 '공명심公明心'이라 할 수 있습니다. 모든 가식과 허위, 인위를 초월한 순수함, 그러면서도 가슴 아픈 목적 속에서《사기》는 그렇게 세상에 나왔습니다.

▌▌당대 주류사상과 현실에 대한 비판적 관점

학 생 | 《사기》를 문사철의 통섭으로 이야기하는 분도 있던데요.

김영수 | 사마천 사상을 이야기할 때 빠지지 않는 것이 그의 철학일 겁니다. 당대를 주도하던 철학사상과 사마천의 사상이 어떻게 만나고 충돌하는지는《사기》의 성격을 이해하는 데 상당히 중요합니다.

학 생 | 그럼 이제 사마천의 철학사상에 대해 알아볼까요?

김영수 | 《사기》에 드러나는 철학사상이란 곧 역사철학을 말합니다. 3천
년을 관통하는 거대한 통사의 구성에서 역사철학의 문제는 대단히 중
요하죠. 진·한 교체기를 지나 안정기에 접어든 상황에서 무제의 '유
가독존儒家獨尊'으로 인한 사상과 사상계의 경색화는, 사마천에게 역
사를 인식하고 그것을 어떤 철학체계로 정립할 것인가를 더욱 진지
하게 고민하는 계기가 되었습니다.

더욱이 "흩어져 있는 온갖 자료들을 모으고 6경을 보충하여" "하늘
과 인간의 관계를 탐구하고, 과거와 현재의 변화를 꿰뚫어 일가의 문
장을 이루고자" 했던 사마천에게 특정 사상의 독주와 보수화는 우려
할 만한 현상이었어요. 따라서 그의 철학사상은 현실에 대한 비판적
관점에 기반을 둘 수밖에 없었습니다. 그 현실이란 황제가 이끄는 조
정에서 주류를 이루던 유가학파였고, 그들이 신봉하는 공양학公羊學
이었죠.

학 생 | 황제를 정점으로 한 봉건질서 체제가 굳어지면서 이를 뒷받
침할 통치철학이 필요했는데, 무제가 유가를 지배 이데올로기로 확
정하는 한편 그 밖의 사상이나 철학은 철저히 배척했다는 말씀이죠?
사마천으로서는 특정한 사상과 철학의 일방적 독주가 위험한 경향
일 수밖에 없었겠네요.

김영수 | 《사기》가 보여주는 역사철학 내지 철학사상은 서술의 방향
을 결정하는 색깔이나 마찬가지죠. 따라서 대단히 민감한 문제가 아
닐 수 없었어요. 통치자와 피통치자, 국가와 개인의 관계 설정처럼

첨예한 정치문제를 외향적으로 다루는 구호口號와 같기 때문에 특히 그렇습니다. 즉, 《사기》의 철학사상은 색깔 문제입니다.

현재 우리 사회의 이념논쟁을 대입시켜 이해하면 한결 공감하기가 쉬울 것입니다. 《사기》가 진보적이냐 보수적이냐, 개혁적이냐 수구적이냐, 민중의 이익을 대변하느냐 기득권층을 대변하느냐 등에 대한 답을 찾을 수 있기 때문이죠. 시대적 한계를 고려해야겠지만, 당시 《사기》와 다른 색깔을 지녔던 철학사상과 상대적 비교를 거치면 어렵지 않게 설명될 것으로 봅니다.

《사기》는 《춘추》의 후임자를 자처했어요. 사마천 당대의 사상계를 주도했던 역사철학은 동중서를 필두로 한 '춘추공양학'이었죠. 따라서 역사서로서의 《춘추》, 철학사상으로서의 '공양학', 그것을 주도했던 동중서를 비롯한 주류 유가사상에 대한 사마천과 《사기》의 인식 및 관점을 살펴보면 《사기》의 역사철학 내지 철학사상의 색깔을 자연스럽게 알 수 있지 않을까요?

학 생 | 《사기》에 관련 대목이 나오는지요?
김영수 | 일단 다음 부분을 살펴볼까요?

학자들은 자신들이 보고 들은 것에 얽매여 진秦 왕조가 오래 존속하지 못한 현상만 본다. 그 처음과 끝을 살피지 못한 채 모두들 비웃으며 칭찬 같은 것은 엄두도 못 내고 있으니, 이것이야말로 '귀로 음식을 먹으려는' 것과 무엇이 다른가? 서글프다! _〈육국연표〉서문

사마천은 '귀로 음식을 먹으려는' 행위, 즉 '이식耳食'이란 절묘한 단어로 당시 수구적이고 허위의식에 빠진 지식인들을 통타하고 있습니다. 여기서 말하는 학자란 당시 조정을 장악했던 부패한 유생들과 공양학 신봉자들을 가리킵니다. 공양학에서는 진秦을 정통으로 인정하지 않았기 때문이죠. 이에 대해 사마천은 진나라 본기를 두 편(〈진본기〉와 〈진시황본기〉)이나 편성해 공양학의 옹졸함을 조롱했습니다.

학 생 | 공양학과 한나라 초기 학술사상을 간략히 말씀해주십시오.

김영수 | 《춘추》는 춘추시대 200여 년의 역사를 다룬 역사서지만, 사마천과 《사기》에 미친 영향이 적지 않았습니다. 후대 유가에 미친 영향은 말할 필요조차 없을 정도로 막대했고요.

무제 시대 들어 《춘추》에 대한 연구는 동중서 중심의 공양학이 주도했습니다. 공양학은 진을 이어 천하를 재통일한 한 왕조의 정통성을 확립하고 대외적으로 방대한 영역을 개척하는 등, 제국의 위상을 높인 무제 시대의 위대성을 뒷받침하는 데 가장 적절한 사상체계를 갖추고 있었어요.

공자의 제자인 자하子夏와 후학 공양고公羊高에게 전수받는 과정에서 많은 사람의 견해가 덧붙여졌지만, 공양학은 기본적으로 전국시대에서 한나라 초기까지 공자의 《춘추》를 해석하고 그 의미를 넓힌 학술적 정치관점이라고 할 수 있습니다. 공양학 사상의 주요 특징은 다음과 같아요.

① 대일통大一統 사상

② 예제禮制 중시

③ 시대의 변화 인정

④ 정치 변혁에 대한 보수성

춘추공양학 전수에 결정적 역할을 한 공양고.

공양학은 예제가 끊임없이 충격과 파괴를 경험해왔다는 각도에서 역사 문제를 바라봅니다. 따라서 정치상의 실제 변화를 인정하지 않을 수 없었 어요. 다만 이런 사태의 발전을 소극 적인 태도로 대했죠. 앞서 지적한 것 처럼 최초로 통일을 이룬 진의 정통성을 인정하지 않는 등 보수적 색채가 짙은 편이었습니다.

한편, 그 분야의 대가로 꼽히는 동중서의 공양학은 다음과 같은 특 징이 덧붙여집니다.

① 음양오행陰陽五行을 융합한 천인감응설天人感應說

② 추상적이고 관념적이며 미신적인 재앙설

③ 수동적 천명관天命觀

④ 체제순응 내지 체제옹호를 뒷받침하는 정치논리

사마천과 동중서는 같은 시대를 살았습니다. 동중서가 사마천보다 30년 이상 연상이죠. 사마천이 성년이 된 뒤로 두 사람은 약 20년 동안 같은 시공간에서 생활했습니다. 동중서는 당대의 대유학자였고, 사마천은 한때 그에게서 공양학 등 유학사상에 대한 가르침을 받았어요. 조정의 사무와 사회생활에서도 두 사람이 접촉했을 가능성은 크다고 봐야겠죠.

학 생 | 그렇군요. 사마천이 동중서에게 받은 영향이 만만치 않았을 것 같습니다.

김영수 | 물론입니다. 특히 대일통 사상을 비롯해 천인감응설은 《사기》에 적지 않은 영향을 미칩니다. 오행사상과 순환론 같은 요소도 수용했어요. 그러나 《사기》는 《춘추》의 계승자를 자처하면서도, 흩어진 자료들을 종합하고 정리함으로써 6경을 보완한다고 밝혀 단선적 계승에서 벗어나 있다고 말합니다. 특히 《춘추》의 보수성을 집중적으로 강조해, 사상적으로 편협성을 드러낸 동중서의 공양학과는 분명하게 대립각을 세우고 있습니다. 사마천이 '이식耳食'이라고 비판한 당대 지식인에 동중서가 포함된 것도 당연하고요.

▌▌당대 최고의 사상가 동증서의 열전이 없는 이유

학 생 | 2천 년이 훨씬 지난 지금도 대가나 스승의 학설 내지 사상을 비판하기란 쉽지 않은 일인데, 대단합니다. 당대 유학자들 대상의 열전도 《사기》에 한 편 있지 않습니까? 거기에 이들에 대한 비판적 내용이 나오나요?

김영수 | 네. 〈유림열전〉인데요. 동중서와 공손홍으로 대표되는 당시

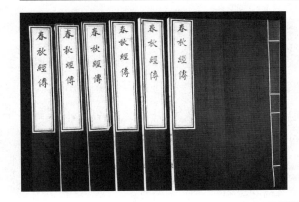

사마천의 철학사상에
많은 영향을 미친 《춘
추》의 송나라 때 각본
《춘추경전》.

수구적 유가들의 허구성이 상당하게 폭로되어 있습니다. 공손홍에
대해서는 같은 유자 원고생轅固生의 입을 빌려 "공손자여, 바른 학문
에 힘을 써도 시원찮은데, '곡학아세'하지 말라"며 신랄하게 비난했
어요. 학문을 왜곡해 세상에 아부하지 말라는 '곡학아세曲學阿世'라는
유명한 사자성어가 바로 여기서 나옵니다. 또 동중서만 못했음에도
《춘추》를 연마하여 시류에 영합하는 처신으로 지위가 공경에까지 이
르렀다고 비꼬았죠.

　한편 동중서에 대해서는 인품이 청렴하고 정직하다고 칭찬하면서
도, 학문과 사상으로 패거리 지은 사실을 밝힘으로써 간접적으로 비
판했습니다. 사마천은 《사기》에서 동중서의 제자로 벼슬에 오른 자
가 100명이나 되고 아들과 손자까지 학문(공양학)으로 대관에 올랐
다고 지적합니다.

학 생ㅣ 사마천이 당대 지식인을 대변하는 유가들에게 비판의 목소

리를 높인 까닭은 무엇입니까?

김영수ㅣ 그들이 학문과 사상을 정치와 황제 개인권력에 종속시킨 데 대한 불만 때문이었을 것으로 봅니다. 사마천이 '이릉사건'으로 억울한 화를 당했을 때 누구도 나서지 않은 걸 보면, 그들이 이미 수구·부패세력으로 변질되었음을 어렵지 않게 확인할 수 있습니다. 최고 통치자의 비위를 맞추는 데 급급해 이릉과 사마천을 성토했던 작자들 아닙니까? 그들에게 《춘추》가 말하는 시비판단의 정신과 '포폄褒貶'이라는 숭고한 비판의식은 이미 남의 것이었죠.

> 동중서의 덕행을 알고 교서왕이 그를 후대하려 하자, 동중서는 시간이 지나면 혹 죄를 얻게 되지 않을까 두려워 얼른 사임하고 고향으로 피신했다. _〈유림열전〉

동중서의 처신이 이럴진대, 나머지 유자들은 볼 것도 없습니다. 의리와 시비판단, 비판정신이 끼어들 여지가 없죠. 사마천의 개인적인 불행은 '곡학아세'에 찌든 당대 지식인들과 같은 시대를 살았다는 데 있습니다.

학 생ㅣ 그러고 보니 《사기》 130편 중 당대 최고의 학자이자 사상가였던 동중서의 열전이 보이지 않네요. 이해가 됩니다. 문장가 사마상여司馬相如에 대해서는 열전도 남기고 문장도 여러 편 수록했잖아요? 정치적 비중으로 보면 동중서와 비교가 안 될 정도로 경량급인데요.

김영수ㅣ 그렇죠? 동중서가 한나라 초기 학문사상을 독식하고 엄청난 문도들을 거느리며 세력을 형성했음에도 불구하고, 사마천은 그가 남긴 많은 문장을 한 편도 소개하지 않았습니다. 동중서의 일생 또한 유림 중 한 사람 정도로 소개하는 데 그쳤죠. 이는 후대 역사가로서 보수주의의 대변자라 할 수 있는 반고가《한서》에 '현량대책賢良對策 (인재 등용에 관한 대책을 논한 문장)' 등과 같은 동중서의 대표적 문장을 실은 것과 대조를 이룹니다. 이는 결국 어용철학에 대한 사마천의 신랄한 조롱 혹은 비난이나 마찬가지입니다. 동중서의 철학사상이 후대에 남긴 참위도참讖緯圖讖 같은 미신적 찌꺼기를 생각한다면 사마천의 비판적 철학사상은 한결 돋보인다고 할 수 있죠.

학 생│ 사마천은 동중서 사상의 어떤 면이 못마땅했을까요?

김영수│ 동중서의 사상은 호소력 있고 웅변적이지만 공허한 정치구호에 가깝습니다. 더욱이 하늘과 인간이 서로 감응한다는 추상적이고 사변적 논리 뒤에는 독재 이데올로기의 그림자가 어른거리고 있습니다. 사마천은 공양학과 어용철학이 집중적으로 부각시키려 했던 '천명론'이나 '천인감응설'을 강력하게 비판했습니다. 70편에 이르는 열전 전체의 서론격인 〈백이열전伯夷列傳〉에서 사마천은 이렇게 물어요.

혹자는 "하늘의 도는 치우침이 없어 늘 좋은 사람을 돕는다"고 했다. 백이나 숙제는 좋은 사람이라 할 수 있지 않나? 인덕을 쌓고 그처럼 착하게 행동했는데 굶어죽다니!

공자는 70명 제자들 중에서 유독 안연顏淵 혼자만 배우길 좋아한다고 했다. 그러나 안연은 평생 곤궁 속에서 살았고, 술지게미 같은 음식도 마다않다가 끝내 요절했다. 하늘이 착한 사람에게 보상한다면서 어찌 이럴 수가 있는가?

도척盜跖은 날마다 무고한 사람을 죽이고 사람고기를 회를 쳐서 먹으며, 포악한 짓을 멋대로 저지르고 수천 명의 패거리를 모아 천하를 마구 휘젓고 다녔지만, 결과는 천수를 누리고 죽었다. 이는 무슨 덕을 따랐단 말인가? 이런 것들이 크게 드러난 예이다.

근세에 이르러서도 품행이 도를 벗어나고 오로지 금기시하는 일만 저지르고도 평생토록 즐겁게 살고 부귀가 대대로 끊이지 않는 자들이 있다. 땅을 골라서 밟고, 때를 봐가며 말을 하고, 지름길로 가지 않고, 공정하지 않아도 분통을 터뜨리지 않았는데도 재앙을 만난 사람이 수를 헤아릴 수 없다.

나는 몹시 곤혹스럽다. 이른바 하늘의 도란 것이 정말 존재하는 것인지 아닌지?

다시 한 번 정리할게요. 사마천의 철학사상은 당대 주류사상을 비판함으로써 집중적으로 표출되었습니다. 추상적이고 관념적인 '천명론'에 대한 회의에서 출발해, 동중서로 대표되는 공양학의 신학적 철학사상을 정면으로 비판하죠. 사마천은 역사를 인간의 사회활동이라 여겼지 신이 창조한 것으로 보지 않았습니다.

역사는 그 자체의 발전 추세가 있고, 필연성과 우연성의 구별 및 상호결합이 있습니다. 따라서 역사발전은 단계성을 가질 수밖에 없어요. 사물 자체도 그 내부에서 변화가 일어나기 때문에 각각의 단계에서 서로 다른 특징과 작용을 일으킵니다. 이것이 사마천의 역사철학이에요. 시간과 공간에서 표현되는 역사는 객관적이고 구체적이지 허무하고 신비로운 것이 아닙니다. 따라서 과학정신에 입각해 의술과 의학을 다룬 〈편작창공열전〉은 영혼불멸을 내세우는 신비적 미신 사상에 대한 확실한 거부요 비판이라는 평가를 얻고 있습니다.

학 생 | 역사에서 인간의 작용, 그것도 수많은 보통 사람의 능동적 작용을 강조한 사마천의 사관은 언제 들어도 신선하고 놀랍습니다. 요즘 우리의 역사관이나 역사 인식에 문제가 많기 때문이겠죠. 정치적 상황에 따라 걸핏하면 이념문제로 몰아가는 기득권 세력의 불순한 의도가 우리 사회와 국민들을 갈기갈기 찢어놓고 있잖아요?

김영수 | 네. 이런 상황이 안타깝고 화가 납니다. 이 모두가 과거사 청산을 제대로 완수하지 못했기 때문이에요. 이념이니 사상이니 역사관이니 하는 문제를 떠나 문제의 핵심은 옳고 그름, 선과 악, 정의와 사악입니다. 이를 흐려서 영원히 기득권을 유지하려는 생각이죠. 사마천 당대에도 그런 경향이 강했습니다. 사마천 자신이 피해자이자 희생자였고요. 사마천의 희생은 지금 우리 사회에서 벌어지고 있는 반민족적·반민주적 세력의 무분별한 마녀사냥과 판박이라고 할 수 있습니다.

학 생 | '분노하라'는 말이 이렇게 가슴을 저민 적은 없었습니다. 사마천의 철학사상을 마지막으로 정리해주시죠.

김영수 | 분노는 사악함을 상대하는 첫걸음입니다. 사마천은 그 분노와 울분을 저술로 승화시켰어요. 《사기》의 체제와 내용 전반에 흐르

는 기조는 인간의 작용을 절대적으로 강조하고 인정하는 것입니다. 사마천의 철학사상 중심에 인간이 놓여 있다는 말입니다. 인간의 작용은 변화를 수반합니다. 따라서 《사기》는 변화를 특별히 강조하되 소·중·대로 세분해 역사의 대세를 관찰해요. 《사기》에 보이는 역사순환론은 변화발전론에 가깝습니다. 종래의 철학사상을 한 차원 높인 인식의 발전이라고 할 수 있죠.

따라서 사마천의 철학사상은 진보적이며 비판적인 특징을 보여줍니다. 변화를 중시했으며, 그 변화를 주도하는 인간의 작용을 전폭적으로 긍정했습니다. 인간의 작용을 긍정하고 중시한 이상, 천명론이나 천인감응 같은 신학적 철학사상이 끼어들 여지가 없었어요. 그리고 이러한 미신적 요소들을 부정한 이상, 합리적이고 과학적인 자세는 필연적이었죠.

학문의 기본은 의심하는 것에서 출발합니다. 《사기》의 철학사상 역시 강한 '회의懷疑'에서 시작해요. 회의는 비판을 끌어내며, 비판은 합리적이고 과학적인 가치관을 요구합니다. 합리적이고 과학적인 가치관은 인간에 대한 존중이 전제되어야 합니다. 인간에 대한 존중은 역사에 대한 인간의 작용을 긍정하고 지지함으로써 담보됩니다. 인간의 작용은 역사를 변화시키는 원동력입니다. 그리고 변화는 발전을 위한 필수조건이죠. 이처럼 《사기》의 철학사상(역사철학)은 현상에 대한 의문과 비판에서 출발해 인간의 작용에 대한 완전한 긍정으로 마무리됩니다.

8장

《사기》의 역사사상

歷史

 ———————— 사마천은 역사가 시간과 공간의 학문임을 명확하게 인식한 최초의 역사학자였다. 이 핵심을 꿰뚫는 구절이 바로 '구천인지제究天人之際'요 '통고금지변通古今之變'이다.

역사는 사건과 인간의 활동이 축적되어 모종의 결과물로 나타날 때의 기록이다. 우리는 그 축적된 결과물을 역사의 경험이라고 한다. 사마천의 역사사상은 역사의 경험을 중시하는 확고한 인식 위에서 전개되며, '통通'·'변變'·'리理'·'세勢'로 요약할 수 있다.

'통'은 시간과 공간을 관통하는 진실된 인간활동의 기록을 탐구한다는 의미이다. 이러한 관점으로 저술된《사기》는 당시로서는 새로운 역사가 아닐 수 없었다.

'변'은 변화를 통찰하고 인간사와 사물의 성쇠를 고찰하려는 개념이다. 역사적 조건의 변화가 내포되어 있고, 그 변화의 결과를 교훈적으로 수용할 것을 요구하기도 한다. 역사경험의 교훈을 미래를 위한 자양분으로 섭취하고, 이를 통해 제도와 문물, 나아가 의식의 개혁을 이루어야 한다는 당위성이 강조된다. 요컨대, 사마천이 말하는 변화는 인간의 주체적 행위를 전제로 하는 적극적 의미의 변화이다.

'리'는 성공과 실패, 흥기와 멸망의 이치(원리)를 살피고자 함을 가리킨다. 그리하여 사마천은 종래 음양오행과 천명관에 입각한 종시오덕설終始五德說 같은 관념적이고 미신적인 요소를 배격한다. 또한 역사경험을 통해 터득하고 수립된 실질적인 사물과 인간사의 이치를 강조했다.

'세'는 흐름이다. 사회역사의 추이를 종합한다는 의미이다. 사마천은 인간의 행위를 전제로 한 주관적 요소 외에 모종의 객관적 역량이 작용한다고 강조한다. 객관적 역량을 달리 표현하면 추세, 기세, 대세이다. 사마천은 잠재된 무형의 역량, 곧 흐름을 '세'로 파악한 것이다. '세'란 사회의 각종 객관적 조건들의 교차적 종합이며, 사회적 역량과 사회적 모순의 집중적·총체적 충돌이기도 하다.

《사기》는 '통通(관통·통관·통달)'을 토대로 '변變(변화·변혁)'을 강구한다. 변화에서 역사발전의 이치와 규율을 탐구하고, 이를 행위의 거울로 삼고자 했다. 이런 이치와 법칙은 인간 세상사가 오랫동안 발전해오면서 만들어낸 필연적 결과이다. 대세 발전의 필연을 인식했기 때문에 시·공을 관통하는 눈빛으로 역사의 변화를 봐야 하는 필요성이 더욱 커지는 것이다.

歷
史

▌▌통·변·리·세

학 생 | 사마천의 철학사상, 역사철학에서 좀 더 구체적인 역사사상
을 끌어낼 수 있겠다는 생각이 듭니다.

김영수 | 저는 사가史家를 제자백가諸子百家의 하나이자 제자백가의 완
성이라고 봅니다. 따라서 《사기》의 역사사상은 학술사상 자체이기도
합니다. 앞에서 말씀드렸듯이 목적과 동기, 방법의 삼위일체가 《사
기》의 중요한 특징이자 사마천 사상의 핵심입니다. 따라서 《사기》에
드러난 역사사상의 핵심은 사마천 스스로 밝힌 것처럼 '과거와 현재
의 변화를 관통한다'는 이른바 '통고금지변通古今之變'으로 요약할 수
있어요.

　이와 관련해 최근 중국의 연구성과를 종합하면 《사기》의 역사사상

은 통·변·리·세의 네 항목으로 정리할 수 있습니다.(《史記的學術成就》)
이를 참고로 《사기》의 학술사상을 간명하게 정리하면 앞에서 살핀
철학사상의 부족한 부분이 보완될 겁니다.

학 생 | 그럼 통·변·리 세의 네 가지로 사마천과 《사기》의 역사사상
내지 학술사상을 정리해볼까요?

김영수 | 먼저 '통'입니다. 사마천은 "하늘과 인간의 관계를 탐구하고,
과거와 현재의 변화를 '통通'하여 일가의 말을 이루고자" 한다는 《사
기》의 저술 목적과 방법을 밝힌 바 있습니다. 흔히 '관통貫通'으로 번
역하는 '통'은 상당히 다양한 의미를 내포하고 있죠. 사마천은 역사
가 연속적으로 발전한다고 보았습니다. 이런 연속과 발전은 시간상
과거와 현재를 관통하는 것으로 표현되며, 공간상으로는 주변과 사
방, 내용상으로는 사회생활의 모든 방면에 미칩니다.

《사기》 이전의 역사서들에는 과거와 현재의 역사를 전체적으로 이
해하기에 부족한 점들이 많았습니다. 그렇기 때문에 사마천은 제자
백가의 온갖 잡설을 정리하고 수많은 자료들을 수집 분류해 6경의
부족한 점을 보완하겠다고 밝힌 것이죠. 이는 《사기》가 곧 '통사通史'
임을 나타냅니다. 따라서 '통'은 시간을 꿰는 '관통'과 공간을 전체적
으로 살피는 '통관通觀'을 의미합니다.

학 생 | 역사가 시간과 공간의 학문임을 명확히 인식했다는 말씀이
군요.

김영수 | 그렇다고 해서 《사기》가 시간과 공간상의 '통'에만 머무르는

것은 결코 아닙니다. 《사기》의 형식과 내용을 뜯어보면 대단히 '전면적'이고 '전체적'임을 어렵지 않게 발견할 수 있습니다. 다섯 체제의 형식은 그 자체로 역사의 표면에 나타나는 각 방면을 대표하며, 내용은 더욱 전면적입니다. 정치·경제·군사·문화·풍토·천문역법 등 국가의 문물제도를 비롯해 각양각색의 인간군상이 서로 긴밀한 관계를 맺으며 역사를 발전시키고 세상을 변화시킵니다. 그리고 그 내용은 진실을 바탕으로 삼고 있어요. 따라서 《사기》의 '통' 사상은 전면적이고 진실된 내용을 포함한다는 의미이기도 합니다.

학 생 ㅣ 시간과 공간을 관통하는 진실된 인간활동의 기록을 탐구하려 했다는 의미로 이해됩니다.

김영수 ㅣ 네. 《사기》의 '통' 사상은 역사의 두 축인 시·공간의 개념을 포괄하며, 내용적으로는 수많은 인간군상의 역동적인 삶을 통관하는 특징을 보여줍니다. '거시적 역사관'을 천명하고 있죠. 거기에는 관통·소통(커뮤니케이션)·상호관계·통합·전체·네트워크 같은 다양한 개념들이 포함될 수 있습니다. 이런 점에서 《사기》는 과거와 전혀 다른 개념의 '새로운 역사'이고 파격적인 '역사서'입니다.

학 생 ㅣ 시간과 공간이란 축 안에서 삶을 영위하는 인간들의 모습을 씨줄과 날줄로 연결시켜 생생하게 묘사한 사마천의 신필에 대해 생각해보게 됩니다. 결국 그 안에서 일어나는 수많은 변화를 인식하는 것으로 자연스럽게 이어지지 않을까 싶은데요. 그래서 '변'이란 개념이 나왔겠지요?

김영수 | '변'이란 개념 역시 매우 복합적입니다. '통'과 떼어놓고는 생각할 수 없는 개념이기도 하지요. 사마천이 '통고금지변'이라 표현했듯이, '변'은 우선 '변화'를 뜻합니다. 이는 단순히 시간관념에 머무르지 않습니다. 왜냐하면 사마천이 역사 서술에 필요한 모든 자료를 정리한 다음 과거와 현재의 변화를 통관해 나름의 논리를 이루고 싶다는《사기》의 저술 방법 및 목적을 밝혔고, 역사변화의 '처음과 끝을 탐구하고 그 성쇠를 관찰'한다고 언급했기 때문입니다. 이는 곧 역사변화의 과정은 물론이고 동기와 결과까지 살피겠다는 의지의 표명이라 할 수 있어요.

이와 함께 사마천은 인간사와 사물의 '성쇠'도 살피겠노라 했습니다. 이는 사물이 번성하고 쇠퇴하는 표면적 현상을 관찰하는 데 머무르지 않습니다. 사물이 처한 상황, 즉 역사적 조건을 고려해 그것의 변화를 살피겠다는 적극적인 의미가 담겨 있어요. 따라서 역사변화에 따른 이해득실이 도출되고, 성쇠의 원인도 이끌어낼 수 있다고 인식한 것입니다.

학　생 | 그 변화에서 사마천은 무엇을 끌어내려 했을까요? 역사, 역사서의 작용 말입니다.

김영수 |《사기》는 역사변화의 결과를 교훈으로 받아들이라고 강조합니다. 역사경험의 교훈을 미래의 발전을 위한 영양분으로 섭취하라는 것이죠. 따라서 제도와 문물, 나아가서는 의식에 대한 개혁의 의미로 이어집니다. 사마천은 이렇게 말했어요.

상나라 탕왕과 주나라 무왕은 구시대의 악습을 물려받았으나, 그
것을 변통變通(개혁)하여 백성들을 피곤하게 만들지 않았다. _〈평준서〉

　요컨대, 《사기》에서 말하는 변화는 인간의 주체적 행위를 전제로
한 적극적 의미의 변화입니다. 거기에는 '역사발전'이라는 낙관적 역
사사상이 잠재해 있죠. 사마천은 역사에 미치는 인간의 주체적 작용
을 믿고 낙관했어요. 그리고 이 모든 낙관의 밑바닥에는 '개혁'이라
는 절박한 시대적 요구가 자리잡고 있었습니다.

학 생 | '통'과 '변'에 흐르는, 그리고 그것을 이끌어내는 어떤 법칙
같은 것이 있을까요? '통'과 '변'의 결과를 통해 얻어지는 이치 같은
것 말이죠.
김영수 | 사마천은 시간을 관통하고 공간을 통관하여 변화의 흐름을
읽으면, 어떤 규율이나 법칙 내지 이치를 이끌어낼 수 있으리라 확신
했습니다. 마치 수많은 특정 수치들을 모아 유의미한 통계와 지표를
끌어내고, 그것을 통해 앞으로의 상황을 예측하는 것과 비슷합니다.
그래서 사마천이 "성공과 실패, 흥기와 멸망의 이치(원리)를 살피고
자" 한다고 말했던 것입니다. 이것이 '리'입니다. 이치나 법칙을 뜻하
는 '리'는 '통'과 '변'에 근원을 두고 있어요. 이치를 도출하기 위해서
는 역사경험에서 교훈을 얻고, 그것을 거울 삼아야 한다는 전제가 따
릅니다. 그래야 정확하고 의미 있는 이치가 도출되기 때문이죠.

학 생 | 사마천 이전에는 역사의 흥망성쇠를 설명하는 이치가 없었

나요?

김영수 | 물론 있었습니다. 사회역사의 흥망성쇠를 설명하는 두 가지 법칙으로 음양오행과 천명관에 입각한 '종시오덕설' 및 '삼통법三統 法'이 있었죠. '종시오덕설'이란 전국 후기 추연이 오행五行(토·목·금· 수·화) 사상에 신의 의지를 부회하여 제왕의 교체와 계승을 설명하려 한 주장입니다. 동중서는 '오덕설'을 차용하고 결합해 하·은· 주 삼 대를 각각 흑통·백통·적통으로 규정한 다음 '천인감응' 논리를 첨가 합니다. 하지만 이 법칙은 다분히 추상적이고 관념적이었으며, 미신 적 요소가 강했어요. 따라서 합리적인 역사법칙이라기보다 신학에 가까웠죠.

▌▌사물의 이치로 사회현상 설명

학 생 | 그에 대해 사마천은 어떤 태도를 취했나요? 지금까지의 말씀 대로라면 상당히 비판적이었을 것 같은데요.

김영수 | 사마천은 《사기》에서 그런 논리들을 수용하면서도 사회역사 의 법칙으로는 유보적인 태도를 취했습니다. 그와 관련해 〈역서曆書〉 의 서문 한 대목을 살펴보겠습니다.

왕의 성이 바뀌고 하늘의 명을 받을 때는 반드시 개국의 기초를 굳건히 하기 위해 한 해의 첫 달과 마지막 달에 이르는 역법을 고치 고, 복식의 색깔을 달리하고, 하늘의 원기운행 법칙을 살펴 그것에 따른다.

사마천은 역성易姓과 천명天命을 거론하면서도 제도 개혁이 뒷받침되지 않으면 안 된다고 강조했습니다. 그가 말한 '하늘의 원기운행 법칙'에서 '하늘'은 단순한 의미의 '하늘'이 아니라 천하대세 및 발전의 전반적인 추세를 뜻합니다. 결국 변화를 살피고 그로부터 도출되는 역사의 이치(규율)와 통하는 거죠.

학 생| 그런 이치는 사회현상을 설명할 때 어떻게 표현됩니까?
김영수| 《사기》는 '사물의 이치'라는 각도에서 사회현상을 설명합니다. 그러기 위해 사물이 변화하고 발전하는 모종의 법칙을 탐구하려 주의를 기울이죠. 이와 관련해, 역대 부자들의 기록이자 저주받은 명편이라 할 수 있는 〈화식열전〉에서 경제이론가 계연計然이 상업경영에서 터득한 자신의 경험을 이야기한 대목이 눈길을 끕니다.

가뭄이 든 해에 미리 배를 준비해두고, 수해가 난 해에는 미리 수레를 준비해두는 것, 이것이 사물의 이치입니다.

'사물의 이치'라는 것도 결국은 '인간의 예견적 행위'를 전제로 하며, 그 '예견적 행위'는 역사경험에서 비롯된다는 의미심장한 사상을 내포하고 있어요. 〈화식열전〉을 조금 더 볼까요?

사람마다 자신의 일에 힘쓰고 각자 일을 즐거워하면, 이는 마치 물이 낮은 곳으로 흐르는 것과 같아 밤낮 멈추지 않는다.
빈부의 이치란 누가 빼앗거나 줄 수 있는 것이 아니다. 영리하고 능력 있는 자는 여유를 가지게 되고, 그렇지 못한 자는 부족함에 허덕이는 것이다.

객관적이고 보편적인 사물의 이치도 알고 보면 인간이 스스로 만들어낸 것이라는 《사기》의 역사사상은 지금 보아도 귀중한 인식이 아닐 수 없습니다. 3천 년이란 기나긴 시간 속에서 전개된 역사경험을 총결하여 도출한 결론이기에 더욱 그렇습니다.

학 생 | '세'는 인간세상 모든 분야에 적용되는 글자잖아요. 보통 이 글자를 '흐름'으로 이해하는데, 사마천은 어떻게 생각했나요?

김영수 | 말씀하신 것처럼 '기세氣勢'는 '기운의 흐름', '대세大勢'는 '큰 흐름'이 되겠죠? 일반적으로 《사기》의 역사사상에서 발견되는 가장 큰 특징으로 '세'를 듭니다. 사마천이 "성공과 실패, 흥기와 멸망의 이치(원리)를 살피고자"라고 말한 것에는, 인격적 신의 의지를 갖춘 천명이나 하늘의 뜻이 사회역사에 지배적인 작용을 못하도록 배척하겠다는 의지가 포함되어 있습니다. 사회역사의 추이를 종합한 결과, 인간의 행위를 전제로 한 주관적 요소 외에 어떤 객관적 역량이 작용하면서 역사의 변화를 제약하고 발전추세를 형성한다는 사실을 인식하게 되었죠. 인간이 그 흐름에 순응하면 성공과 발전을 거두고, 흐름을 거스르면 반대의 결과가 초래된다는 사실을 발견한 것입니다. 사마천은 '잠재된 무형의 역량', 즉 말씀하신 것처럼 '흐름'을 '세'라고 표현했어요.

학 생 | 3천 년 역사를 종합함으로써 그런 '흐름', 즉 '잠재된 무형의 역량'을 찾아냈다는 말씀인가요?

김영수 | 사마천이 역사경험의 교훈을 종합적으로 개관하여 도출해 낸, 그래서 현실과 미래에 참고가 되고 이를 이끌 수 있는 사물의 이치 내지 법칙은 사세事勢와 대세大勢를 관찰하고 분석한 기초가 있기에 가능했어요. 사마천이 말하는 '세'가 《사기》 체제에 충분히 반영되어 있음은 앞에서 살펴봤습니다.

학 생 | 12편의 본기에 편성된 진나라 관련 두 편과 〈항우본기〉, 〈여후본기〉를 말씀하시는 거죠?

김영수 | 그렇습니다. 그것들을 마련한 건 천하대세의 흐름을 종합한 결과였습니다. 세가도 마찬가지예요. 숱한 논쟁의 빌미를 제공한 〈진섭세가〉가 대표적인 예죠. 진섭이 진의 몰락과 초·한의 대립이라는 천하대세의 향방을 결정짓는 계기를 마련했다는 역사적 작용을 긍정한 겁니다. 열전에서도 이런 사상이 충분히 엿보여요. 〈중니제자열전〉에서 "자공이 한 번 뛰어다님으로써 국제 간의 형세에 균열이 생겨 10년 사이 다섯 나라에 큰 변동이 생겼다"고 한 것도 천하대세

〈진본기〉(〈남송황선부간〉)의 부분. 《사기》 체제의 파격성은 곳곳에서 찾아볼 수 있다. 천하를 통일한 진나라의 역사적 중요성을 높이 평가한 사마천은 〈진본기〉와 〈진시황본기〉로 대세를 확실히 인정했다.

의 작용을 언급한 대목입니다. 여기서 자공 분량이 다른 제자들보다 압도적으로 많은 건, 작은 범위지만 천하의 대세를 움직이는 데 그가 어떤 역할을 했기 때문이지요.

학 생 | 정말 대단한 역사가이자 역사책이라는 생각이 새삼 드네요. '세'에 대한 설명을 조금 더 듣고 싶습니다.

김영수 | 《사기》에서 말하는 '세'는 역사발전의 필연성과 우연성을 결합한 산물입니다. 사회의 각종 객관적 조건들의 교차적 종합이며, 사회역량과 사회모순의 집중적·총체적 충돌이기도 합니다. 《사기》의 내용이 이처럼 풍부하고 장엄할 수 있는 건 이런 요소들이 얽혀 새로운 역사를 창조하기 때문입니다.

사마천의 역사사상에서 '세'에 대한 인식은 대단히 중요합니다. '세'의 역동성에 주목하고, 그것을 역사의 현장으로 이끌어내는 데 성공했기 때문이죠. 사마천은 오랜 시간을 거치며 각종 사회적 역량과 요소가 축적되어 형성된 역사발전의 추세 속에서, 잠재된 사회의 객관적 역량이 인간사를 좌우하고 사회변혁을 강력히 추진하게 된다는 사실을 발견했습니다. 〈육국연표〉 서문에서 그는 이렇게 말합니다.

진나라의 덕과 의리를 말한다면 노魯나라나 위魏나라의 못된 자만 못했고, 병력을 따져보면 강력한 삼진三晉만 못했다. 그럼에도 불구하고 진나라가 끝내 천하를 병합한 것은 꼭 진나라의 지리적 위치가 험하고 견고하여 형세가 이로웠기 때문만은 아니다. 하늘이 도왔기 때문일 것이다.

여기서 '하늘'은 역사변혁을 추동하는 '객관적 역량', 즉 대세를 의미해요. 《사기》에 보이는 '천天'이니 '천명天命'이니 하는 대목들을 표면적으로만 이해해서는 안 됩니다.

▌▌ 대세가 영웅을 만든다

학 생 | 이 문제를 인간과 연계시켜 좀 더 말씀해주시겠어요?

김영수 | 《사기》에는 변혁기를 맞아 역사무대에 등장하는 영웅들의 존재가 적지 않습니다. 사회가 급속히 변화하는 시기에는 역사의 진전과정이 지금까지의 고정된 틀을 깰 가능성이 큽니다. 아니, 대부분 그 틀을 깼어요. 이때 어떤 기적 같은 현상이 일어나는 것을 우리는 종종 발견하곤 하죠. 그리하여 본래 보잘것없던 인물을 역사의 무대로 밀어올려 대세를 좌우하고 주재하는 역할을 하도록 만듭니다.

> 이 어찌 천天이라 하지 않겠는가? 이 어찌 천이라 하지 않겠는가? 위대한 성인이 아니라면 누가 이때를 맞이하여 천명을 받아 황제가 되었겠는가? _〈진초지제월표〉

유방劉邦이 진나라 말기의 난국을 수습하고 황제가 된 것에 대해 사마천은 이렇게 말합니다. 여기서의 '천' 역시 '대세'를 말하지요. '천명'도 마찬가지입니다. 이는 대세의 흐름에 순응했다는 의미로 보는 것이 적당해요. '역사적 조건'이라고도 할 수 있죠. 하지만 사마천은 유방을 '위대한 성인'이라고 표현함으로써 비꼬는 걸 잊지 않습니다. 대세에 순응하여 황제에 올랐을 뿐, 유방 개인의 역량 때문이 결코 아니라는 거죠.

시대는 객관적 조건입니다. 영웅은 시대의 가혹함 없이 탄생할 수 없습니다. 여기서 주관적 조건은 영웅 또는 시대의 주재자가 되기까지 의지·지혜·희생 등을 충분히 발휘하는 불굴의 노력입니다. 그러나 사마천은 두 조건의 정도 차이를 분명히 인식해야 한다고 말합니다. 시세에 편승한 소하蕭何·공손홍公孫弘 등에게 풍자와 조롱을 아낌없이 퍼부은 것도 이 때문입니다.

학 생ㅣ 대세가 영웅을 만들고, 때로는 그 흐름을 좇아 오직 출세를 지향하는 사람도 만들어냈다는 의미로 들립니다.

김영수ㅣ 비교적 잘 보셨습니다. 하지만 《사기》는 역사의 변화과정에서 오직 일부만이 대세의 '어둡고 밝은' 상태에 주목해 자신만의 방식으로 미래를 향해 발전해나가는 결과를 예견하는 경우도 놓치지 않았어요. 또 인간의 행위가 대세의 발전에 따른 객관적 역량에 적합하지 않으면, 그 행위를 이끄는 인물이 아무리 뛰어나고 걸출한 영웅이라도 이상과 희망은 이루어지지 않는다고 지적합니다.

천하의 대세가 바야흐로 진의 통일로 가고 있고 아직 그 대업이 완수되지 않았는데, 위나라가 비록 아형阿衡(이윤)과 같은 현명한 대신(신릉군)의 보좌를 받았다고 한들 무슨 소용이 있으리오?

_〈위세가〉

시대의 흐름, 즉 대세를 역행하는 행위는 말할 것도 없고 아무리 뛰어난 자라도 큰 역사의 물줄기를 바꿀 수 없다는 사마천과 《사기》의 역사사상은 지금 보아도 새롭습니다. 대세는 '통'·'변'과 긴밀히 연계되어 형성되는 사회역사의 객관적인 무형의 역량입니다. 그것은 하루아침에 형성되지 않아요. 오랜 시간 동안 점진적으로 변화해 누구도 거역할 수 없는 거대한 역사의 물줄기가 됩니다. 사마천은 이렇게 말했어요.

（춘추시대에） 36명에 이르는 군주가 살해되었고, 52개 나라가 망했다. 사직을 지키지 못하고 도망친 제후는 수를 헤아릴 수 없다.

그러니 신하가 군주를 살해하고 자식이 아비를 죽이는 일이 어찌 하루아침에 그렇게 되었겠는가? 쌓이고 쌓인 결과이지.

학 생 | 다분히 정치적인 진술 같습니다. 정치적 변천 속에서 대세를 파악하고 있다는 생각도 들고요.
김영수 | 이상의 관점에서 학술사상의 흐름을 보면 말씀대로 정치의 변천과 관련이 있음을 확인할 수 있습니다. 그런데 사마천은 도가와 법가를 대표하는 인물인 노자·장자와 신불해·한비자를 같은 열전에 편성했어요. 이 역시 대세의 필연적 결과라고 보았기 때문입니다. 이 문제는 역대로 논란이 많았죠. 하지만 사마천은 노자와 장자의 폐단이 결국 한비자와 신불해에게 이르렀고, 도덕道德의 화가 형명刑名을 강조하는 법가에 미쳤음을 간파한 것입니다. 놀라운 탁견이 아닐 수 없어요. 이러한 인식은 한나라 초기의 황로학과 무제 시기의 혹리를

동원한 가혹한 법치가 본질적으로 일치한다는 쪽으로 연결됩니다. 후자의 출현은 전자가 발전한 필연이란 거죠.

학 생 | '대세' 하면 흥망의 문제와 연결되지 않을 수 없는데, 이 부분은 어떻게 인식하고 있나요?

김영수 | 《사기》에는 사세事勢와 대세大勢를 살피고 분석한 대목이 많습니다. 그러다보니 천하존망에 영향을 준 요소들을 거론하거나 평론한 경우가 보여요. 이는 인간의 주관적 요소와 사회역사의 객관적 역량을 어떻게 인식하고 처리할 것인지와 관계된다고 말씀드렸습니다.

이 문제에서 사마천은 인간의 지혜가 역사발전에 미친 주요 작용을 강조합니다. 인간의 지혜란 사회를 이끌어가는 역량이에요. 좀 더 구체적으로는 정책 따위를 떠올리면 됩니다. 즉, 사회변혁 내지 사회개혁을 이끈 인간의 지혜와 능력에 주목한 거죠. 진나라가 상앙의 변법개혁을 수용해 큰 발전을 이룬 과정, 역시 진나라가 이사라는 걸출한 정치가의 역량에 힘입어 천하를 통일했으나 그의 그릇된 판단으로 단기간에 몰락하는 과정 등을 통해 역사발전과 변혁을 이끄는 인간의 힘과 지혜라는 문제를 깊이 생각하게 됩니다.

학 생 | 결국 대세를 형성하는 결정적 요인은 인간이라는 말씀이군요. 지금까지 사마천과 《사기》의 역사사상 또는 학술사상의 특징을 네 가지로 요약해주셨는데요. 마지막 정리를 부탁드립니다.

김영수 | 《사기》는 '통(관통·통관·통달)'이란 기초 위에서 '변(변화·변

혁)'을 강구합니다. 변화에서 역사발전의 어떤 이치와 규율을 탐구하고 이를 행위의 거울로 삼고자 했습니다. 이런 이치와 법칙이 형성된 것은 인간 세상사가 오랫동안 발전하면서 만들어낸 필연적 결과입니다. 대세 발전의 필연을 인식했기에 더욱 더 시공을 관통하는 눈빛으로 역사의 변화를 살펴야 하죠. 그래야 통변사상과 그 기초 위에서 사물의 의미와 법칙 탐구에 절실한 근거를 제공할 수 있어요. 이것이 지금까지 살펴본 '통'·'변'·'리'·'세'의 상호관계입니다.

물론 사마천과 《사기》의 역사사상에 어찌 한계가 없겠습니까? 하지만 그 한계는 시대라는 객관적 조건이었습니다. 사마천은 그것을 자신의 주관적 조건으로 훌쩍 뛰어넘는 탁월한 역사사상을 우리 앞에 펼쳐보였다고 할 수 있겠습니다.

9장

《사기》의 정치사상

政治

政
治 ——————— 사마천과 《사기》의 정치사상 역시 오랜
세월 축적되어온 다양한 인식과 사상이란 기초 위에서 정리가 가능
하다. 진의 통일이라는 획기적 사건과 뒤이은 분열 및 재통일의 과정
을 거의 시차 없이 목격한 사마천의 정치사상은 상당히 폭넓고 심각
하게 전개된다.

사마천의 핵심적인 정치사상은 '대일통'이다. 《사기》의 첫 권인
〈오제본기〉부터 그는 통일을 강조한다. 이러한 사상은 지금까지도
중국인을 하나로 모으는 관성력으로 작용하고 있다. 대일통 사상은
중국이라는 범위를 벗어나 사이四夷의 포용으로까지 확대되었다. 중
화주의의 위험성이 내포되어 있다고도 할 수 있지만, 사마천은 어디
까지나 평화공존을 강조했다.

사마천의 정치사상을 이해하기 위해서는 한 나라의 흥망성쇠를 명
확히 인식해야 한다. 여기서 통치자의 자질 문제가 파생되며, 흥망성
쇠를 결정하는 인재의 문제로 인식의 범위가 확대된다.

이와 관련해 사마천은 개혁의 중요성을 지적했다. 개혁군주인 위
문후, 조 무령왕의 개혁정책을 적극 지지하며, 개혁가로서 상앙과 오
기의 행적 또한 긍정했다. 사마천 역시 제도 개혁에 참여한 경험이 있
어 개혁의 성패 여부가 얼마나 중요한지 인식하고 있었다.

통치자의 자질, 즉 리더십은 한 나라의 흥망을 좌우하는 요소 가운

데 하나이다. 그래서 사마천은 민심을 외면하고 폭정을 고집한 통치자들이 어떻게 몰락했는지 생생히 보여준다. 또한 통치에서 여론의 중요성을 강조한다. 여론은 민심의 반영이고, 민심을 얻는 자가 천하를 얻게 되는 이치를 정확히 간파했기 때문이다.

《사기》는 인간에 대한 기록이자 인재에 대한 책이다. 사마천의 정치사상에서 가장 주목되는 부분은 '인재관'이다. 그는 억압받고 기회를 얻지 못한 채 역사의 뒤안길로 스러져간 인재들을 동정한 동시에 인재의 등용 여부가 한 나라의 흥망을 좌우한다고 인식한 최초의 역사가였다.

政
治

▮▮ 인간의 의지를 긍정하는 역사인식

학 생 | 우리는 흔히 시대적 한계를 돌파하기 어려운 것으로 받아들이곤 합니다. 그런데 사마천은 그러한 객관적 조건을 탁월한 주관적 조건으로 초월했다고 말씀하셨죠. 정말로 한 인간이 시대적 한계를 뛰어넘을 수 있을까요?

김영수 | 시대적 한계를 누구도 깰 수 없는 벽으로 인식하고, 시대를 어떤 절대적 힘으로 인식하는 경우가 일반적이죠. 그래서 원하는 대로 안 되면 그것을 이유로 변명합니다. 그 당시도 그렇고, 후대 또한 마찬가지예요. 그러면서 누군가가 이룬 불완전하고 때로는 부정적인 성과와 성취까지 시대를 들먹이며 정당화하고 미화시키려 합니다.

우리 역사 속 친일파의 논리가 이와 비슷합니다. 무력과 폭력에 지배당한 시대를 구실로 불가피한 친일이었다고 강변하는 거죠. 오죽하면 소극적 친일이니 생계형 친일이니 하는 궤변을 늘어놓겠습니까? 그러면 목숨을 희생해가며 일제의 무력과 폭력에 저항한 사람들은 뭐가 됩니까? 그들이 대세를 인식하지 못해 자기를 희생시켰단 말입니까? 자학사관은 친일파들의 전형적인 태도입니다. 대세에 순응하라는 것이죠. 이는 결과적으로 기득권을 가진 자신들이 이끄는 대로 따르라는 것입니다. 그것이 대세라면서 말이죠. 영구히 권력과 부를 독점하려는 불순하고 사악한 의도를 그렇게 위장하는 겁니다.

하지만 대세를 바꾸려는 의지, 특히 부당한 흐름에 저항해 그 흐름에 틈을 내고, 결국 그 틈이 엄청난 변화를 초래하는 인간의 의지를 믿고 인정하느냐가 관건입니다. 사마천이 그러했듯이 말이죠. 절벽에서 뛰어내리는 것처럼 무모했던 진섭의 봉기가 결국 진나라의 폭정을 끝내고 새로운 시대를 이끌어내지 않습니까?

우리 역사도 마찬가지입니다. 정의는 승리합니다. 승리할 수밖에 없습니다. 불의不義는 인간의 의지와 자각으로 얼마든지 물리칠 수 있어요. 인간의 작용을 긍정하는 역사인식만 있다면 말이죠. 이것이 인류사의 절대 대세입니다. 이 대세는 누구도 뛰어넘을 수 없지만, 각 시대의 한계는 얼마든지 뛰어넘을 수 있습니다. 시대의 한계를 돌파한 사람들이 대세를 주도했고, 역사를 창조했습니다.《사기》는 이런 사례와 힘을 무수히 보여주죠.

학 생 | 사마천의 역사사상에 정치적 요소가 많다고 하셨는데요. 그 부분을 듣고 싶습니다.《사기》야말로 역사서인 동시에 정치학 텍스

트로서도 손색이 없지 않습니까?

김영수 | '얼음이 석 자씩이나 얼려면 하룻밤 추워서는 안 된다氷厚三尺, 非一日之寒'는 명언이 있죠.(한나라 때의 유물주의 학자 왕충王充의《논형論衡》에 나옴.) 사마천과《사기》의 정치사상 역시 오랜 세월 축적되어 온 다양한 인식과 사상을 바탕으로 정리가 가능할 것 같습니다. 진의 통일이라는 획기적 사건과 뒤이은 분열 및 재통일 과정을 거의 시차 없이 목격했기 때문에 사마천의 정치사상은 상당히 폭넓고 심각하게 전개되죠.

학 생 | 사마천이 태어난 해가 기원전 145년이고 진시황이 천하를 통일한 해가 기원전 221년이니, 약 75년 시차가 존재합니다. 진시황이 사망한 기원전 210년과는 65년 정도니, 두 세대 정도 차이가 있군요. 사마천의 할아버지 세대는 진시황 시대를 경험했다는 얘기네요.

김영수 | 그렇죠. 사마천이 살았던 시대는 '중국中國'이란 개념이 실질적으로 외연을 확장해나가던 전성기였습니다. 실크로드의 개척 등 제국의 영역이 확대되고 인구도 크게 늘었어요.(원시 2년인 기원후 2년의 인구통계에 따르면, 당시 서한의 인구는 5,959만 명이다. 이는 진시황 통일 당시 2천만 명이었던 것에 비해 세 배 가까이 늘어난 수치다.) 경제력이 뒷받침되었고, 군사력도 강화되었습니다. 따라서 방대한 지리적 영역 및 바뀐 환경에 대한 새로운 인식과 정책이 필요했겠죠? 무엇보다 세계관이 바뀔 수밖에 없었고, 국가관과 민족관도 변화해야 했습니다.

사마천은 이러한 변화를 누구보다 일찍 인식했던 사람입니다. 스무 살 때의 대여행을 비롯해 관직에 오른 후 서남이 지방 시찰, 10여 차례 무제를 수행하며 파악한 지방 현황 등을 통해 구체적이고 정확한 국가관과 민족관, 그리고 세계관을 형성할 수 있었어요.

한편 한 왕조는 내부적으로 통치영역의 확대에 따른 새로운 정치의식과 제도적 장치가 적극적으로 필요했죠. 시스템과 그것을 운영하는 관료체제의 문제라고 할 수 있습니다. 우리가 살펴본 대로 사마천은 역법 개정을 비롯, 이른바 '개제改制'에 적극 참여해 제도 개혁을 강조했습니다. 또한《사기》에 여덟 편의 '서書'를 마련하여 통치를 뒷받침하는 국가 전반의 시스템에 관한 전문적인 기록을 남겼죠.

▌▌《사기》의 핵심적 정치사상은 '대일통'

학 생 ┃ 훗날 사마천이 엄청난 수모를 당하고도 그 기조가 유지되었을까요?

김영수 ┃ 당연히 변화가 생길 수밖에 없지요. 국가의 제도 등은 그렇다 하더라도, 세상과 인간에 대한 사마천의 관점 내지 인식은 송두리째 흔들렸습니다. 47세 이후 사마천 개인에게 닥친 불행은 모든 것을 뒤바꾸는 계기가 되었어요. 그리하여 그동안 정리해놓은 작업들을 재고하지 않으면 안 되었습니다. '궁형'을 당한 뒤 "깊이 생각했다"고 진술한 대목이 이를 잘 말해줍니다. 그는 울분에 찼지만, 지난 날을 서술함으로써 다가올 미래에 희망을 걸었죠.《사기》완성에 혼신의 힘을 다한 겁니다.

사마천은 인간과 사물의 이면에 눈을 돌렸습니다. 통치집단에 대해서는 날카로운 비판의 붓끝을 겨누었고, 역사를 변화시키는 원동력으로서의 민중을 인식했어요. 다양한 계층의 역사적 역할에 주목했고, 시대의 대세를 간파했습니다. 역사의 객관적·주관적 조건들에 눈길을 돌리면서, 역사를 이끈 인간을 주동적이고 적극적인 역할과 수동적이고 소극적인 역할로 구분하는 안목도 생겨났죠. 한나라 개국공신들에게 "그들이 칼을 휘두르며 개를 도살하거나 비단을 팔고 있었을 때, 파리가 준마의 꼬리에 붙어 천 리를 가듯이, 자신들이 고조를 만나 한나라 조정에 이름을 날리고 자손들에게 은덕을 내릴 수 있으리라 짐작이나 했겠는가"라고 말한 대목은 그러한 인식을 단적으로 보여줍니다.

이러한 시대적 상황과 개인적 경험을 바탕으로 도출된 사마천의 정치사상은 《사기》 전편에서 광범위하고 심도 있게 펼쳐집니다.

학 생 | 사마천의 핵심적 정치사상으로 무엇을 들 수 있을까요?
김영수 | 국가·민족의 통일과 융합을 강조한 '대일통大一統' 사상입니다. 진을 거쳐 통일시대로 정착하면서 역사에 거대한 변화가 발생했고, 역사가로서 사마천은 이런 변화의 적극적인 의미를 긍정했습니다. 그리하여 〈오제본기〉를 마련해 중국 상고시대 제왕들의 계보를 확정하는 한편, 중원 한족은 물론 중국 변방지구 민족들의 공동조상으로 황제黃帝를 상정해 민족융합의 실마리를 마련합니다. 이어 〈하본기〉를 통해 국가의 통일을 강력하게 부각시킵니다. 우 임금의 치수부터 중국의 강역을 9주로 포괄하고, 500리 단위로 주변국들과의 관계를 설정함으로써 그러한 통일사상을 뒷받침했죠. 〈은본기〉

나 〈주본기〉에 강역 문제가 전혀 거론되지 않았음을 고려할 때, 〈하본기〉는 중국사 최초로 하夏가 통일된 강역을 소유한 국가였음을 선언하는 상징적 의미가 내포되어 있다고 할 수 있습니다. 본기의 관련 대목 몇 곳을 살펴보겠습니다.

- 천하의 숭고한 덕과 밝은 정치는 모두가 우제禹帝로부터 비롯되었다. _〈오제본기〉
- 이렇게 하여 9주의 산천이 모두 다스려져 사방의 어떤 땅에서도 살 수 있게 되었다.
- 전국이 하나로 통일되었다. 각종 세금을 징수하는 관서가 갖추어졌다.
- 이로부터 천하는 모두 우가 천명한 법도와 음악을 받드니 우는 산천의 신들에게 제사드리는 주재자가 되었다. _이상 〈하본기〉

9주로 표현되는 일정한 강역을 가진 하 왕조의 존재를 강조함으로써 통일을 부각시킨 《사기》의 대일통 사상은, 진의 중국 통일을 적극적으로 평가하는 대목에서 진면목을 드러냅니다. 특히, 실질적인 최초의 통일국가 진秦을 위해 사마천은 두 편의 본기(〈진본기〉와 〈진시황본기〉)를 안배하는 적극성을 보입니다. 그리고 진의 통일 및 진시황의 통일정책이 갖는 긍정적 의미를 조목조목 열거하죠. 우선 통일 이후 사방 여러 나라가 신하로 복종함으로써 통일제국이 확립되었다고 강조합니다. 이어 기초 생산기반인 농업을 중시해 생산력을 발전시키고 도량형 통일, 율령 제정 등 각 방면의 통일정책을 시행함으로

써 사회가 안정되었음을 드러
냅니다. 진시황에 대해서도 한
나라 초기 유학자들과 완전히
다른 평가를 내리죠. "검토해
야 할 정해진 양의 문서를 저
울로 달아 그 양에 미치지 못
하면 휴식도 취하지 않을"정
도로 부지런한 군주, 장기적인
국가발전을 기획한 인물로 평
가합니다.

《사기》의 '대일통' 사상을 강력하게 반영하고 있
는 〈하본기〉(명정덕 12년 요개각본)의 부분.

한의 통일과 관련해서는, 지
방의 분열 할거세력과 중앙집
권 사이의 모순과 투쟁을 주
로 기록하면서 통일을 강조합니다. 지방세력을 제약하자는 조조晁錯
의 '삭번削藩' 건의를 높이 평가한 것도 같은 맥락이죠. 사마천과《사
기》의 대일통 사상은 통일의 모든 의미를 두루 고려한 역사인식이
자 가장 대표적인 정치사상이라 할 수 있습니다.

학 생 | 오늘날 중국이 자국의 역사를 미화하거나 중화주의를 선전
하는 데 이용되고 있다는 지적도 있던데요.

김영수 | 《사기》와 사마천을 국가전략적 차원에서 홍보하고 이용하는
건 분명합니다. 최근 5~6년 사이에 사마천의 고향인 한성韓城, 사마천
의 사당 및 무덤, 사마천의 제사 등이 엄청난 변화를 보이는 것도 같은

맥락입니다. 소프트파워 전략을 내세운 중국의 국가정책 중 하나죠. 어떤 나라든 정도의 차이가 있지만, 이런 전략이 존재합니다. 단절되지 않은 5천 년 역사를 가진 중국의 경우 그 영향력이 대단히 크겠죠.

지금도 중국이 《사기》의 대일통 사상을 계승하고 있는 건 사실입니다. 다만 사마천의 사상과 방향, 질적인 면에서 차이가 있어요. 중국이 분열되었을 때, 이러한 사상이 구심점 역할을 한 것도 사실입니다. 진의 통일과 멸망, 그리고 한의 재통일을 거치면서 자리잡은 중요한 인식이고, 그로 인해 중국인들은 늘 하나로 합쳐야 한다고 생각하게 되었죠.

대일통 사상은 《사기》에서 '사이四夷'로 표현되는 주변 민족들을 포용하는 것으로 확대되었습니다. 민족의 융합을 강조하는 통일사상인 셈이죠. 이와 관련해 사마천은 외국과 소수민족에 관한 귀중한 기록을 남겼어요. 〈흉노열전〉(110)을 비롯하여 〈남월열전〉(113), 〈동월열전〉(114), 〈조선열전〉(115), 〈서남이열전〉(116), 〈대완열전〉(123)은 매우 귀중한 기록이자 사료입니다. 지리적으로 중앙아시아, 서남아시아, 동남아시아, 서역을 포괄하는데, 《사기》의 세계사로서의 가치를 확실하게 담보하죠.

외국과 소수민족에 관한 이 여섯 편의 기록은 훗날 '사이열전'의 초석이 되어 중국 주변의 '사이'를 중국 통사의 개념으로 편입시키는 단초를 마련했어요. 나아가 중화사상의 시발점이 되었습니다. 뿐만 아니라 중원 각국은 물론 주변지구 민족들의 계보도까지 고찰하는 적극적인 관심을 보였습니다. 대일통 사상을 강조한 《사기》의 기록을 바탕으로 중원 각국과 주변 소수민족의 혈연적·정치적 계승관계를 나타낸 표를 참고해주세요.

　주변의 외국과 소수민족을 아우르는 광대한 대일통 사상은 이들과의 평화공존을 주장함으로써 한결 성숙한 의식을 보여줍니다. 따라서 평화공존을 위협하는 행위와 인물에 대해서는 강력히 비판하죠.

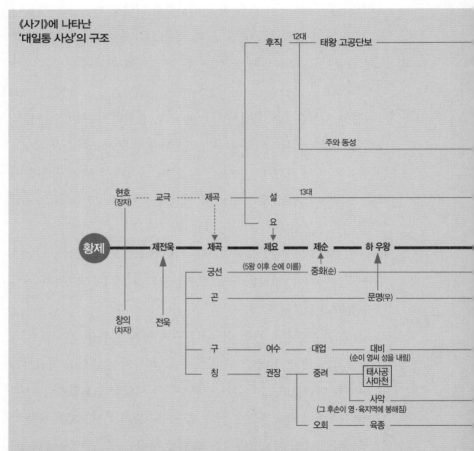

**《사기》에 나타난
'대일통 사상'의 구조**

*장대가, 《사기문헌연구史記文獻研究》, 228쪽 재인용. 이에 따르면 화하민족은 모두 황제의 자손으로, 이는 사마천이 말하는 대일통 역사관의 근간이다. 서한시대에 확립된 '일통론'의 역사적 증거를 제공한다.

무리한 정벌전쟁에 비판적 입장을 고수하는 것은 물론, 정벌전쟁에 동조한 통치계급에 대해 비판의 고삐를 늦추지 않았어요.《사기》와 사마천이 제시한 '국가와 민족의 대일통 사상'은《공양전》의 대일통을 비판적·발전적으로 계승한 것으로, 오늘날에도 중요한 현실적 의

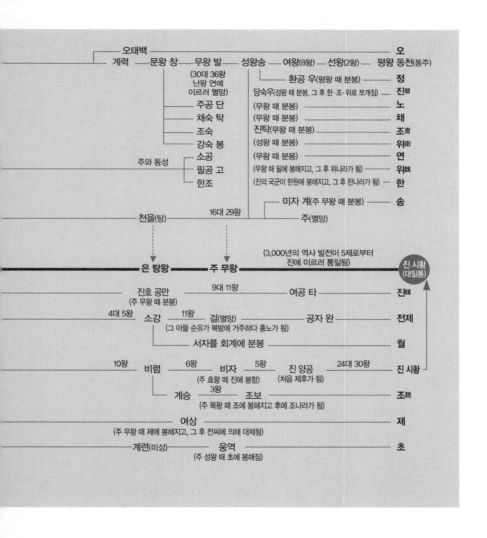

의를 갖습니다.

학 생| 그렇군요. 정치학의 교과서라고 해도 될 만큼 《사기》의 정치 사상은 폭넓고 깊다는 생각이 듭니다. 좀 더 구체적이고 실제적인 사례들을 토대로 이 문제를 짚어보면 좋겠습니다.

김영수| 본격적으로 들어가기 전에 몇 가지 중요한 키워드에 주목해야 합니다. 그걸 염두에 두면 이야기가 한결 실감날 거예요. 정치사상은 결국 한 나라의 정치가 초래한 결과, 즉 '흥망성쇠'에 대한 인식과 분석으로 연결될 수밖에 없습니다. 한 나라의 흥망성쇠는 통치자의 자질과 정책의 영향을 절대적으로 받죠. 리더십의 문제란 이야기입니다. 또 하나, '리더의 리더십'과 리더의 정책을 결정하는 절대적 요인으로 '인재'에 주목해야 합니다.

▌▌통치자의 자질과 민심

학 생| 정치사상을 이해하는 키워드로써 정치의 결과로 나타나는 한 나라의 '흥망성쇠', 또 흥망성쇠에 중대한 영향을 미치는 '리더십'과 '인재'에 주목하라는 말씀이죠?

김영수| 그렇습니다. 그 다음으로 '개혁'이란 단어를 기억하세요. 한 나라의 흥망성쇠와 천하대세를 결정하는 요인으로 사마천은 개혁에 주목했습니다. 철저하게 개혁한 나라는 천하를 통일한 반면, 어설프게 개혁한 나라는 잠시 반짝하다 결국 패배했고, 개혁을 거부한 나라는 역사무대 바깥으로 처절하게 내쳐졌어요. 이는 역사의 냉혹한 법

칙입니다. 현재의 우리 현실을 대입시키면 이해가 더 쉬울 겁니다.

학 생 │ 한 나라의 흥망성쇠를 리더의 자질과 연결시킨 대목은《사기》에서 어렵지 않게 찾아볼 수 있더군요. 먼저 나라를 망친 못난 리더들의 이야기를 들어볼까요?

김영수 │ 《사기》는 과거 역사에서 이해득실을 따져 미래를 위한 참고 자료로 삼을 것을 강조합니다. 〈진시황본기〉의 "지난날을 잊지 않는 것은 훗날의 스승이 된다"는 대목이 유명하죠. 〈태사공자서〉의 "지난 일을 서술하여 다가올 일을 생각한다"는 대목도 같은 인식을 보여줍니다.

학 생 │ 앞에 말씀하신 대목이 저 유명한 '전사지불망前事之不忘, 후사

'전사지불망, 후사지사야'라는 《사기》의 구절이 걸려 있는 난징대학살기념관 입구의 모습.

지사야^{後事之師也}' 아닙니까? 일본의 추악한 만행을 고발하는 난징대
학살기념관에 걸린 문구이기도 하고요.

김영수 | 그렇습니다. 최근 시진핑 주석이 일본의 우경화를 염려하며
과거를 반성할 줄 모르는 정치지도자들에게 던진 경구^{警句}이기도 합
니다.

학 생 | 역사에서 드러난 모순과 문제점들을 헤아려 바로잡을 것은
바로잡고 본받을 것은 본받으라는 뜻으로 읽힙니다.

김영수 | 그렇습니다. 이와 관련해 《사기》는 최고통치자의 포악한 정
치에 강한 거부감을 드러냅니다. 폭군의 대명사로 불리는 하나라의
걸, 은의 주가 멸망하는 과정, 천하통일이라는 대업을 이룬 진시황이
폭정으로 멸망에 이르게 되었다는 평가는 폭정에 반대하는 《사기》의
정치사상을 잘 드러내죠. 나아가 폭정에 항거하고 그것을 뒤엎는 합
리적이고 정의로운 역성혁명을 긍정함으로써 역사의 발전을 새롭게
인식하도록 합니다.

> 당시 하나라의 걸은 포악한 정치와 음탕함에 빠졌고, 제후 곤오
> 씨는 반란을 일으켰다. 탕이 곧 군대를 일으켜 제후들을 이끌자 이
> 윤도 탕을 따랐다. 탕은 스스로 큰 도끼를 쥐고 곤오를 정벌한 다음
> 걸까지 정벌하였다. _〈은본기〉

> 지금 은왕 주는 오로지 부인의 말만 듣고 스스로 선조에 대한 제
> 사와 신령에 대한 답례를 돌보지 않고 내팽개쳤으며, 자기 나라를

진시황이 동방 6국을 정벌하고 귀환하는 모습을 나타내는 조각상.

멸시하며 저버렸소. … 백성을 포악하게 해치고 우리 상나라에게
온갖 나쁜 짓을 저질렀소. 이에 나, 발이 여러분과 함께 삼가 천벌
을 대행할 것이오. _〈주본기〉

은의 마지막 임금 주에 관해서는 오죽했으면 "좋은 말로는 안 되
겠다不可諫矣"고까지 했겠습니까? 또 진시황을 두고는 "천하의 백성
들이 오랫동안 진나라 때문에 고통을 받아왔다"고 했어요. 진의 통
일과 그에 따른 정책을 긍정하면서도 법가 인물들의 각박한 행태를
통해 진의 폭정을 가감 없이 폭로한 거죠. 분서갱유焚書坑儒, 아방궁
阿房宮 건립, 진시황릉 및 장성 축조 등 백성들의 삶을 피폐하게 만든
끝없는 역사役事에 대한 환멸을 토로한 것입니다.

학 생 ㅣ 폭정을 반대하는 건, 결국 백성들에 대한 애정표현 아니겠습니까?

김영수 ㅣ 물론입니다. 《사기》는 그래서 통치자라면 민심의 향배를 중시해야 한다고 말합니다. 민심이 곧 대세임을 인정하죠. 하나라 걸왕이 백성들의 힘을 소진시키고 나라의 재물을 약탈해 백성들을 서로 화목하지 못하게 만들자, 사람들은 "저 태양(걸왕을 가리킴)은 언제나 지려나? 차라리 오늘 너와 함께 사라지리라"라는 원망의 노래를 불렀습니다. 노래가 하의 멸망을 암시하고 있어요. 민심이 이 지경이면 멸망에 이르는 건 불을 보듯 뻔한 일 아니겠어요?

다른 사례를 살펴볼까요? 기원전 9세기 주나라 여왕厲王은 사치와 방탕한 생활을 하고 강압적 수단으로 언론을 통제합니다. 이에 백성들은 드러내 말을 못하고 눈짓으로 뜻을 나누었습니다. 민심은 갈수록 악화되었어요. 그러자 대신 소공召公이 여왕에게 이렇게 충고합니다.

> 백성의 입을 막는 것은 물을 막는 일보다 심각합니다. _〈주본기〉

하지만 여왕은 충고를 받아들이지 않았죠. 결국 그는 '국인반정國人反正'으로 쫓겨나 타지에서 쓸쓸히 세상을 떠났습니다.

《사기》에서 사마천은 "백성의 분노는 물이나 불과 같아 일단 터지면 수습할 길이 없다"(〈백이열전〉)고 말합니다. 또 "사람의 입이 쇠도 녹인다衆口鑠金"는 말로 여론의 무서움을 강조해요.

폭정과 민심은 불가분의 관계입니다. 민심을 제대로 살피는 자는 천하를 얻을 것이요 민심을 잃는 자는 천하를 잃을 것이라는 평범한 이치를, 《사기》는 역사적 사례를 통해 생생히 전해줍니다. 중국인들이 사랑하는 비극적 영웅 항우 역시 포악성과 잔인함 때문에 민심을 잃고 끝내 천하를 잃지 않습니까? 항우가 자신을 알아주지 않자 유방에게 건너간 명장 한신韓信은 이렇게 말합니다.

항왕(항우)의 군대가 지나간 곳은 학살과 파괴뿐입니다. 천하의 많은 사람들이 그를 원망하고 백성들이 친하게 따라주지 않습니다. 지금은 그저 강한 위세에 위협당하고 있을 뿐입니다. 항왕이 비록 패자로 불리나 사실은 천하의 인심을 잃었습니다. 그렇기 때문에 그의 강함을 약하게 만들기 쉽다고 하는 것입니다. _〈회음후열전〉

학 생 | 한 나라의 흥망성쇠를 결정하는 요인으로 통치자의 자질 문제를 '폭정과 민심'이란 측면에서 살펴보았는데요. 이제 인재와 개혁에 대해 이야기해볼까요?

김영수 | 한 나라의 흥망성쇠에서 인재라는 요소는 매우 중요합니다. 나라가 잘 되려면 인재가 존중을 받지만, 나라가 쇠퇴할 때면 오히려 푸대접이나 박해를 받았어요. 이는 마치 역사의 법칙 같다는 생각이 듭니다. 이에 대해서는 앞으로 많이 언급될 듯하니, 관련 구절만 소개하고 개혁문제로 넘어가겠습니다.

나라가 흥하려면 반드시 상서로운 징조가 나타나니 군자는 등용되고 소인은 물러나며, 나라가 망하려 할 때는 현자는 숨고 난신이

귀하게 된다. _〈태사공자서〉

(나라의) 안정과 위기는 어떤 정책을 내느냐에 달려 있고, 생존과
멸망은 어떤 인재를 등용하느냐에 달려 있다. _〈평진후주보열전〉

학 생 | 정곡을 찌르네요. 영락없이 지금의 우리 모습 같습니다.

김영수 | 안타깝지만 부인할 수 없는 현실이죠. 변화와 역사 속에서
인간의 작용을 강조하는 사마천의 일관된 사상을 염두에 둘 때,《사
기》의 개혁에 대한 관심은 매우 큽니다. 사마천 자신이 역법 개정을
비롯한 '개제改制'에 적극 참여했고, 개혁을 둘러싼 한나라 조정의 다
양한 논쟁과 정치투쟁, 반개혁과 개혁의 쇠퇴 등을 직접 목격했기 때
문이에요.《사기》에서는 개혁이 각국의 상황에 따라 달라야 하며, 시
세의 변화에 주목해야 한다고 말합니다. 즉, 변혁變革을 강조하죠. 아
울러 개혁과정에서 신구세력의 갈등과 투쟁에 관심을 기울입니다.
즉, 개혁이 성공하려면 신구세력 간의 투쟁이 필연적인데, 개혁가는
이 투쟁에서 확고한 의지로 승리해야 한다고 강조합니다. 이와 관련
해 〈조세가〉를 중심으로 기원전 307년 이루어진 조나라 무령왕의
개혁사례를 살펴보도록 하겠습니다.

학 생 | 조 무령왕이라면 '호복기사胡服騎射'로 유명한 개혁군주 아닙
니까? '오랑캐 복장을 하고 말을 타고 활을 쏘는' 생활습속과 군대
개혁을 주도했잖아요.

김영수 | 그렇습니다. 무령왕이 즉위할 당시 조나라는 총체적 곤경에

빠져 있었습니다. 이에 무령왕은 획기적인 개혁정책을 결심합니다. 물론 반발도 예상했죠.

내가 호복 입는 것을 주저하는 것이 아니라, 천하 사람들이 나를 비웃을까 그것이 두렵다. 무지한 자의 즐거움은 현명한 자의 슬픔 이며, 어리석은 자의 비웃음을 어진 자는 통찰하고 있다. 세상에서 나를 따르는 자가 호복의 효과를 다 짐작할 수 없을 것이니, 설사 세상 사람들이 이 일로 나를 비웃는다고 할지라도 오랑캐 땅과 중 산국은 꼭 차지할 것이다. _〈조세가〉

그래서 무령왕은 솔선수범하여 호복을 착용하고 숙부이자 조정 원 로인 공자 성成에게 호복 착용을 권유합니다. 그러나 완고한 성은 무 령왕의 개혁에 강력히 저항했어요.

지금 왕께서 이를 버리시고 먼 나라 복장을 입으시니 이는 고대 의 교화를 개변하는 것이요, 고대의 도를 바꾸는 일이며, 민심을 거 스르는 것이고, 학자의 가르침을 저버리는 것이며, 중국의 풍속과 는 동떨어진 것이니, 신은 왕께서 이 일을 신중하게 고려하시기를 바랍니다.

그러자 무령왕은 직접 숙부 성을 찾아가 이렇게 설득합니다.

모름지기 옷이란 입기 편해야 하고, 예의란 일을 꾀하는 데 편해야 합니다. … 지방이 다르기 때문에 사용함에 변화가 있고, 일이 다르기 때문에 예법도 바뀌는 것입니다. … 그러므로 시세에 따른 취사선택의 변화에서는 총명한 자도 억지로 한 가지만을 요구할 수 없고, 먼 곳과 가까운 곳의 의복에 대해서는 성인도 하나만을 강요할 수 없습니다. 궁벽한 벽촌은 다른 풍속이 많으며, 천박한 견해에는 궤변이 많은 법입니다. 알지 못하면서도

'호복기사' 개혁을 단행한 조 무령왕.

의심을 품지 않고 자기 의견과 달라도 비난하지 않는 것은 공개적으로 널리 중지를 모아 완벽함을 추구하려고 하기 때문입니다. 지금 숙부께서 말씀하신 것은 일반적인 풍습이고, 제가 말하는 것은 풍속을 조성하는 이치입니다.

숙부 성은 결국 무령왕의 설득을 받아들여 호복을 입고 조회에 나갔습니다. 그러자 이번에는 조정 대신들이 옛날 방식을 고집하며 무령왕의 개혁에 반발했어요. 이에 무령왕은 다음과 같이 설득합니다.

성인께서는 신체에 편리한 것을 의복이라 하셨고, 일을 할 때는 편리한 것이 예법이라고 했다. 진퇴의 예절과 의복의 제도는 일반

백성을 다스리기 위한 것이지 현자의 논평을 위한 것이 아니다. 그래서 평민은 세속과 어울리고 현인은 변혁과 함께하는 것이다. 속담에 "책 속의 지식으로 말을 모는 자는 말의 속성을 다 이해할 수 없고, 옛 법도로 지금을 다스리는 자는 사리의 변화에 통달할 수 없다"고 했으니, 옛 법도만 따라서는 세속을 초월하기 어렵고, 옛 학문만 본받아서는 지금을 다스리기 어려운 것이다.

학 생 | 참 멋들어진 논리입니다. 개혁은 필요성의 차원이 아니라 당위성의 차원이라고 했던 말씀이 떠오릅니다.

김영수 | 무령왕은 확고한 의지와 논리로 무장한 진정한 개혁군주였습니다. 수구 세력들의 완고한 저항을 정교하면서도 정확한 논리로 무력화시키고, 마침내 개혁정치를 실천에 옮겼어요.

개혁에 따른 저항과 논쟁은 최고개혁가 상앙商鞅의 전기인 〈상군열전〉과 진의 통일 및 개혁정치에서 큰 역할을 담당했던 이사李斯의 열전에 잘 나타나 있습니다.

▌《사기》에 등장한 개혁가들

학 생 | 개혁을 주도한 개혁가들에 대한 관심도 컸을 듯한데요.

김영수 | 물론입니다. 개혁에 대한 《사기》의 지대한 관심은 개혁가들에 대한 관심으로 나타났어요. 《사기》에 기록된 주요 개혁가들의 평가를 간단히 소개할게요. 먼저 위魏나라의 개혁가 이괴李悝에 대한 내용입니다.

위 문후가 그를 등용하자 토지를 최대한 활용할 수 있었고, 군주가 강력해졌다. _〈평준서〉

다음으로 위나라에서 초楚로 도망쳐 개혁정치를 실행한 군사가이자 개혁가 오기吳起에 대한 평가입니다.

법령을 정비하고, 불필요한 관직을 없애고, 왕실의 먼 일족들의 녹봉을 폐지하여 (그 재원으로) 군사들을 길렀다. 그 정치의 요체는 병력을 강화해 합종이니 연횡이니 하는 유세객들의 주장을 물리치는 데 있었다. 그리하여 남쪽으로 백월을 평정하고, 북쪽으로 진·채를 병합해 삼진을 격퇴했으며, 서쪽으로 진秦을 토벌하니 제후들은 초나라의 강성함을 우려하였다. _〈손자오기열전〉

전국시대 한韓의 정치를 15년 동안 이끈 신불해에 대해서는 다음과 같이 평가합니다.

15년 동안 안으로는 정치와 교육을 정비하고 밖으로는 제후들과 맞서니, 그가 살아 있는 동안은 나라가 잘 다스려지고 병력이 튼튼하여 감히 한나라를 침략하는 자가 없었다. _〈노자한비열전〉

끝으로 개혁의 대명사로 유명한 진나라 상앙에 대한 평가를 보겠습니다.

(1차 변법개혁) 법령이 시행된 지 10년이 지나자 진나라 백성들은 아주 만족해했으며, 길에 떨어진 물건이 있어도 줍지 않았고, 산에 도적이 없어졌으며, 집집마다 풍족하고 사람들 모두 넉넉했다. 백성들은 나라를 위한 전쟁에는 용감했고, 사사로운 싸움에는 겁을 먹었다.

(2차 변법개혁) 이를 실시한 지 다시 5년이 지나자 백성들은 부강해졌다.

_〈상군열전〉

춘추전국시대의 대표적 개혁가 관중(위)과 상앙(아래). 사마천의 개혁가들에 대한 관심은 지대했다. 개혁이야말로 역사의 흐름을 바꾸는 중요한 요소임을 인식했기 때문이다.

사마천은 역사의 변화와 발전이 변법變法으로 상징되는 개혁을 전제로 한다고 확신했습니다. 그래서 상앙의 입을 빌려 이렇게 말하죠.

확신 없는 행동에는 공명이 따르지 않으며, 확신 없는 사업에는 성공이 따르지 않습니다. 나라를 강하게 하려면 낡은 습속을 모범으로 삼지 않으며, 백성들을 이롭게 할 수 있다면 낡은 예의범절에 매이지 않습니다. 지혜로운 자는 법을 만들고, 어리석은 자는 법에 제지

당하고, 현명한 자는 예를 고치고, 평범한 자는 예에 구속당합니다.

_〈상군열전〉

천하통일이 가져온 현실적 공간의 확대로 사회의식 및 가치관의 전반적인 변화를 포착한 사마천은 새로운 시대정신의 필요성을 절감했습니다. 진나라는 물리적 통일을 이룸으로써 정신적 통일로 가는 과정에서의 역할, 즉 변방의 중앙 진입이라는 시대적 사명을 완수했어요. 이는 어떤 의미에서 중국 역사 전체에 대한 일대 수혈이었습니다. 이제 2단계 개혁이 한나라에 맡겨졌죠. 사마천은 '개제'를 주도하면서 개혁에 따른 현실과 이상의 경계에서 고뇌를 거듭했습니다. 결국 그는 새로운 시대에 걸맞은 개혁이야말로 역사를 진보시키는 필수불가결한 과정임을 확신하게 되었어요.

학 생 | 진나라의 통일로 영역이 확대되면서 의식에도 변화가 필요해졌다는 말씀인데, 얼마나 넓어진 겁니까?

김영수 | 통일된 판도의 크기는 약 300만 제곱킬로미터입니다. 진나라가 여섯 개 나라를 병합했으니, 대충 계산해도 원래의 자기 땅보다 6~7배 넓어진 셈이죠. 당연히 모든 면에서 새롭게 정립되어야 했어요. 진시황이 각종 통일정책을 급하게 밀어붙인 까닭도, 물리적 공간의 확대에 맞추어 이질적인 요소들을 하루라도 빨리 청산해야 했기 때문입니다.

‖ 인재의 등용과 시대적 조건

학 생 | 그렇군요. 그런데 진나라가 통일을 이룬 지 15년 만에 망했고, 변화와 개혁의 문제가 한나라로 넘어온 거네요. 그리하여 사마천이 개혁에 직접 동참하면서 역대의 개혁문제에 관심을 갖게 되었다는 말씀으로 요약해봅니다. 이제 인재 문제로 넘어가겠습니다.

김영수 | 인재관도 크게 보면 정치사상에 포함시킬 수 있습니다. 《사기》의 정치사상에서 상당히 눈길을 끄는 것은, 사람을 쓰는 용인用人 문제에 적극적인 관심을 보인다는 사실입니다. 말하자면 '인재관'이죠. 《사기》 130편 중 86퍼센트에 해당하는 112편이 사람에 관한 기록인데요. 사마천이 인간의 문제에 얼마나 많은 관심을 기울였는지 단적으로 보여주는 수치입니다.

《사기》에서 인재관을 명쾌하게 보여주는 것은 '인재가 곧 나라의 흥망을 결정하는 요소'라는 인식이고, 이러한 인식은 위에서 살펴본 개혁사상과 불가분의 관계에 있어요. 사마천은 인재가 역사발전에 미치는 막대한 영향을 깊이 인식하고 있었죠. 《사기》에서 그러한 인식을 보여주는 사례는 많습니다. 자신을 죽이려 한 관중을 요직에 발탁해 개혁정치를 추진함으로써 결국 춘추시대 최초의 패자가 된 제나라 환공의 경우가 대표적인 사례라고 할 수 있어요.

한 고조 유방은 장안을 도읍으로 정한 뒤 남궁에서 연회를 베풀었습니다. 이때 항우가 천하를 잃은 까닭과 자신이 천하를 얻은 이유를 신하들에게 물은 후 유방이 내린 결론은 지금 보아도 참신합니다.

군영 안에서 계책을 짜내어 천리 밖의 승부를 결정짓는 일이라
면 내가 자방(장량)에 못 미치며, 나라를 안정시키고 백성들을 위로
하며 양식을 공급하고 운송로를 끊기지 않게 하는 일에서는 소하만
못하고, 100만 대군을 이끌고 싸움에서 반드시 승리하고 공격하면
꼭 점령하는 일이라면 한신만 못하지. 하지만 이 걸출한 세 사람을
모두 임용할 수 있었기에 내가 천하를 얻은 것이다. 항우 곁에는 범
증 한 사람이 있었으나 그마저 믿지 못했다. 그래서 항우가 나한테
당한 것이다.

장량과 소하, 한신을 등용함으로써 천하를 얻을 수 있었다는 유방
의 분석은, 천하대세를 결정하고 국가의 흥망을 좌우하는 요소로써
인재의 중요성을 간파한 것이라 할 수 있습니다. 이를 유방의 '삼불여
三不如' 인재관이라고 하죠. '삼불여'는 '세 사람만 못하다'는 뜻입니다.

학 생 | 인재를 어떻게 확보하느냐가 중요하겠네요.
김영수 | 물론입니다. 하지만 그에 앞서 인재 등용의 큰 원칙이 전제
되어야 합니다. 사마천은 모든 차별을 배제한 공정성을 강조하죠. 통
일사업을 추진해나가던 진나라 내부의 왕족과 대신들이 외국 출신
인재를 배격하려 하자, 이사李斯는 인재의 중요성과 등용의 차별 폐
지를 주장하는 글을 올립니다. 그것이 바로 저 유명한 〈간축객서諫逐
客書〉인데,《사기》를 통해 전해집니다.

빈객賓客(외국 출신 인사들)을 축출하자는 논의가 들리는데, 그것은

잘못된 일이라고 생각합니다. 그 옛날 목공께서 인재를 구하고자 서쪽 융에서 유여를 데려오고, 동쪽 완에서 백리해를 얻었으며, 송에서 건숙을 맞이하였고, 진에서 비표와 공손지를 불러들였습니다. 이 다섯 사람은 진나라 출신이 아니지만, 목공께서는 그들을 등용하여 20여 나라를 통합하고 마침내 서융을 제패하셨습니다.

효공께서 상앙의 변법을 수용하시어 풍속을 바꾸자 백성들은 풍요로워졌고 국가는 부강해졌습니다. 백성들은 기꺼이 부역에 나섰고, 제후들은 스스로 복종했습니다. 초와 위나라의 군대를 제압하고 천 리의 땅을 얻어 지금까지 평화롭고 강한 것입니다.

혜왕께서는 장의의 계략을 받아들이시어 삼천의 땅을 빼앗고, 서쪽으로 파와 촉을 통합하며, 북쪽으로 상군을 거두었고, 남쪽으로 한중을 점령하였으며, 구이를 포섭하여 언영을 제압하고 동쪽으로 성고의 험준함을 근거로 비옥한 땅을 할양받았으며, 마침내 6국의 합병을 깨뜨려서 그들로 하여금 서쪽의 우리 진나라를 섬기게 하셨는데, 그 공으로 지금 우리가 있게 된 것입니다.

소왕께서는 범수를 얻어서 양후를 폐위시키고 화양군을 축출하여 진나라 왕실을 강화시켰으며, 대신들의 가문이 강해지는 것을 막으면서 제후국들을 잠식하여 진나라가 황제의 대업을 이룰 수 있도록 했습니다.

이 네 임금들께서는 모두 빈객들로 하여금 공을 세우게 했습니다. 이렇듯 옛일을 돌이켜보건대, 빈객들이 어떻게 진나라를 저버린다고 할 수 있단 말입니까? 앞의 네 임금들께서 빈객을 물리치고 받아들이지 않고, 인재를 멀리하고 등용하지 않으셨다면 나라에 부

귀와 이익은 없었을 것이며, 진나라는 강대국이란 명성도 얻지 못했을 것입니다. _〈이사열전〉

학 생 | 역사적 사례들을 토대로 논리를 강화했군요. 상업광고에도 활용되었던 이사의 명언 '태산불양토양泰山不讓土壤, 하해불택세류河海不擇細流'가 바로 〈간축객서〉에 나오죠? '태산은 한 줌의 흙도 사양하지 않으며, 강과 바다는 자잘한 물줄기를 가리지 않는다.' 이 구절 또한 결국 인재 문제를 언급한 것이겠죠?

김영수 | 맞습니다. 태산과 강과 바다처럼 조건 없이 받아들여야 그처럼 높아지고 넓어지고 깊어진다는 비유죠. 한 나라의 부강 역시 인재를 아무런 조건 없이 받아들일 수 있느냐에 달려 있다는 지적입니다.

사실 진나라의 경우 외국에서 온 인재들이 없었다면 개혁은 물론 통일조차 불가능했을 겁니다. 위에서 이사가 열거한 외국 출신 인재들은《사기》열전에 모두 이름을 올립니다. 그 밖에도 진나라의 발전과 통일에 중요한 역할을 했던 저리자, 감무, 위염, 백기, 왕전, 여불위, 이사 등이 '인재의 중요성' 측면에서 열전에 편입되었죠. 국가 발전에 인재 등용이 절대적 요인이며, 인재 등용에는 개방적인 자세가 전제되어야 함을《사기》는 수많은 역사적 사례를 통해 전달합니다.

학 생 | 요즘 청년실업이 극심하다 보니, 인재와 시대적 조건이란 문제를 생각해보지 않을 수 없군요.

김영수 | 유능한 인재의 등용과 인재의 능력 발휘에는 시대적 조건이 따라야 합니다. 즉, 개혁의 필요성이라든가 대세 등의 객관적 조건이

필요해요. 이는《사기》곳곳에서 강조되고 있습니다. 이와 함께《사기》는 인재 등용과 그에 따른 개혁정치를 제대로 수행하기 위해 군신 간의 믿음이 중요하다고 강조합니다.〈노자한비열전〉에서 한비자韓非子의 말을 빌려 군신 간의 믿음이 얼마나 중요하며, 신뢰관계를 구축하기가 얼마나 어려운지 보여주죠.

군주의 신임과 은택이 아주 두텁지 않은데 유세자가 아는 바를 다 말해버리면, 그 주장이 실행되어 효과를 보더라도 군주는 그 공을 잊어버리게 될 것이며, 그 주장이 실행되지 않아 실패하게 되면 군주는 그를 의심할 것이고, 이럴 경우 유세자의 신상이 위태로워진다.

군주가 유세자의 충심에 반감을 갖지 않고 말과 행동을 배척하지 않아야 유세자는 그 지혜와 언변을 마음껏 펼칠 수 있다. 바로 이런 점 때문에 군주의 신임을 얻어 의심받지 않으면서 자신의 능력을 다 발휘하기란 어려운 일이다.

용이란 동물은 잘 길들이면 그 등에 탈 수도 있다. 그러나 목줄기 아래 한 자 길이의 거꾸로 난 비늘인 '역린逆鱗'이란 것이 있는데,

한중석문에 조성되어 있는 이사의 모습. 이사의 명문〈간축객서〉는 인재가 한 나라에 어떤 작용과 영향을 미치는지 역사적 사례를 통해 생생히 전하고 있다.

이것을 건드리면 탄 사람을 죽여버린다. 군주에게도 용처럼 역린이 있으니, 유세자가 이것을 건드리지 않으면 유세는 거의 성공할 수 있다.

서한시대의 문학가였던 추양鄒陽 역시, 신하는 충절을 다하고 군주는 의심하지 않고 신뢰하는 것이야말로 군주와 신하가 함께 일할 수 있는 조건이라고 했습니다. 그는 옥중에서 양 효왕에게 편지를 보내 다음과 같이 말했어요.

충성스러운 사람은 임금에게 정당하게 대접받지 않는 일이 없고, 진실한 사람은 남에게 의심받지 않는다고 들었습니다. 신도 정말 그런 줄 알았습니다. 하지만 그것은 다 거짓말이었습니다. … 대왕의 좌우에 있는 자들이 밝지 못한 탓으로 오히려 옥리에게 심문당하고 세상의 의심을 받게 되었습니다. … 따라서 한쪽 말만 들으면 간사한 자들이 생기고, 한 사람에게 모든 일을 맡기면 난이 일어나는 법입니다. _〈노중련추양열전〉

군신관계에서 믿음의 중요성은 사마천 자신이 절박하게 경험한 문제로, 그의 정치사상에서 매우 심각한 의미를 지닙니다.

《사기》는 인재 등용에서 바른 소리, 즉 직간直諫하는 인물들에게 많은 관심을 보이며 그들의 행적을 칭찬하죠. 말을 더듬으면서도 할 말은 다 했던 주창周昌, 강직하게 절개를 지키며 직간했던 신도가申屠嘉, 임협의 기질을 소유했던 계포季布, 법을 지키되 아부하지 않았던

보편적 인간관계 속에
서 군신관계의 함정과
모순을 날카롭게 지적
한 추양.

장석지張釋之, 반역자로 처형된 팽월을 위해 통곡하고 제사까지 지냈던 난포欒布, 황제에게도 거리낌이 없었던 풍당馮唐 등을 예로 들 수 있습니다.

사마천 당대의 인물로 무제 면전에서도 바른 소리를 서슴지 않았던 급암汲黯의 경우를 살펴보겠습니다.(이하 〈급정열전〉) 급암은 다른 사람의 잘못을 용서할 줄 모르는 각박한 성격의 소유자였어요. 자기와 맞지 않으면 얼굴조차 보려 하지 않았죠. 하지만 정치에서는 큰 요체만 강구할 뿐 사소한 것에는 신경쓰지 않는 대범한 인물이기도 했습니다. 어느 날 무제가 사상가들을 초청해 담론을 나누려 하자 급암이 이렇게 말합니다.

폐하께서는 속으로는 욕심이 많으면서 겉으로만 어진 척하시는데, 그래서야 어떻게 요순과 하우의 정치를 본받으실 수 있겠습니까?

거칠 것 없는 급암의 비판에 무제는 아무 말도 못한 채 얼굴빛이 변했다고 합니다. 하지만 훗날 무제는 급암에 대해 '사직社稷을 지키는 신하에 가깝다'고 평가하며 인정했습니다. 무제는 그를 만날 때면 늘 의관을 단정히 했으며, 행여 제대로 갖추어지지 않은 상태에서 급암이 찾아오면 장막 뒤로 숨어 측근에게 일을 처리토록 했지요. 급암은 이처럼 천자에게도 예의를 갖추게 할 정도로 강직한 인재였습니다.

황제조차 자세를 바로잡게 만든 급암은 무제의 면전에서도 바른 소리를 서슴지 않았다.

▌▌인재가 나라의 운명을 결정한다

학 생 | 놀랍습니다. 지금 우리 상황을 보면 더욱 그렇네요. 급암 같은 인재가 많아야 나라가 편안할 텐데요. 하지만 그처럼 강직한 신하들만 있었던 것은 아니죠?

김영수 | 물론입니다. 특히 황제의 권한이 강화된 무제 때는 충직한 신하와 권력에 아부하는 자들이 공존했습니다. 《사기》는 아부를 일삼거나 자리만 지키려는 자들을 신랄하게 비판했어요. 특히 어떤 정책을 펼치거나 자신의 견해를 드러내지 않는 고관들에 대해서는 한

나라의 재상을 역임했더라도 결코 열전에 기록하지 않았죠. 그저 이름을 죽 나열함으로써 그들의 무능함을 조롱했습니다.

사마천은 《사기》에서 황제의 눈치를 보고 비위만 맞추는 아첨배의 대명사로 한 고조 때의 숙손통, 무제 당대의 공손홍, 장탕 등을 꼽았어요. 그리고 진의 천하통일에 큰 공을 세운 반면 몰락에도 일익을 담당한 이사와 몽염을 포함시켰습니다. 《사기》는 그런 인물들에 대해 직간의 대명사 급암의 행적을 빌려 다음과 같이 말합니다.

급암은 평소 유학을 비난했는데, 공손홍 같은 인물들에 대해서는 나쁜 마음을 품은 채 꾀를 사용하여 황제의 환심을 살 궁리만 하는 자들이라고 나무랐다.
또 장탕과 같은 도필리들은 전문적으로 법을 끌어다가 교묘하게 모함하고 사람을 함정에 빠뜨려 진실을 알 수 없게 하며, 그렇게 법으로 일을 처리하는 걸 공로라고 여긴다며 나무랐다.

학 생ㅣ 사마천이 이릉을 위해 조정 대신들과 다른 의견을 밝혔다가 궁형이라는 극형을 당하지 않았습니까? 그런데 사마천의 억울함을 고해주는 이가 한 사람도 없었죠? 같은 무제 시대인데 상황이 이렇게 다를 수 있군요.

김영수ㅣ 저도 그 부분이 늘 의아스럽고 안타까웠습니다. 불가피한 상황이 아니었나 싶습니다. 황제의 심기가 불편했던 데다 황제의 처남이 걸려 있는 사건이었으니까요. 어쨌든 그 일로 조정을 장악했던 유학자들의 위선적이고 이중적인 태도에 사마천은 환멸을 느꼈습니다. 겉으로만 인의仁義를 내세우는 그들의 행태를 사마천은《사기》에서 거침없이 비판합니다. 아부와 아첨을 일삼는 소인배의 득세는 곧 충직하고 강직한 인재들의 불행을 의미하죠. 사마천은 이들의 처지에 무한한 안타까움을 표합니다.《사기》에 묘사된 비극적 인물이 120명 이상이라는 통계가 이런 점을 뒷받침하지요. 따라서 '인재가 국가의 흥망을 결정하는 요소'라는 인식은 매우 심각한 의미를 지닐 수밖에 없습니다. 바른 인재를 배척하고 나쁜 인물을 등용하면 개인은 물론이고 국가에도 비극이 초래된다는 경고가 담겨 있기 때문이에요. 위나라의 혜왕에게 등용되지 못해 진으로 도망간 상앙, 이간질에 농락당한 연 혜왕에게 파면된 악의, 간신배의 감언이설에 속은 초 회왕에게 쫓겨난 굴원 등이 모두 이런 경우였습니다. 인재들을 내친 이들 나라는 하나같이 국운이 쇠퇴하거나 멸망의 길로 접어들었죠.

《사기》의 인재관은 색깔이 매우 분명합니다. 인재가 나라의 운명을 결정한다는 기본원칙에 입각해, 제대로 된 인재를 등용하는 군주의 포용력과 개방성을 강조합니다. 특히 인재에 대한 신뢰는 국가정치를 제대로 이끌어가기 위한 필수조건이라고 역설했어요. 동시에 충직한 인재를 배척하고 간신배와 아첨배를 등용하면 결국 나라가 멸망에 이르게 된다는 뼈아픈 충고도 잊지 않았죠.

《사기》의 인재관은 오늘날에도 참신하게 느껴집니다. 우리 현실을 비춰보면 더 절절해요. 인재의 문제는 정치 및 개혁과도 직결된다는 점을 살펴보았는데요. 이런 의미에서《사기》의 정치사상은 하나하나가 특별하다고 할 수 있습니다.

10장

《사기》의 군사사상

軍事

軍事 ──────── 《사기》 130편 52만 6,500자 중 전쟁에 관해 기록한 것은 82편 10만여 자로 전체의 4분의 1을 차지한다. 구체적으로 병법(군사)에 능한 제왕과 장상이 60여 명, 고대 전쟁 500여 회, 춘추전국시대부터 한의 재통일에 이르는 기간 벌어진 중대한 전쟁 50여 회가 기록되어 있다.

사마천은 《사기》에서 전쟁의 전략과 전술 등 군사학 내지 군사이론을 정립했는데, 완전히 새로운 군사사상을 반영하고 강조했다. 이는 결국 신흥세력과 구세력 간의 시대를 읽는 차이를 반영한 것이기도 했다. 이를 드러내는 단적인 표현이 "장수가 군대에 있으면 군주의 명령이라도 듣지 않을 수 있다將在軍, 君命有所不受"는 것이다. 이는 종래의 귀족적 취향의 전쟁관과 구별되는 혁신적 발상이다. 사마천은 춘추전국시대를 거치면서 통일을 향해 변화되어가는 사회의식과 새로운 전쟁관을 《사기》에서 충실히 대변하고 있다.

사마천의 전쟁관은 총체적이다. 국력을 바탕으로 하되, 안정된 내부 정치와 천하정세를 제대로 읽을 줄 아는 외교가 뒷받침되어야 승리의 최소조건이 갖추어진 것으로 보았다. 한 걸음 더 나아가 장수와 병사들의 자질, 전략과 전술이 실질적으로 발휘되어야 필승할 수 있다고 했다.

《사기》의 전쟁관은 약 3천 년 동안 벌어진 수많은 전쟁을 면밀히 분석한 끝에 형성된 것이다. 사마천은 명분이 있고 백성들을 위한 불가피한 전쟁은 인정하되, 부당한 전쟁에 대해서는 단호히 반대했다. 또한 강자가 무조건 약자를 집어삼키는 겸병兼并 전쟁이나 분열을 일으키는 전쟁에는 반대하되, 통일전쟁은 인정했다. 그리고 장수와 병사의 화합이 중요하지만, 병사들을 자기 몸처럼 아낄 줄 아는 장수의 리더십이 승리의 관건임을 분명히 했다. 이는 큰 의미에서《사기》의 인재관을 구성하는 한 부분이라 할 수 있다.

軍
事

▌ 전쟁 관련 내용이 《사기》 전체의 4분의 1

학 생 | 이제 어떤 이야기를 들려주실 건가요?

김영수 | 전쟁 이야기를 해보도록 하죠.《사기》는 전쟁 문제를 대단히 심각하게 다루고 있습니다. 특히 전쟁 과정에 대한 묘사는 타의 추종을 불허해요. 사마천이 현장을 일일이 찾아다닌 것과 무관하지 않을 겁니다.

학 생 | 흔히 전쟁은 정치의 연속이라고 하지 않습니까? 계급투쟁의 최고단계라는 말도 있고요. 사마천의 전쟁에 대한 인식, 즉 전쟁관을 알아보도록 하죠.《사기》에 기록된 전쟁의 횟수는 어느 정도인가요? 춘추전국시대는 특히나 전쟁의 연속 아니었나요?

김영수 | 그렇죠. 전쟁은 분명 좋거나 옳지 않지만, 불가피한 경우도 적지 않았습니다. 크게 보면 국가적으로 통일을 실현하고 사회진보를 추진하는 중요한 수단이기도 했어요. 많은 부작용과 비극적 상황에도 불구하고 전쟁은 사회역사의 발전에 중요한 역할을 맡아왔습니다. 사마천은 전쟁의 이러한 속성과 기능을 인식하고 수많은 전쟁기록을 남겼죠. 특히 춘추전국시대를 거쳐 진, 한에 이르는 약 500년 동안 숱하게 전쟁을 치렀던 역사적 경험을 토대로 《사기》는 계통적이고 가장 완비된 전쟁사로 자리매김했어요. 28만 자에 불과한 《좌전》에 춘추 242년 동안 비교적 중대한 550여 차례의 동란과 전쟁이 기록되어 있을 정도로 전쟁이 잦았고, 전국시대에는 규모나 양에서 더욱 확대되었습니다. 진, 초를 거쳐 한의 재통일에 이르는 5년 동안 "(천하를) 호령하는 자가 세 차례나 바뀌었는데, 유사 이래 이처럼 급작스럽게 천명이 바뀐 경우는 없었던"(〈진초지제월표〉) 상황이 전개될 정도였으니까요.

이러한 역사경험을 바탕으로 사마천은 전쟁의 의미를 진지하게 고민했고, 그 결과를 《사기》에 전면적으로 반영했습니다. 이렇게 하여 《사기》의 전쟁관이 정립된 거죠. 《사기》 130편 52만 6,500자 가운데 전쟁내용을 기록한 것은 82편 10만여 자로 전체의 4분의 1을 차지합니다. 병법(군사)에 능한 제왕과 장상이 60여 명, 고대 전쟁 500여 회, 춘추전국시대부터 한의 재통일에 이르는 동안의 중대한 전쟁 50여 회가 기록되어 있어요.

주요 전쟁을 예로 들면, 기원전 260년 벌어진 장평전투는 쌍방 100여만 명이 6개월 동안 싸워 45만 명 이상이 죽거나 포로로 잡혔습니다. 기원전 223년 일어난 진과 초의 전쟁은 진이 60만, 초가 100만 이상의 병력을 동원했고, 기원전 207년의 거록 대전은 제후군 40여만, 진의 군대 50여만이 동원되어 8개월 동안 계속되었습니다. 초와 한이 천하를 놓고 대세를 겨룬 성고전투는 2년 7개월 동안 연인원 수백만이 투입된 사상 초유의 전쟁이었습니다. '장평 전투'를 승리로 이끈 진의 장수 백기는 전후 30여 년 동안

〈율서〉의 첫 부분.

혼자서 약 130만 명의 병사를 죽인 것으로 《사기》는 기록하고 있습니다.

학 생 | 말씀만 들어도 현기증이 납니다. 기록의 생생함도 그렇고, 규모나 살상 정도가 상상을 초월하네요. 그러니 사마천의 전쟁에 대한 인식이 남다를 수밖에 없었겠습니다.

김영수 | 대량살상을 동반한 전쟁이 반복되는 상황을 직간접으로 경험한 사마천이기에 전쟁의 성격과 작용을 깊이 인식할 수밖에 없었을 겁니다. 게다가 한 무제의 멈출 줄 모르는 대외정복 전쟁을 직접 목격했잖아요. 《사기》의 전쟁관은 원래 〈병서〉였을 것으로 추측하는

〈율서〉에 집중적으로 반영되어 있습니다. 먼저 전쟁에 대한 《사기》의 관점을 살펴볼까요? (이하 특별한 언급이 없는 원문은 모두 〈율서〉에서 인용한 것임.)

- 전쟁이란 성인이 포악함을 토벌하고, 난세를 다스리며, 적대세력을 평정하고 위기를 구하는 수단이다.
- 천하에서 정벌(전쟁)을 폐지할 수는 없다. 다만 그것을 운용하는 방법과 기술, 그리고 전쟁을 실행하는 시기의 선택에서 차이가 날 뿐이다.

《사기》는 전쟁의 불가피성을 인정합니다. 인류사의 보편적 시각에서 위기를 구하는 수단으로써의 전쟁은 필요하다는 의미입니다. 따라서 《사기》의 전쟁관은 무조건 전쟁을 반대하고 혐오하면서 "전쟁을 잘하는 자는 극형에 처해야 한다"는 식의 위선적인 유가의 전쟁관과는 근본적인 차이를 보입니다.

전쟁의 불가피성과 긍정적 작용을 인정했기 때문에 전쟁 방법과 기술, 정당성 등에 자연스럽게 관심을 가지죠. 전쟁 방법과 기술에 대한 강조는 병학兵學 내지 군사학軍事學으로 발전해 전쟁론을 확립합니다. 또 '시기 선택'의 강조는 그 전쟁이 대세에 순응한 것이냐 역행한 것이냐를 거론한 것으로, 결국 정당성 여부로 귀착됩니다. 이 점에서 《사기》는 정당한 전쟁을 특별히 강조해요. 진 왕조를 결정적으로 무너뜨린 거록전투에서 항우가 보여준 결단은 전쟁의 정당성이란 문제를 잘 대변합니다.

항우가 경자관군의 사령관 송의를 죽이자, 그의 위세는 초나라 전체를 떨게 했고 명성은 제후들에게까지 전해졌다. 이에 당양군과 포장군에게 2만 병사를 이끌고 거록을 구원하게 하였으나, 싸움에서 큰 성과를 거두지 못했다. 이런 상황에서 진여가 또 구원병을 요청했다. 이에 항우는 군사를 이끌고 장하를 건넌 다음, 배를 모두 가라앉히고 취사용 솥과 시루를 깨뜨리고 막사를 태운 뒤 3일분 식량만을 휴대시켜, 살아 돌아올 마음은 추호도 없이 죽기를 각오하고 싸울 것이라는 의지를 나타냈다. 이렇게 거록에 도착하자마자, 왕리를 포위하고 진의 군대와 수차례 접전해 그들의 보급로를 끊고 소각을 죽이고 왕리를 사로잡는 등 크게 무찔렀다. 섭간은 초나라에 투항하지 않고 분신자살했다. 이때 초나라 군대는 제후군 가운데 으뜸이었다.

거록을 구하고자 달려온 제후군이 열 개 진영을 넘었으나 아무도 섣불리 군대를 움직이지 못한 채, 초나라 군대가 진나라 군대를 공격할 때도 장수들은 진영에서 관전만 했다. 초나라 군사는 한 명이 열 명을 대적할 정도로 용맹스러웠으며, 고함소리가 하늘을 진동시키니 두려워하지 않는 제후군이 없었다. 진나라 군대를 무찌르고 난 후 항우가 제후군의 장수들을 원문으로 불러들이자, 모두가 고개를 들지 못한 채 무릎으로 기어서 나왔다. 이때부터 항우는 비로소 제후군의 상장군이 되고, 제후들은 모두 그의 휘하에 들어갔다.

_〈항우본기〉

▍전쟁의 불가피성과 긍정적 작용의 인정

학 생 | 항우가 전투에 나서길 망설이는 송의를 찾아가 목을 자른 다음 대목 같습니다. 싸워야 할 때 싸우지 않으면 도리어 적에게 당할 수밖에 없다는 거죠?

김영수 | 그렇습니다. 상황이 전쟁의 명분을 제공하는데, 이때 상황에 대한 정확한 인식과 분석, 판단이 전제되어야 해요. 전쟁에 대한《사기》의 기록을 체계적으로 분석해보면, 춘추에서 한의 재통일에 이르는 수많은 전쟁의 성격이 땅과 사람을 차지하려는 '겸병兼併전쟁'에서 '통일전쟁'으로 변화하는 궤적을 보여줍니다. 이는 통일전쟁에 대한 긍정적 인식을 반영하는 것이죠. 통일전쟁에 대한 적극적이고 긍정적인 평가는 사마천이《사기》에서 전쟁을 큰 주제로 기록했고, 진과 한의 통일을 높이 인정한 것이 단적인 예입니다.

그런데 난세통일은 긍정한 반면, 분열할거의 전쟁에는 반대해요. 한나라 초기 지방의 할거세력들이 일으킨 '오초 7국의 난'에 대한 비판적 평가가 그 점을 잘 보여줍니다. 이러한 인식은 포악한 통치를 종식시키는 혁명적 전쟁에는 찬성하고, 백성을 도탄으로 몰아넣는 무책임한 전쟁에는 반대하는 것으로 확대됩니다.

그 옛날 황제는 탁록전투에서 염제의 재난을 평정했으며, 전욱은 공공을 토벌하여 수해를 다스렸으며, 성탕은 하걸을 남소에서 쫓아버려 난세의 하나라를 멸망시켰다. 차례로 흥하고 망하니 승자가 권력을 잡게 되는 것은 천명(천하의 대세)이다.

학 생ㅣ 세상에는 불가피한 전쟁이 있고, 때로는 전쟁이란 수단을 동원해서라도 위기와 혼란을 평정해야 한다는 논리로 이해하면 되겠군요. 사마천의 전쟁관은 레닌의 다음과 같은 말을 떠올리게 합니다.

"역사상 늘 전쟁이 있었다. 그것은 모든 전쟁과 마찬가지로 어쩔 수 없이 참화와 폭행, 재난, 고통을 동반하지만, 진보적인 면도 함께 존재했다. 다시 말해 인류의 발전에 유리했으며, 특히 민중에게 해롭고 반동적인 제도를 파괴하는 데 도움이 된다."

김영수ㅣ 그렇게 볼 수 있습니다. 전쟁의 작용을 인정하고 정당성 확보를 강조한 이상, 이제는 전쟁에서 이기기 위한 수단과 방법을 강구해야 하죠. 그에 따라 《사기》는 전쟁의 전략과 전술 등 군사학 내지 군사이론을 정립하는데, 종래와 완전히 다른 군사사상을 반영하고 강조합니다. 이는 결국 신흥세력과 구세력 간의 시대를 읽는 차이를 반영한 것이기도 해요. 그 단적인 표현이 "장수가 군대에 있으면 군주의 명령이라도 듣지 않을 수 있다"는 것으로, 종래의 귀족적 취향의 전쟁관과 구별되는 혁신적 발상이 아닐 수 없습니다.

오왕 합려 앞에서 궁녀들을 대상으로 사열 시범을 보이며 명령에 따르지 않는 오왕의 희첩을 벤 손무, 정해진 시간에 군영에 도착하지 못한 귀족 출신 장수 장고를 단칼에 베어버린 미천한 출신의 장수 사마양저 등의 사례는 춘추전국시대를 거치며 통일을 향해 변화되어가는 사회의식과 새로운 전쟁관을 그대로 대변합니다.

학 생ㅣ 병법 및 전쟁에 관한 전문가의 출현과 전쟁관의 변화가 시대상의 변화와 함께 진행되었다는 말씀이군요. 이런 차이가 실제로 군대에서 어떻게 반영되었는지 궁금합니다.

김영수 | 전쟁관의 차이는 군대의 성격과 본질에 대한 인식을 바꾸었고, 궁극적으로 군대의 구성원인 병사에 대한 인식을 바꾸었어요. 병사들을 전쟁의 소모품이나 전리품 정도로 여기던 것에 변화가 나타난 거죠. 전투를 수행하는 병사들의 비중이 군대와 전쟁에서 절대적이라는 사실을 수많은 실전에서 경험했고, 기병전에서 보병전으로의 전환이라는 주력 전투형태의 변화도 크게 작용했습니다. 이에 따라 병사를 자기 몸처럼 아끼는 장수들이 나타나죠. 부상당한 병사의 피고름을 입으로 빨아낸 오기, 병사들이 먹기 전에는 절대로 물과 음식을 입에 대지 않았던 이광 등은 군대 구성과 전쟁에서 인간(병사)의 역할이 얼마나 중요한지를 확실히 인식한 명장이었습니다.

사마천은 이러한 변화상을 포착해 명장들의 행적을 기록함으로써, 전쟁에 대한 인식의 변화를 뒷받침했어요. 전쟁에서의 승부는 군사력과 경제력의 대비인 동시에 인력과 인심의 대비라는 점을 확실히 이해하고 있었기 때문입니다.

학 생 | 하지만 그와 반대의 모습을 보인 장수들도 있지 않습니까?

김영수 | 사마천은 병사를 아낄 줄 모르는 장수들에 대해서는 비판의 목소리를 냈습니다. 무제의 총애로 표기장군까지 오른 한나라 명장 곽거병에 대한 《사기》의 평가를 들어보겠습니다.

(곽거병은) 신분이 귀해지자 사병들을 돌볼 줄 몰랐다. 그가 군대를 거느리고 출정할 때면 천자가 태관을 시켜 수십 대 분량의 먹을

것을 보냈는데, 돌아온 뒤 물품을 실은 수레는 내팽개쳐지고 양식
과 고기가 남았는데도 병사들은 굶주렸다. 변경 밖에 있을 때 사졸
들은 식량이 부족해 움직일 수 없는 지경인데도 표기장군(곽거병)은
선을 그어놓고 공차기를 했다. 그에게는 이런 일이 많았다. _〈위장군표
기열전〉

병법서를 공부하라는 권유에 그까짓 것을 배워서 무엇하냐며 일
축했던 곽거병의 오만과 무지를 이야기함으로써 사마천은 군사학의
필요성을 역으로 강조했어요. 사마천이 사마양저, 오기, 이광 등의
명장을 칭송한 것은, 군사軍事가 전쟁만을 목적으로 하는 수단이 아
니라 사회정치의 개혁과도 연계되어 있음을 간파하고 군대 내부의
개혁에 주목했기 때문입니다. 그가 사마양저, 손무, 오기, 손빈 같은

전국시대의 대표적 군사모략가였던 손자와 손빈의 모습을 내건 은작산 한묘박물관 입구. 《사기》
의 군사사상은 역대 군사전문가들에 대한 관심으로 표출되기도 했다.

군사전략가들의 개혁정치와 병법서를 적극적으로 평가한 것도 이런 이유 때문이에요. 다음 내용이 이런 인식을 극명하게 드러냅니다.

> 군대가 없으면 강국이 될 수 없고, 덕망이 없으면 번창할 수 없다. 황제, 탕왕, 무왕 등은 이것으로 나라를 부흥시켰고, 걸왕, 주왕, 진 2세 등은 이것 때문에 나라를 망쳤다. 그러니 신중하지 않을 수 있겠는가? 《사마법》이 전해온 지 오래되었다. 태공망, 손무, 오기, 왕자 성보 등은 이를 이어받아 한 걸음 더 밝혔는데, 근세에는 인간사의 변화를 더 절실히 극진하게 연구했다. 그래서 제3 〈율서 (병서)〉를 지었다.

학　생ㅣ 우리 군대와 군 지휘관들이 새겨들어야 할 대목이 많은 것 같습니다. 무기와 관련된 비리는 말할 것도 없고, 군부대 내에서 사건사고가 끊이질 않고 있으니까요.

김영수ㅣ 무엇보다 군을 이끄는 리더들의 각성이 절박한 현실입니다. 〈율서〉, 즉 〈병서〉를 서술한 동기를 위와 같이 밝힌 《사기》의 전쟁관은 궁극적으로 전쟁에 대한 철학적 고뇌가 따라야 한다는 점을 강조했다고 할 수 있지요.

▎진보적인 전쟁론

학　생ㅣ 전쟁이 외교의 연장선이라는 말도 있는데요.

김영수ㅣ 《사기》는 정당한 전쟁의 중요성과 함께 외교의 중요성도 강조했습니다. 남다른 용기와 정확한 판단으로 강국 진나라에 들어가 더 이상의 손실을 막고 '완벽귀조完璧歸趙'라는 고사성어를 탄생시킨 인상여의 활약상은, 전쟁과 함께 외교를 통한 승리의 중요성을 잘 보여주는 사례입니다. 전쟁에 대한 준비가 곧 외교라고 인식했기에, 사마천은 고대의 외교가라 할 수 있는 유세가들의 활약상을 흥미진진하게 묘사했죠. 무력과 더불어 외교가 전쟁에서 차지하는 비중이 그만큼 컸기 때문입니다.

학 생 ㅣ 국력, 외교와 연계한 전쟁관이 2,100년 전에 출현했다니 경이롭습니다. 사마천 당대의 통치자 한 무제 시대에 전쟁이 꽤 발생했는데요. 사마천과《사기》의 전쟁관에 영향을 주지는 않았을까요?

김영수 ㅣ 자기가 살던 시대의 영향을 받지 않는 역사서와 역사가가 어디 있겠습니까?《사기》의 군사사상은 궁극적으로 한 무제에 대한 비판으로 연결됩니다. 사마천이 직접 목격하거나 경험한 전쟁상황에 대한 인식과 태도의 정당성을 뒷받침하기 위해, 과거의 전쟁사를 총결하고 전쟁에 관한 이론을 종합하지요. 전쟁의 정당성을 강조하고 전략 및 전술의 필요성을 역설한 일, 뛰어난 군사모략가와 병사들을 제 몸처럼 아낀 명장들을 칭송한 것 등이 모두 당대의 무분별한 대외정복 전쟁을 비판하기 위한 것으로 볼 수 있다는 말입니다. 〈평진후주보열전〉에서 주보언이 무제에게 올린 흉노 정벌에 관한 충고를 통해 이 점을 확인할 수 있어요.

• 《사마법》(전국시대 사마양저의 병법)에 "나라가 크더라도 싸움을

전국시대 병법서 《손빈병법》의 죽간 모습. 《사기》의 진보적 전쟁관은 기존 '병법서'들에 대한 심도 있는 연구를 바탕으로 한 것이다.

좋아하면 틀림없이 망하고, 천하가 태평하더라도 전쟁을 잊으면 위태로워진다"고 했습니다.

• 《주서》에 "국가의 안위는 천자가 어떤 명령을 내리는가에 달려 있고, 국가의 존망은 천자가 어떤 사람을 등용하는가에 달려 있다"고 했습니다.

학 생│ '나라가 크더라도 싸움을 좋아하면 틀림없이 망한다'는 '국수대國雖大 호전필망好戰必亡'은 2015년 방미한 시진핑 주석이 인용해 주목받았었지요? 전쟁의 불가피성과 적극적 작용을 인정한 한편, 무분별한 전쟁에 대한 경계를 잊지 않았네요.

김영수│ 그렇죠. 나아가 '호전好戰'과 국가 최고통치자의 자질 및 인재 등용을 연계시킴으로써 전쟁이 궁극적으로 정치와 연결되어 있다고 지적합니다.

학 생│ 이제 전체적으로 정리해볼까요? 전쟁의 불가피성을 인정하면서 국력, 외교, 리더, 인재 등 다양한 관점에서 전쟁을 분석한《사기》의 전쟁관이 시사하는 바는 지금도 매우 크다는 생각이 들었습니다.

김영수 | 《사기》의 전쟁사상은 대단히 진보적입니다. 오늘날의 군사학에 적용해도 손색이 없는 수준이에요. 특히 장수들의 리더십이 돋보입니다. 전쟁의 정당성 확보, 전략과 전술의 필요성, 외교전, 장수와 병사의 관계, 군사이론, 전쟁에 대한 철학적 고민 등은《사기》의 전쟁사상이 매우 근대적임을 입증합니다.

사마천이 이렇듯 진보적인 전쟁론과 군사학 이론을 수립할 수 있었던 데는 크게 두 가지 요인이 작용한 것으로 보입니다.

먼저 역사적 요인으로 춘추전국시대 이래 병학(군사학)이 계속 발전했고, 그로 인해 계통적 이론이 속출했기 때문입니다. 경험과 이론이 결합된 실제적이고 실용적인《사마병법》,《손자병법》,《손빈병법》,《오기병법》같은 걸출한 병법서들이 출현했는데, 사마천이《사기》에서 이들 병법서의 이론을 정리한 거죠.

또 하나는 사마천의 집안내력이 상당 부분 작용한 것으로 보입니다. 멀리 주나라 때의 정백휴보를 비롯해 방계조상인 사마앙으로부터 사마천 이후 서진의 사마의, 사마염으로 이어지는 무장 내지 군사이론가의 계보와, 직계로 진나라에서 백기와 한 시대를 주름잡았던 8대조 사마조(장의와 설전을 벌인 주인공), 백기의 부하로 장평전투를 이끌었던 6대조 사마근 등이 사마천에게 탄탄한 군사사상을 확보하게 한 요인으로 추정할 수 있습니다.

11장

《사기》의 경제사상

經濟

經
濟 ——————— 사마천은 《사기》에 경제 관련 기록 두
편을 안배했다. 국가의 경제정책과 전문 경제론을 논한 〈평준서〉, 치
부론과 역대 부자들의 치부법을 생생하게 기록한 〈화식열전〉이 그것
이다. 이를 통해 사마천은 누구든지 자신의 지혜를 활용해 제왕 못지
않은 부를 누리라고 말한다.

〈화식열전〉은 저주받은 걸작이다. 수구 세력들은 2천여 년 동안 사
마천이 가난과 천함을 싫어하고 '세리勢利'를 밝혔다며 물어뜯었다.
누구든 가진 능력을 발휘해 제왕 못지않은 부를 누리라는 그의 메시
지를 체제에 대한 도전이자 봉건적 신분질서에 대한 저항으로 받아
들였기 때문이다. 봉건체제 하에서 중국의 경제관은 《사기》를 기점
으로 오히려 후퇴했다.

〈평준서〉와 〈화식열전〉이 보여준 경제사상과 사마천의 '부리론富利
論'이 제시하는 핵심을 정리하면 다음과 같다.

- 경제는 역사발전의 추동력이며 도덕규범에 절대적인 영향을 미
  친다.
- 각계각층의 사람들이 활동하는 목적은 재부를 추구하기 위함이다.
- 경제정책으로 자유방임을 제창했다. 물론 정부의 경제 간섭을 완
  전히 부정하지는 않았다.
- 빈부의 불균형 현상이 필연적인 사물의 이치라고 인정하면서 분

배개념을 제기했다.

• 지나친 재정부담은 백성에게 엄청난 부담을 주지만, 때로 방대한 재정지출이 필요하다고 보았다.

• 물질적 이익의 추구는 인류의 본성이며, 물질적 이익을 추구하지 않는 인간의 활동은 없다.

• 생산활동으로 획득한 재부는 합리적 행위이며, 권세와 기득권으로 부를 이루는 것에는 반대했다.

• 농업, 기술, 공업, 상업이 백성들이 먹고 입는 원천이며, 상공업과 경제활동이 부민부국을 이루는 길이다.

• 사회경제 운동에는 자체의 발전규율이 있다. 그것에 따라 경제를 발전시켜야 하며, 정권의 적절치 못한 간여를 반대했다.

• 백성이 부유해야 나라가 부강해진다.

• 상품경제의 특징, 경제와 정치, 경제와 도덕의 관계를 최초로 고찰했다. 또한 생산 발전, 교환 확대, 부민부국의 경제이론을 획기적인 수준으로 끌어올렸다.

經
濟

▌▌인간의 본성에 대한 통찰

학 생 | 《사기》와 사마천의 경제관을 말씀하시면서, 〈화식열전〉을 '천 년에 한 번 핀다'는 '우담화優曇華'에 비유한 적이 있으시죠?

김영수 | 〈화식열전〉은 실질적으로 열전의 마지막이자 《사기》 전체의 마지막 편이라 할 수 있습니다. 〈태사공자서〉가 순서로 마지막이지만 성격상 서문에 해당하기 때문입니다. 자신의 뜻과 맞지 않는다며 수양산에 들어가 굶어죽은 '정신의 귀족' 백이와 숙제 이야기로 시작된 열전은 '부의 추구'라는 인간의 욕망을 인정하고, 30명 상인들의 행적을 적극적으로 긍정하며 마무리됩니다.

학 생 | 본기의 첫 편이 임금 자리를 자식이 아닌 유능한 인재에게

양보하는 선양禪讓으로 시작되고, 세가의 첫 편은 왕위를 동생에게 양보하고 멀리 강남으로 건너가 오나라를 세운 오태백의 양위로 시작됩니다. 열전의 첫 편 역시 서로 임금 자리를 마다한 백이와 숙제 형제의 이야기로 시작되고요. 그런데 실질적인 마지막 편이 그런 정신적 경지와 대척점에 있는 물질 이야기라니, 정말 기막힌 배치가 아닐 수 없습니다.

김영수 | 그렇죠. 천도를 의심하고 원망하는 것으로 시작된 대하드라마는 인간의 욕망을 인류발전의 원동력으로 인정합니다. 또한 그것이 인간생활 향상에 적극적으로 작용한다면서, 모두 노력해 '부자'가 되어 군왕과 같은 즐거움을 누리라고 격려하는 것으로 끝을 맺습니다.

그럼에도 불구하고 《사기》의 경제사상은 천 년에 한 번 피었다 이내 사라지는 우담화 같습니다. 농업·공업·상업·유통의 고른 발전을 주장한 기본적인 경제론이나 상품 유통의 발전론은, 자연경제를 기초로 한 중앙집권적 봉건사회에서 받아들이기 어려운 획기적인 발상이었죠. 따라서 이 같은 경제론은 사마천 이후 더 이상 출현하지 못했고, 출현할 수도 없었습니다. 엄동설한에 핀 한 송이 꽃처럼 이내 시들고 말았어요. 개인적 경험과 직관에 의존한 천재적이고 기적적인 경제사상은 계승되지 못했고, 과학적으로 체계화되거나 객관화되지도 못했습니다. 또한 투쟁을 통한 '부'의 쟁취까지는 사마천의 인식이 미치지 못했다고들 합니다. 사회주의에서 흔히 말하는 계급투쟁 단계에 이르지 못했다는 것이죠. 물론 이것이 그의 한계일 수 있겠습니다만, 중국 봉건사회의 구조적이고 본질적인 한계라고도 할 수 있겠죠.

진의 통일과 곧이은 붕괴, 짧지만 격렬했던 재통합 과정을 목격하면서 사마천은 천인감응 따위의 주장이 갖는 경직성과 공허함에 강한 의문을 품게 되었어요. 그리하여 정치적 금기의 영역을 건드리게 되었죠. 즉, 절대권력을 뒷받침하는 이론체계에 근원적인 의문을 던진 것입니다. 결국 그 답을 인간에게서 찾았다는 이야기는 이미 여러 차례 드린 듯합니다.

사마천은 변수로서의 인간과 무한한 탄성을 가진 생명체, 그리고 끝없는 욕망의 진원지로서의 인간을 직관했고, 온 육신과 정신으로 직접 경험했습니다. 권력과 권위의 원천을 심사深思했고, 그것의 진정한 목적과 행사대상을 숙고했어요. 그 결과 사마천은 경제원리에서 인간 본성의 탈출구를 찾았습니다. 그의 경제사상은 정치경제사상이라 부르는 게 더 정확할지도 모르겠네요.

인간의 본성에 대한 통찰로 좀 더 근원적이고 본질적인 경제논리가 성립할 수 있었습니다. 성선·성악이라는 단순하고 추상적이고 윤리도덕적이며 위선적인 이분법이 아닌, 인간의 욕망을 인정하는 바탕 위에서 이기심을 포착한 것입니다. 그의 경제사상이 지금까지 유효한 것도 경제 자체를 생명체로 인식했기 때문일 것입니다. 〈화식열전〉을 남긴 이유에 대해 사마천은 이렇게 말합니다.

벼슬 없는 평민들은 정치를 방해하지 않고 백성들의 생활에 해를 주지 않는 상황에서 때를 맞춰 거래하여 재산을 늘린다. 이런 점은 지혜로운 자들이라도 얻을 바가 있다. 그래서 제69 〈화식열전〉을

지었다. _〈태사공자서〉

학 생ㅣ 자신의 힘과 능력으로 치부한 사람들 이야기를 남겼다는 거
군요. 지금은 당연하게 들리지만, 당시로서는 파격이었을 것 같습니
다. 비판도 쏟아졌을 테구요.

김영수ㅣ 물론입니다. 〈화식열전〉에 등장하는 인물 대부분이 평민들이
라는 점도 기득권 세력의 신경을 건드렸죠.

> 화식(경제)을 논함에 있어 세리勢利를 숭상하고 빈천貧賤을 수치로
> 여겼으니, 이것이 폐단이었다. _《한서》〈사마천전〉 중 반고의 논평

《사기》다음으로《한서》라는 두 번째 정사를 남긴 반고班固는《사
기》〈화식열전〉에 대해 위와 같이 비판하면서, 시비판단의 논의가 성
인(공자)과 어긋난다고 했습니다.

금나라 때의 문학가 왕약허王若虛(?~1234)는 사마천에 대해 "가난
과 천함을 부끄럽게 여긴 것은 정말로 잘못이다. 그렇다면 인의를 좋
아하는 사람도 부끄럽게 여겨야 한단 말인가. 사마천의 죄는 죽음으
로도 용서할 수 없다"는 극렬한 반응을 보였어요. 그런가 하면 진관
秦觀이나 동빈董份 같은 자들은, 사마천이 돈이 없어 궁형을 자청하게
된 것에 한을 품고 이러한 기록을 남겼다는 등 천박하고 악의에 찬
비방을 서슴지 않았죠.

정통주의 학자들에게 이처럼 격한 비판을 받은 까닭이 무엇일까
요? "세리를 숭상하고 빈천을 수치로 여겼다"는 말의 의미는 무엇이

며, 이들의 비판은 과연 타당한가
요? 사마천 경제사상의 본질과 진
정한 가치가 어쩌면 이들의 격렬
한 반응 속에 숨어있는지도 모르
겠습니다.

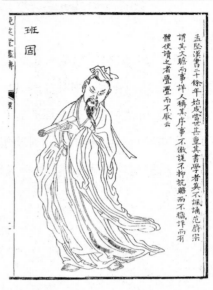

학 생ㅣ 좀 더 구체적인 설명을 부
탁드립니다.
김영수ㅣ 《사기》의 〈평준서〉와 〈화
식열전〉은 고대 어떤 전적에서도
찾아볼 수 없는 경제에 관한 전문
적 논의입니다. 역사서에 경제사론

《한서》를 쓴 반고의 모습. 사마천에 관한 전기에서 그
는 사마천과 《사기》를 적잖이 비판했는데, 이는 오랫
동안 논쟁거리가 되었다.

을 편입한 것 자체가 예사롭지 않
거니와, 2,100년 전의 사상이 맞나
싶을 정도로 근대적이고 실질적입니다. 이 두 편은 내용상 표리관계
이면서도 선명한 대조를 이룹니다.
　〈화식열전〉은 번영을 이룬 문제와 경제 때의 상품경제를 배경으로
한나라 초기 경제의 발전상을 기록하는 한편, 상인의 역할을 긍정하
고 치부(부의 축적)를 격려한, 당시로서는 상상조차 할 수 없는 파격
적인 문장입니다. 〈평준서〉는 무제 시기 하향곡선을 그리던 경제상
황을 비판적으로 검토한 경제이론서로, 무제의 경제정책을 풍자해
서한 경제의 변화모습을 생동감 넘치게 전달한 진보적 경제사상의
결정체라는 평가를 받아요.

이 두 편의 문장이 없다면《사기》의 가치는 훨씬 떨어졌을 것이며, 전체적으로 맥빠진 책이 되지 않았을까 하는 생각마저 듭니다. 역대로 가장 논란이 많았고, 수구 정통주의자들에게 경멸에 가까운 비난을 받은 것도 이 두 편(특히 〈화식열전〉) 때문입니다.

학 생 | 사마천 이전에 경제와 치부의 문제를 다룬 기록이 있었나요?

김영수 | 여러 기록에서 사회경제적 측면을 추출할 수는 있겠지만, 〈화식열전〉이나 〈평준서〉 같은 전문적인 기록은 없었다고 봐야죠. 《사기》 이후 24사 정사들이 〈식화지〉 내지 〈화식열전〉 같은 경제사 관련 전문 문장을 마련할 수밖에 없었습니다.《사기》에 포함된 두 편이 미친 영향력의 반증입니다. 그러나 이론체계나 사상면에서《사기》를 뛰어넘지는 못했어요. 《한서》에서 시작된 정사의 〈식화지〉는 토지제도와 징세 문제에 중점을 두고 있어, 경제사상을 종합한《사기》와는 비교조차 할 수 없죠.

학 생 | 《사기》에 담긴 경제사상의 특징과 의의를 세분해서 구체적으로 말씀해주세요.

김영수 | 좋습니다. 그에 앞서 대학자 양계초의 〈화식열전〉에 대한 평가를 살펴볼까요? 양계초는 사마천을 '역사학의 조물주'로 평가한 중국 근대의 대학자입니다.

맹자가 일찍이 '지인논세知人論世'라는 대의를 표방하고 나섰는데, 논세란 무엇인가? 지금의 언어로 해석하면 시대의 배경을 관

찰하겠다는 것이다. 인류는 횡적 방
면에서 사회적 생활을 영위하고, 종
적 방면에서 시대적 생활을 영위하
고 있다. 사회와 시대를 떠나 아무것
도 없이 한 사람 또는 집단의 사상과
행동을 관찰하면 많은 것을 이해할
수 없다. 이해하지 못하고 가볍게 평
가하다보면 착오가 없을 수 없다. 따
라서 역사를 쓸 때는 그림을 그리듯
하고, 역사를 읽을 때는 그림을 읽듯
이 하되, 가장 주의할 것은 배경을
관찰하는 것이다.

사마천을 '역사학의 조물주'로 평가한 중국
근대의 대학자 양계초.

옛 역사서들 중에서 배경을 잘 묘사하기로는《사기》〈화식열전〉
이 가장 모범이라 할 수 있다. … 그 중에서도 가장 뛰어난 곳은 제
3단인데, 전국을 약간의 경제구역으로 나누고, 각 구역의 지리적
특색을 찾아 특산물과 특수한 교통상황 등을 보여줌으로써 지역별
경제의 물질적 조건을 규정하고 있다. 또 각 구역의 역사적 경과를
기술해 주민의 특수한 습성이 어떻게 유래되었는지 설명함으로써
지역별 경제의 심리적 요건을 규정하고 있다.

나는 이 부분을 읽으면서, 비록 2천 년 뒤에 태어났지만 당시의
경제사회에 대해 매우 분명한 인상을 얻었다. 그 오묘함은 전력을
다해 배경을 기록하는 데 있다. 열전에 열거된 수십 명의 화식가들
은 이러한 배경을 빌려 설명한 예증에 지나지 않는다. 이런 기술법

은 옛 역사가들과 비교할 때 기이하고 특별하다. 더욱이 후대 역사
서의 열전에는 이 방법을 답습하려 한 것이 단 하나도 없다. _〈중국역
사연구법中國歷史研究法〉

학 생ㅣ 시대의 배경을 관찰한다는 대목이 인상적입니다. 사회경제
적 배경을 이해하지 못하면 현상을 제대로 이해할 수 없고, 그 배경
은 역사적 고찰이 반드시 동반되어야겠죠.

김영수ㅣ 물론입니다. 그것이 전제되지 않은 연구와 논의는 공허할 수
밖에 없습니다. 인간의 삶을 규정하는 물질과 정신은, 양계초가 지적
한 것처럼 시간과 공간의 조건에 따라 지역마다 다르게 나타납니다.
따라서 물질적·정신적 기반을 찾아내면 그 지역의 특산물과 고유한
습성 등을 이해할 수 있고, 그 부분에 대한 이해가 깊어지면 본질을
통찰할 수 있지요.

학 생ㅣ 중국에 진출하려면 역사와 인문에 대한 공부가 선행되어야
한다고 말씀하신 이유가 거기에 있군요. 이제 〈화식열전〉을 중심으
로 사마천과 《사기》의 경제사상이 갖는 특징 및 논쟁 등을 본격적으
로 알아볼까요?

김영수ㅣ 경제는 인간의 욕망이 집중적으로 반영될 수밖에 없는 영역
입니다. 따라서 인간의 욕망과 부의 문제를 먼저 이야기해보죠.

　반고를 비롯한 역대 수구 보수주의자들이 《사기》의 〈화식열전〉을
그토록 비난했던 건 '세리勢利를 숭상'했다는 이유 때문입니다. '세
리'란 권세와 이익을 가리켜요. 또한 '빈천貧賤을 부끄럽게 여겼다'는

것이 두 번째 이유입니다. '빈천'이란 말 그대로 가난하고 천하다는 뜻입니다. 즉, 사마천이 《사기》를 통해 권세와 이익을 숭상한 반면 가난과 천함을 수치스럽게 여긴 건 성인의 뜻과 어긋나는 태도라는 것이 비판의 요지입니다. 현상 고착과 중앙집권적 봉건체제를 지탱하는 경제적 기반인 중농주의 경제관에 매몰된 이들에게 권세 및 이익 추구를 강조한 《사기》의 경제론은 이단이자 망측한 논리가 아닐 수 없었어요. 그래서 격렬하게 반응한 거죠.

이 점에 대해 사마천은 이렇게 말합니다. (이하 특별한 언급이 없는 인용문은 〈화식열전〉의 내용임.)

눈과 귀는 아름다운 소리나 좋은 모습을 보고 들으려 하고, 입은 맛있는 고기 따위를 먹고 싶어한다. 몸은 편하고 즐거운 것을 추구하고, 마음은 권세와 유능하다는 영예를 자랑하고 싶어한다. 이런 풍속이 백성들의 마음속까지 파고든 지는 벌써 오래다. 그러므로 묘한 이론을 가지고 집집을 교화시키려는 일은 도저히 불가능할 것이다.

사마천은 인간의 본능을 허망한 논리로 교화시키려는 짓은 말도 안 된다고 일축합니다. 육신과 감정을 가진 인간이 부와 명예를 추구하는 건 어떤 것으로도 막을 수 없음을 솔직히 인정했죠. 이는 위선적 도덕관을 앞세우며 인간의 근원적 욕망을 부정하는 꼴통 보수주의자들에 대한 통렬한 비난이었어요. 따라서 그는 부의 추구를 다음과 같이 간명하게 정리합니다.

- 부富는 인간의 본성이라 배우지 않아도 모두들 추구할 수 있는 것이다.
- 천 승의 마차를 가진 왕, 만 호를 가진 제후, 백 채의 집을 가진 갑부들도 가난을 걱정하는데, 하물며 호적에 간신히 이름이나 올라있는 백성들이야 말해서 무엇하랴!

▌사람의 인의는 권세와 부에서 비롯된다

학 생 ┃ 부의 추구가 인간의 본성이라면 가난과 천함을 싫어하는 것 또한 당연하지 않겠습니까? 지금은 누구도 그러한 점을 부인하거나 부정하지 않죠.

요즘 우리 사회를 뜨겁게 달구고 있는 금수저 흙수저 논쟁이나, 국민들을 개돼지로 인식하는 사회지도층 인사들의 의식구조를 파헤치면 결국 부의 고착 및 세습화와 연결되지 않습니까? 사마천의 경제사상에 대한 비판은 부와 권력을 고착시켜 대대손손 누리려는 기득권 세력의 잔혹한 논리와 일맥상통하지 않나 하는 생각이 듭니다.

김영수 ┃ 잘 보셨습니다. 사마천은 한 걸음 더 나아가 인의仁義라는 것도 실상은 권세와 부에서 비롯됨을 간파합니다. 그래서 노골적으로 "제후의 집안에 인의가 있으며" "이익이 돌아오면 그것이 바로 은덕"이라고 말했습니다. 반고를 비롯한 보수주의자들이야말로 '귀로 음식을 먹으려는' 한심한 인식의 소유자들인 셈이죠. 부와 예의염치, 인의의 관계에 대해 다음 대목만큼 명쾌한 정리도 없을 것입니다. 사마천은 《관자》의 대목을 인용하며 이렇게 말합니다.

'창고가 차야 예절을 알고, 입고 먹는 것이 넉넉해야 명예와 치욕을 안다.' 예의는 재산이 있으면 생기고 재산이 없으면 사라진다. 때문에 군자도 부유해야 덕행을 즐겨하고, 소인은 부유하면 자기 능력에 맞게 행동한다. 연못이 깊어야 물고기가 살고, 산이 깊어야 짐승이 노닐 듯이, 사람은 부유해야 비로소 인의를 행한다.

학 생 | 그 유명한 '창름실이지예절倉廩實而知禮節, 의식족이지영욕衣食足而知榮辱'이란 구절이 바로 관중의 명언이었군요?

김영수 | 사마천의 경제사상에 중상주의자重商主義者 관중의 영향이 적지 않습니다. 《사기》는 《관자》의 논리를 이어 권세의 원천이 부라고 말합니다. 부가 뒷받침되지 않는 권세와 명예는 허망하다는 말이죠. 인간의 행위 자체가 부의 영향을 받는다니, 이 얼마나 날카로운 분석입니까? 다음 대목도 같은 맥락입니다.

그들(상인들)이 만 승의 제왕과 대등한 예를 나누고 명성을 천하에 드러냈으니, 이 어찌 그들의 재력 때문이 아니리오?

사마천은 공자의 명성조차 제자 자공의 재력이 뒷받침되지 않았다면 불가능했을 거라고 말합니다.

무릇 공자의 이름이 천하에 두루 알려지게 된 까닭은 (부유한) 자공이 공자를 앞뒤로 모시고 도왔기 때문이다. 이것이 바로 세력을 얻으면 세상에 더욱 드러난다는 말이 아닌가?

한나라 귀족들의 사치스러운 생활을 나타내는 벽돌그림.

학 생 | 부의 규모에 따라 법망도 피해가는 현실을 지적한 대목 또한 인상적입니다.

김영수 | 그렇죠. 재력이 있으면 쉽게 법망을 빠져나오는 현실을 지적하고, 궁극적으로는 재력이 인간관계까지 바꿀 수 있다는 냉소적 비판을 덧붙입니다. 사마천 스스로 돈 50만 전이 없어 궁형을 자청하는 수모를 겪지 않았습니까? 다음 대목들을 보시죠.

- 세간에 '천금을 가진 부잣집 자식이 길거리에서 죽는 법은 없다'고 하는데 빈말이 아니다.
- 무릇 보통 사람들은 자기보다 열 배 부자에 대해서는 헐뜯고,

백 배가 되면 두려워하고, 천 배가 되면 그 사람의 일을 해주고, 만 배가 되면 그의 노예가 된다. 이것이 사물의 이치다.

《사기》의 경제사상은 이렇듯, 부의 추구가 인간의 본능에서 연유함을 직시하고, 부와 재력이 인간의 예의염치 같은 도덕이나 인의까지 결정한다고 봅니다. 재력은 권세를 뒷받침하며 명예에도 영향을 준다, 따라서 부의 추구는 정당하다는 것이죠.

학 생 ㅣ 부자가 되기 위한 수단에 대해서는 어떤 인식을 보여주나요?
김영수 ㅣ 치부가 인간의 근원적 욕망임을 간파한 사마천은 치부의 수단에 대해서도 균형 잡힌 인식을 보여줍니다. 다음 구절을 읽어볼까요?

따라서 가장 기본이 되는 농업으로 부를 얻는 것이 최상이고, 말류인 장사로 치부하는 것이 그 다음이며, 간악한 수단으로 부자가 되는 것이 최하책이다.

사마천은 농업이 기본이라는 중농주의를 인정하는 선에서 각 분야의 고른 발전을 주장합니다.

농업, 기술, 공업, 상업 이 네 가지는 백성이 입고 먹는 것의 근원이다. 근원이 크면 부유해지고, 반대로 작으면 빈곤해지며, 위로는 나라를 강하게 하고, 아래로는 가정을 부유하게 한다.

농업, 공업, 상업의 상호교역이 이루어지면 각종 화폐들이 바로 생겨난다. _〈평준서〉

중농은 봉건체제에서 중앙집권 통치의 강화책으로 강조되었고 사마천 당대인 무제 때 최고조에 이르렀죠. 이미 살펴본 것처럼, 무제는 상인을 억압하는 정책들을 시행해 경제 전반에 많은 문제점을 남겼어요. 사마천은 그 부분에 비판의 칼날을 겨누었습니다. 다음은 당시의 경제상황에 대한 《사기》의 증언입니다.

당시 중산 이상의 상인들은 대부분 파산하였고, 백성들은 눈앞에 닥친 먹고사는 일에 급급할 뿐 자기 일에 종사하면서 더 이상 재산을 축적할 수 없었다. 그러나 조정은 소금과 철을 관리하고 민전을 고발하여 상인들의 재산을 몰수함으로써 점점 더 풍족해졌다. _〈평준서〉

복식이 간언하기를 "정부의 비용은 정상적인 세금으로 충당하는 것이 마땅합니다. 그런데 지금 상홍양은 관리를 시장 점포에 앉혀 장사를 해서 돈을 벌고 있습니다. 상홍양을 죽이면 하늘이 비로소 비를 내릴 것입니다"라고 했다. _〈평준서〉

아울러 무제는 이른바 경제전문가들이라는 자들을 관료로 기용해 국가권력에 의한 통제 위주의 경제정책을 밀어붙였습니다. 그런데 그들은 국가의 재정수입에만 관심을 가질 뿐, 백성들의 생활이나 민심에는 애당초 관심이 없었어요. 이들에 대해 사마천은 이렇게 말합니다.

> 그리하여 이들 세 사람(무제 당시의 경제관료인 동곽함양, 공근, 상홍양)은 이윤에 관한 한 가을 짐승의 가는 털까지 분석해낼 정도로 치밀했다. _〈평준서〉

오죽하면 상홍양이 죽어야 하늘에서 비를 내릴 거라고 했겠어요? 사마천은 경제의 각 분야가 균형 있게 발전해야 하며, 국가의 간섭을 배제한 자유주의 경제정책을 역설합니다. 이러한 경제사상은 궁극적으로 정치와 연계되는데, 여기에도 자유주의 경제사상이 강하게 깔려 있습니다.

> 그래서 세상을 가장 잘 다스리는 정치방법은 자연스러움을 따르는 것이고, 그 다음은 이익을 이용하여 이끄는 것이며, 그 다음은 가르쳐 깨우치는 것이고, 그 다음은 백성을 가지런히 바로잡는 것이고, 가장 못난 정치는 (부를 놓고) 백성들과 다투는 것이다.

학 생 | 경제와 정치의 함수관계 및 수준과 단계를 명쾌하고 통쾌하게 지적했네요. '백성과 다투는 정치가 가장 못난 정치'라는 대목은 오늘날의 위정자들이 특히 귀담아들어야 할 경고 같습니다.
김영수 | 최근 우리의 정치와 경제를 생각하면 더욱 그렇죠? 백성들과 지속적으로 다투고 있으니까요.

▋지역별 특성을 고려한 경제론

학 생ㅣ 우리 경제와 정치의 문제점 중 하나로 지역발전의 불균형이 거론되곤 하는데요. 모든 것이 수도를 중심으로 집중되다보니 나라 전체가 비정상입니다. 선거철만 되면 무분별한 개발공약이 난무하고, 정책은 계승되지 않죠.《사기》에 지역경제와 관련된 언급은 없습니까?

김영수ㅣ 왜 없겠습니까? 각 경제분야의 균형 잡힌 발전을 역설하는 한편, 이러한 경제론을 실질적으로 뒷받침하기 위해《사기》는 중국 전역을 몇 개의 경제구역으로 나누고 지역별 특성을 살핍니다. 자연지리와 산물 등의 상황을 비교적 상세히 기록해 상호 교류와 교역을 위한 기본정보로 제공하죠.

　이러한 지역경제론은 사마천의 답사와 현지 시찰 등의 직접경험에서 비롯된 대단히 실용적인 관점입니다. 그는 거시경제관에 입각해 자연지리와 산물의 상황에 따라 중국 전역을 세 개의 경제구로 나누고, 이를 세분해 각 구역의 특성을 상세히 소개했어요. 또한 이들 산물의 교류 및 교역에 결정적 역할을 한 상인들의 활약상을 다음과 같이 긍정적으로 평가합니다.

　한나라가 일어나 천하를 통일하여 관문과 교량을 개방하고, 산림과 하천 및 호수에 대한 금지를 풀었다. 그러자 부유한 대상인들이 천하를 두루 돌게 되었고, 교역하는 물자는 유통되지 않는 곳이 없어 원하는 것은 무엇이든 얻을 수 있게 되었다.

사마천은 한 걸음 나아가 각 지역의 풍토와 지역민들의 기질까지 분석해 차이점을 끌어냅니다. 이는 물자 교류와 교역의 중요한 참고 자료가 되죠. 물자와 인간의 긴밀한 관계를 인식하고, 그 기반 위에서 지역별 경제구역을 나눈 겁니다. 관련 대목을 몇 가지 소개합니다.

●무릇 천하에는 물자가 적은 곳도 있고 많은 곳도 있다. 백성의 풍습도 지역에 따라 차이가 난다. 산동지방에서는 바다에서 나는 소금을 먹고, 산서지방에서는 호수에서 나는 소금을 먹으며, 영남지역과 사북지역에서는 소금이 여러 군데서 나온다. 물산과 인간의 관계란 대체로 이런 것이다.

●(강남지역은) 농사짓기에 좋아 … 주민들은 게으름을 피우며 그

《사기》〈화식열전〉에서 제시한 경제구역

대구역	소구역
강남구 (장강 이남)	동초구(東楚區)
	서초구(西楚區)
	남초구(南楚區)
	영남구(嶺南區)
산동구 (장강 이북, 화산 경계)	삼하구(三河區)
	연조구(燕趙區)
	제노구(齊魯區)
	양송구(梁宋區)
북방구 (용문·갈석 이북)	목축업 위주의 단순 경제구

럭저럭 살아가고 모아둔 것이 없어 가난한 자가 많다.

• (기수와 사수 이북지역은) 땅은 좁은데 인구는 많고 수해와 가뭄 피해가 잦기 때문에 주민들은 자진해서 저축한다.

학 생ㅣ 지역의 특성을 충분히 고려한 교역과 유통이 경제발전의 주요 요소라는 의미로 이해됩니다. 교역과 유통에서 상인들의 역할이 결정적이라고 하셨는데요. 이제 상인의 역할에 대해 알아볼까요?

김영수ㅣ 〈화식열전〉은 기본적으로 30여 명에 이르는 상인들에 관한 전기입니다. 그들을 탄생시킨 물질적·정신적 배경으로 지역별 인문지리적 특징을 함께 언급하죠. 30명이 넘는 상인들의 행적을 열전으로 서술한 사마천의 의도는 그 자체만으로도 경이롭습니다. 생산발전에 미치는 상인의 역할을 적극적으로 평가했기 때문에 가능한 일이었겠죠. 상인의 역할과 가치관뿐만 아니라, 그들의 지위를 위대한 정치가와 동일한 반열에 올리는 파격도 서슴지 않았어요. 다음 대목을 읽어볼까요?

나는 이윤과 여상(강태공)이 정책을 수립하듯, 손자와 오자가 군사를 부리듯, 상앙이 변법을 시행하듯 생업(기업)을 운영했다. 때문에 나와 더불어 임기응변의 조치를 취할 지혜智가 없거나, 결단을 내릴 용기勇가 없거나, 확실하게 버리고 취하는 결단력仁이 없거나, 지킬 바를 끝까지 지키는 강단彊이 없는 사람에게는 내 방법을 배우려 해도 절대 가르쳐주지 않았다.

학 생 | 대단히 당당하고 자신만만한 경영론이네요. 누구 이야기입니까?

김영수 | 전국시대의 경영전문가 백규白圭라는 인물입니다. 《사기》는 그의 입을 빌려 자부심 넘치는 상인(경영자)의 모습을 제시합니다. 백규는 전문경영인이 갖추어야 할 자질로 지智, 용勇, 인仁, 강彊의 네 가지를 이야기해요. 이러한 자질은 오늘날의 기업인들에게 대입시켜도 손색이 없을 정도로 본질적인 부분입니다.

백규는 이러한 경영철학을 바탕으로 천하에 생업(기업) 운영—이를 치생治生이라고 합니다—을 가장 잘한 사람이라는 평가를 받았어요. 이러한 명성은 모든 것을 직접 경험하고 시험한 노력의 결과물이었습니다. 그는 "그래서 남보다 잘할 수 있었던 것이니, 아무렇게나 한다고 되는 것이 아니었다"라고 말하죠. 훗날 사람들은 이런 백규를 '치생의 원조'로 추앙했습니다.

학 생 | 상인의 가장 기본적인 역할은 상품을 유통시키는 일 아닐까요? 상인과 유통의 문제에는 어떤 인식을 보이나요?

김영수 | 상품경제의 근간을 이루는 유통과 관련해 《사기》는 대단히 합리적이고 귀중한 견해를 제시합니다. 몇 가지로 요약 정리해보겠습니다.

첫째, '시기'를 알아야 한다고 강조합니다. 즉, 물건을 사들일 때와 팔 때를 적절히 파악해야 이익을 얻을 수 있고, 상품 유통이 순리적으로 진행된다는 것입니다. 백규의 경우를 보시죠.

'치생의 원조'로 추앙받은 백규.

백규는 시기의 변화에 따른 물가변동을 잘 살폈다. 백규는 세상 사람들이 돌아보지 않을 때 사들이고, 사람들이 취할 때 팔았다.

둘째, 화물의 속성을 잘 알아야 한다고 지적합니다. 즉, 상품을 "사고팔 때 부패하기 쉬운 것을 팔지 않고 남겨두어서는 안 되며, 쟁여두고 값이 오르기를 기다려서도 안 된다. 물건이 남아도는지 부족한지를 연구하면 값의 변동을 알 수 있다"고 하면서, "재물과 자금은 물이 흘러가듯 원활하게 유통시켜야 한다"고 강조합니다. 이는 상품의 경쟁력에 주안점을 둔 상품유통학의 기본원칙이라 할 수 있습니다.

셋째, 두 번째와 관련하여 자금을 묵혀두지 말고 끊임없이 유통시키라고 강조합니다. 자금 회전이야말로 경제의 근간이기 때문이죠.

넷째, 지역과 사람을 잘 선택해야 한다고 말합니다. 이는 중국 전역을 몇 개의 경제구역으로 나누고, 지역별 특성을 분석한 데서 충분히 드러납니다.

다섯째, 상인의 생활태도와 관련해 근검절약을 앞세웁니다. "좋은 음식을 마다하고 취미생활을 억제하고 의복은 검소하게 입으면서 부리는 노복과 고락을 함께했던" 백규는 이상적인 상인상을 보여줍니다. 조曹 지역의 병邴씨, 주나라 출신의 사사師史, 선곡의 임任씨 등도 근검절약하는 상인의 모습을 대변해요. 특히 임씨는 "내 집 밭과 가축에서 나온 것이 아니면 먹지 않고, 일이 끝나지 않으면 술과 고기를 먹지 않는 가풍을 지킴으로써" 마을의 모범이 되었고, 천자조차 그를 존중했다고 합니다. 사마천은 이렇게 결론을 짓습니다.

무릇 근검절약하고 부지런히 일하는 것이야말로 부자가 되는 바른 길이다.

진시황에게 상객 대접을 받고, 죽은 뒤 '여회청대'라는 기념관까지 하사받은 파 지역의 여성사업가이자 과부 청에 관한 기록은 뒤에서 좀 더 이야기하겠습니다.

학 생 | 네. 결론적으로 사마천이 〈화식열전〉에서 말하고자 했던 건 '누구든 돈을 많이 벌어서 부자가 되어라, 또는 부자가 될 수 있다', 그리고 '그 부를 토대로 제대로 바르게 떵떵거리며 살아라'가 아닐까요?

김영수 | 맞습니다. 그걸 간단히 '소봉론素封論'이라고 합니다. 《사기》 경제사상의 독특한 부분인데, 관련 대목을 살펴보겠습니다.

• 오늘날 관에서 주는 녹봉도 없고 작위에 따른 토지 수입도 없는데, 마치 이런 것을 가진 사람들처럼 즐겁게 사는 사람이 있으니 이들을 일러 '소봉素封'이라 한다. 이들은 조세수입(오늘날의 이자수입)으로 생활한다.

•부자가 되는 데 정해진 직업이 있는 것도 아니고, 재물에 주인이 정해진 것도 아니다. 재능 있는 자에게 재물이 모이고, 못난 사람에게는 기왓장 흩어지듯 재물이 흩어진다. 천금의 부자는 한 도시의 군주와 맞먹고, 수만금을 모은 자는 왕처럼 즐겼다. 이것이 '소봉'이다!

학 생| 능력을 최대한 발휘해 돈을 많이 벌어서 왕처럼 살아라, 이런 말 아닙니까? 당시 이런 논리가 지배층에게 먹혔을까요?

김영수| 당시는 물론 사마천 사후에도 용납되지 않았죠. 소봉론 역시 역대로 비난이 집중되었던 부분입니다. 능력껏 부를 축적해 군주나 왕처럼 살라니, 완고한 보수주의자들의 귀에 당연히 거슬렸겠죠. 하지만 소봉론은 치밀한 경제통계에 근거한 것입니다. 막대한 부를 획득한 많은 인물들의 사례를 비교적 상세히 소개함으로써 논리의 타당성을 확보하고 있어요. 따라서 후대의 비난 대부분은 비과학적이고 감정적입니다.

학 생| 좀 더 구체적으로 설명해주시겠어요?

김영수| 그럼 관련 대목을 살펴보겠습니다.

예를 들어 한 해에 집집마다 200전의 세금을 걷는다고 하면, 1,000호의 영지를 가진 왕은 20만 전의 수입을 올린다. 입조하는 비용이나 교제비 등이 모두 이 수입에서 나올 수 있다.

농업, 공업, 상업, 유통에 종사하는 서민의 경우, 원금 1만 전이 있으면 한 해에 이자가 무려 2,000전이 된다. 따라서 100만 전의 재산을 가진 집은 이자만 무려 20만 전을 벌 수 있으므로, 병역이나 요역을 대신할 비용이나 토지세 등을 이자에서 낼 수 있다. 이런 사람들은 입고 싶고 먹고 싶은 대로 좋은 것은 무엇이든 취할 수 있다.

위 대목 뒤로 가축과 목재, 밭 등에서 생산되는 물산의 구체적인 수량과 수입을 제시합니다. 그런 후 결론적으로 다음과 같이 이야기합니다.

이런 것들이 부의 자원이다. 이를 소유한 자는 시장을 기웃거릴 필요가 없고 타향으로 바삐 뛰어다닐 필요 없이, 가만히 앉아서 수입을 기다리면 된다.

소봉론은 오늘날로 말하면, 부동산이나 금융자산으로 엄청난 수입을 얻는 부자에 관한 논의입니다. 치부의 방법이자 수단으로 소봉을 제기한 《사기》의 경제사상이 놀랍지 않습니까? 소봉은 자본주의 시스템에서 부를 축적하는 방법 중 비교적 부가가치가 높은 쪽에 속합니다. 이와 관련해 사마천은 부의 축적단계를 더욱 노골적으로 제시합니다.

재산이 없는 사람은 힘써 생활하고, 재산이 조금 있는 사람은 지혜를 써서 더 불리고, 재산이 많은 사람은 시기를 노려가며 이익을 더 얻으려 한다. 이것이 삶의 진리다.

학 생│ 재산이 없는 사람은 한눈 팔지 않고 열심히 일하면서 약간의 저축으로 돈을 모으고, 재산이 약간 있는 사람은 주식이나 부동산 같은 곳에 투자해 재산을 불리고, 재산이 많은 사람은 세상 돌아가는 흐름을 살펴가며 부가가치를 가장 크게 창출할 수 있는 대상이나 분야에 투자해 큰 이익을 얻는다는 말이죠?

김영수│ 그렇습니다. 빈부에 따른 치부의 단계를 정리한 논리가 2,100여 년 전에 나온 겁니다. 소봉론은 한 걸음 나아가 부의 많고 적음에 따라 인간의 사회적 지위가 변화한다고 지적합니다. "부자가 되는 것에 정해진 직업이 있지 않고, 재물에 주인이 정해진 것도 아니다"라는 논리는 곧 부와 사회적 지위에 대한 재분배를 의미합니다. 이는 신흥지주 계급의 성장을 대변하는 목소리이자, 새로운 권력과 지위를 획득하려는 상인들의 외침이었습니다.

학 생│ 지금의 우리 현실에 딱 들어맞는 이야기네요. 재벌가 사람들은 죄를 지어도 쉽게 풀려나는 게 현실이잖아요.

김영수│ 소봉론은 당시 유가의 '가난함에 안주하여 도를 즐기라'는 '안빈낙도安貧樂道' 사상에 일대 충격을 주었죠. 또한 낡은 사상으로부터의 해방을 선언하는 혁신적인 내용이었습니다.

학 생│ 〈화식열전〉에 수록된 부자가 30명이 넘는다고 하셨는데, 그들의 치부법도 기록되어 있나요?

김영수│ 그렇습니다. 그 중에서 몇 가지를 소개하겠습니다.

▌〈화식열전〉에 소개된 부자들의 치부법

학　생｜ 우선 자공에 대한 이야기를 들어볼까요? 공자의 명성이 천하에 알려진 게 자공의 재력 덕분이라고 하셨잖아요. 속된 말로 자공은 스승을 사업에 활용했고, 공자는 제자의 재력에 기대어 천하를 돌며 사상을 설파했는데요. 오늘날로 치면 유명인을 자기 기업의 광고에 출연시킨 셈인가요?

김영수｜ 그렇습니다. 서로 윈윈한 거죠. 공자의 사고방식이 그만큼 유연했고, 자공의 사업감각이 남달랐다는 증거라고 할 수 있어요. 2,500년 전 일이라고 믿기지 않을 정도로 참신합니다.

학　생｜ 공자의 무덤인 공림孔林 앞에 자공이 기념식수했다는 내용의 기념비와 스승을 위해 6년 넘게 묘살이를 한 여묘처廬墓處가 있는데요. 부모도 아닌데 자공이 6년이나 묘살이한 게 사실입니까?

김영수｜ 자공이 6년 동안 날이면 날마다 무덤을 지켰을까요? 스승이 돌아가시자, 자공은 공문孔門의 존속 여부가 걱정되었을 겁니다. 그래서 여묘살이를 내세웠겠죠. 그 과정에서 제자들을 규합하고 공자의 학문과 사상을 논의하는 등 다양한 활동을 펼쳤을 겁니다. 6년여 묘살이를 그렇게 보면 되지 않을까요?

학　생｜ 자공에게 재력이 있었으니, 공자학교를 그런 식으로 유지 내지 확충할 수 있었겠습니다.

김영수｜ 부에서 인의가 나온다는 말이나 재력으로 문화사업을 지원

이름	시대 (국적, 활동지)	사업분야	경영관(치부비결)	비고
계연 計然	**춘추** 월(越)	경제이론	상품 가격과 수급의 건전한 관계와 규칙을 제기함.	범려의 스승으로 알려짐.
범려 范蠡	월	정치, 기업	정치와 경제에서 모두 성공. 부의 사회 환원을 실천함.	상신(商神)으로 추앙됨.
자공 子貢	월 위(衛)	외교, 기업	대규모 상단을 이끌었으며 유력자와 대등하게 거래함. 문화와 홍보의 중요성을 인식함.	공자를 후원한 공자의 수제자임.
백규 白圭	**전국** 주(周)	경제이론, 사업	종합적인 경제이론과 상도, 상덕의 실천을 강조함.	최고의 경제이론가임.
의돈 猗頓	주 노(魯?)	사업	소금과 제철로 치부함. 왕과 대등한 부를 누림.	지역 경제를 정확히 인식함.
곽종 郭縱	주 조(趙)			
나倮	**진(秦)** 오지(烏氏)	축산업	목축업을 통해 변방 이민족과 교역하여 치부함.	진시황의 특별대우를 받음.
청淸	진 파(巴)	광산업	단사광을 개발해 이익을 독점한 과부사업가임.	진시황의 각별한 존중을 받음.
탁씨 卓氏	**한(漢)** 촉(蜀)	제철업	지역의 특성과 값싼 노동력에 주목함으로써 성공함.	노비 1천 명을 거느림.
정정 程鄭	한 촉	제철업	포로 출신으로 이민족과 교역하여 성공함.	탁씨와 같은 지역 및 업종에서 일함.
공씨 孔氏	한 남양(南陽)	제철업	접대의 귀재이며, 대규모 수레와 마차로 크게 거래함.	'유한공자'라는 별명이 있음.
병씨 邴氏	한 조(曹)	물류와 고리대금업	대장장이에서 행상을 거쳐 고리대금업으로 치부함.	자린고비였음.
조한 刁閒	한 제(齊)	정보유통업	똑똑한 노예들을 각지로 보내 사업을 시킴.	인재를 중시함.
사사 師史	한 주(周)	유통, 프랜차이즈, 다단계	대규모 수레로 이동식 기업을 차려 치부함.	사업에 자부심을 가짐.

이름	시대 (국적, 활동지)	사업분야	경영관(치부비결)	비고
임씨 任氏	한 선곡(宣曲)	농업과 목축	기초산업에 매진하여 크게 성공함.	원산지 산물을 중 시함.
교요 橋姚	한 ?	가축과 곡식	변경 개척 때 여러 종의 동물과 곡식의 씨앗을 얻음.	특수상황에서 치 부함.
무염씨 無鹽氏	한 ?	자금 대출	오초 7국의 난 때 정부에 자금을 대출해 크게 환수함.	관중 전체와 부가 맞먹음.
전색 田嗇	한 관중(關中)	?	관중의 부유한 상인과 대상인으로 전씨 집안임.	상인 집안임.
전란 田蘭	한 관중			
위가 韋家	한 ?		수만금을 소유한 거부들임.	지역의 갑부들임.
율씨 栗氏	한 ?			
두씨 竇氏	한 안릉(安陵) 두(杜)			
진양 秦揚	한 ?	농사	주에서 제일가는 부호임.	단일업종임.
전숙 田叔	한	도굴업	도굴로 장사 밑천을 마련해 사업의 발판으로 삼음.	
환발 渙發	한	도박	도박으로 부자가 됨.	
옹낙성 雍樂成	한	행상	남들이 무시하는 천한 행상으로 부 자가 됨.	
옹백 雍伯	한	화장품업	연지를 팔아 천금을 벎.	기본에 초점을 둠.
장씨 張氏	한	주류업	술장사로 천만금을 벎.	
질씨 郅氏	한	칼 가는 일	패도(佩刀)의 유행을 잘 살펴 치 부함.	제후에 버금가는 생활을 함.
탁씨 濁氏	한	순대, 곱창	천한 장사로 크게 치부함.	수행원을 거느리며 생활함.
장리 張里	한	수의사	말을 고치는 의술로 치부함.	제후에 버금가는 생활을 함.

하는 것이나 같은 의미 아닐까요? 자공은 그런 점에서 중국역사 최초로 문화사업을 지원하고 학술사상의 발전을 후원한 부자로 기록될 만한 사업가입니다.

학 생 | 의돈과 곽종은 소금과 제철업으로 왕에 버금가는 생활을 했다고요?

김영수 | 제후에 버금가는 생활을 한 사람, 수행원을 거느린 부자, 음악 연주를 들으며 식사한 부자 등 그들은 원하는 대로 누리며 살았어요. 사마천이 말한 것처럼 무관의 제왕 '소봉'의 삶을 누린 거죠.

학 생 | 남양의 공씨는 '유한공자'로 불렸다는데, 특별한 이유가 있나요? 유한공자라면 먹고 노는 것 외에 할일이 없는 건달 아닌가요?

김영수 | 우리가 흔히 말하는 유한공자는 부모를 잘 만나 부모돈으로 행세하고 까부는 사람을 의미하는데요. 남양의 공씨를 지칭하는 유

자공 여묘처는 자공이 실제로 6년 넘게 묘살이를 했느냐보다는, 이러한 실천을 통해 스승의 학문과 사상을 실질적으로 후원했다는 의미로 받아들여야 한다. 그의 재력이 공자의 명성은 물론 유가의 맥을 이었다고 할 수 있다.

한공자라는 표현은 그것과 다릅니다. 공씨는 대규모 야철사업으로 큰돈을 벌었는데, 많은 수레와 말을 거느리고 제후들과 교제하며 사업상 이권을 확대했어요. 제후들의 권력을 이용해 이권을 확보한 것인데, 그러려면 뇌물이 필요하지 않겠어요? 공씨는 제후들에게 선물 따위를 아낌없이 뿌렸고, 이 때문에 '유한공자'라는 별명이 생겨난 겁니다. 이를 통해 근검절약한 상인보다 훨씬 더 많은 부를 축적했어요.

학 생 ┃ 정경유착, 좀 더 정확히는 권력과 경제의 야합이네요.

김영수 ┃ 그렇게 볼 수도 있죠. 공씨는 야철업과 관련해 광산 개발이나 납품상의 독점권 따위를 제후들에게서 얻어냈을 거예요. 공씨의 사업방식은 다른 상인에게도 영향을 미쳤습니다. 남양지역 상인들은 두루 공씨의 경영방식을 따라했다고 합니다.

　　제齊 지역의 조한刁閒이란 사업가를 더 살펴볼까요? 조한은 종업원으로 노예를 선호했다고 합니다. 당시 그 지역 사람들은 노예를 천시했어요. 거칠고 영리한 노예는 더욱 싫어했는데, 조한은 별스럽게 그런 노예를 거두어 장사를 시켰습니다. 제 지역은 바다와 가까워 소금과 물고기 등 수산물사업에 유리했죠. 조한은 영리한 노예들을 대거 기용해 수천만 전을 벌어들였습니다.

학 생 ┃ 거칠고 영리한 노예를 선호한 까닭은 무엇입니까? 위험부담이 꽤 컸을 것 같은데요.

김영수 ┃ 제대로 사업을 하려면 영리한 쪽이 훨씬 낫겠죠. 먼 곳을 오

산서성에서 소금
을 판매해 거부가
된 의돈의 무덤.

가려면 자기 몸 하나는 충분히 지킬 수 있어야겠고요. 거칠고 영리한
노예, 딱 맞는 조건 아닌가요?

학 생ㅣ 듣고보니 그렇네요. 그런 노예들은 어떤 대우를 받았나요?
김영수ㅣ 내로라하는 권력자들과 교제했지만, 조한은 자기 주변의 노
예들을 더 신임했으며, 능력이 뛰어난 노예는 부자로 만들어주었다
고 합니다. 그러니 누군들 최선을 다하지 않겠습니까? 당시 그 지역
에서 "벼슬을 하는 것이 나은가, 조한의 노예가 되는 것이 나은가"라
는 말이 회자될 정도였다는군요.

학 생ㅣ 다른 사업가들의 치부법도 소개를 부탁드립니다.
김영수ㅣ 전숙과 환발은 도굴과 도박으로 장사 밑천을 마련해 사업을
크게 일으켰습니다. 떳떳하지 못한 일로 사업자금을 마련했지만, 성

공한 사업가로 기록되었죠. 옹낙성은 다들 천하게 여기는 행상으로 부를 일군 상인입니다. 옹백은 화장품을 팔아 큰돈을 벌었는데, 주로 품질 좋은 연지로 여성들을 유혹했습니다. 당시 볼에 생기를 주기 위해 분과 연지를 바르는 게 유행이었거든요. 장씨는 술장사로 거부가 되었고, 질씨는 칼을 갈아 제후 버금가는 생활을 누렸다고 합니다.

학 생 | 칼을 어떻게 갈았기에 제후 버금가는 생활을 했다는 건지, 이해가 잘 안 되네요. 천하의 모든 칼을 혼자서 간 것도 아닐 텐데 말이죠.

김영수 | 당시의 사회적 풍조를 이해해야 수긍할 수 있는 부분입니다. 멀리 춘추시대 이래 남성들 사이에서는 몸에 검을 차는 이른바 패검 佩劍 풍조가 일반화되었습니다. 장검을 비롯해 단검에 이르기까지 여러 자루를 차기도 했어요. 질씨는 이런 풍조에 맞추어 수요를 창출합니다. 검을 번쩍번쩍 빛나게 잘 갈아준 겁니다. 패검은 단순히 검을 차는 것에서 그치지 않았습니다. 자신의 검을 자랑해야 할 때가 많았죠. 그런데 녹이 슬어 있으면 당연히 망신을 당하지 않겠어요? 질씨가 남성들의 그런 과시욕을 파고든 겁니다. 사업이 잘 되자 그는 좋은 숫돌을 대량으로 갖추었습니다. 뛰어난 기술에 규모까지 확장함으로

춘추시대 이래 남성들 사이에서 패검 풍조가 유행했다.

써 크게 치부할 수 있었던 거죠.

학 생ㅣ 유행을 잘 파악했군요. 게다가 틈새시장을 파고들었네요.

김영수ㅣ 그렇죠. 패검 풍조가 만연했기 때문에 검을 만드는 사업이
유망해 보입니다. 그래서 남들이 그 일에 뛰어들 때, 질씨는 검을 갈
아주는 사업에 눈을 돌린 거예요.

순대와 곱창을 팔아 부를 일군 탁씨는 수행원을 거느릴 정도였고,
수의사 장리도 가축과 짐승을 돌보는 일로 제후 못지않게 부유한 삶
을 누렸다고 합니다.

▮ '명철보신'의 대명사 범려의 인생 삼모작

학 생ㅣ 중국 역사상 최고부자라고 하면 이 사람을 빼놓을 수 없지
않습니까? 마지막으로 범려에 대한 이야기를 나눠볼까요? 중국 상
인들 사이에서 상신商神으로 추앙받는다던데요.

김영수ㅣ 그렇습니다. 정치가이자 군사가, 그리고 사업가에 이르기까
지 세 번 직업을 바꿔 모두 성공했고, 최고 절정기에 과감히 은퇴해
만년을 편히 보낸, 현명한 처신으로 잘 알려진 인물이죠.

학 생ㅣ 중국 사람들은《삼국지》의 명장 관우를 재신財神으로 받들잖
아요. 상신과 재신의 차이는 무엇인가요?

김영수ㅣ 재신은 재물을 지켜주는 신이고, 상신은 말 그대로 상업의
신, 즉 돈을 벌게 해주는 신을 말합니다. 재신의 영역이 훨씬 넓죠.

그래서 식당, 호텔, 주택 등 거의 모든 건물에 관우상이 모셔져 있는 겁니다.

학 생 | 그렇군요. 범려의 상을 찾아보기 힘들었던 까닭을 알겠네요.

김영수 | 범려는 도주공陶朱公이라는 별명으로도 잘 알려진 춘추시대의 명인으로, 오월쟁패 때 월나라 왕 구천勾踐을 도와 오나라를 멸망시키는 데 결정적 역할을 했습니다. 하지만 정치를 버리고 상업에 종사함으로써 크게 치부합니다. 정치를 버리고 장사로 성공한 인물의 전형이라 할 수 있죠. 이 때문에 상인의 조상에서 상업의 신으로까지 추앙받고 있는 겁니다.

《사기》에 따르면 19년 동안 세 차례 돈을 크게 모았는데, 매번 억만금에 이르렀다고 합니다. 이런 점에서 범려는 중국 역사상 10대 부호의 으뜸으로도 손색이 없을 겁니다. 유명한 무협소설가로 홍콩의 100대 부자이자 유력 일간지 〈명보明報〉의 사주인 김용金庸(1924~)은 역사적 인물들 중 가장 좋아하는 이로 범려를 꼽았습니다.

학 생 | 좀 뜻밖이네요.

김영수 | 김용의 이력을 보면 충분히 납득이 갑니다. 그는 〈명보〉라는 신문사를 창간해 주로 정치사설을 썼어요. 정치가로 출발한 범려와 비슷한 점이죠? 구독자를 확보하기 위해 김용은 신문에 무협소설을 연재했고, 큰 반응을 불러일으킵니다. 홍콩과 대만, 동남아 화교권에서 무협소설은 그야말로 팬덤 자체였습니다. 그렇게 하여 〈명보〉는 홍콩의 유력지로 부상했고, 김용은 엄청한 부를 일구게 되었죠. 이

또한 범려의 이력과 비슷합니다. 더불어 만년에 아들을 잃은 아픔까지 닮은꼴이라 할 수 있어요.

학 생 | 그런 개인사가 깔려 있었군요.

김영수 | 범려의 자는 소백少伯이고, 춘추 시대 말기 초나라 완宛(지금의 하남성河南省 남양南陽) 출신입니다. 범려는 춘추 말기의 대미를 장식한 인물로, 뛰어난 정치가이자 군사가이자 사업가였어요. 중국 역사상 범려만큼 화려한 경력, 그것도 성공한 경력을 가진 사람은 드물 것입니다.

역사적 인물 중 범려를 가장 좋아한다는 홍콩 유력 일간지 〈명보〉의 사주이자 무협소설가 김용.

그러나 범려의 재능과 능력은 비교적 늦게 꽃을 피웠어요. 그를 알아준 사람이 없었기 때문이죠. 그 무렵 월나라 왕 구천이 즉위한 뒤 오나라와 무한경쟁에 돌입하는 등 국제 정세가 요동치기 시작했습니다. 구천은 백방으로 인재를 구했고, 이 일을 대부 문종文種이 맡았어요. 문종은 각지를 떠돌다 교통의 요지로 사람의 왕래가 많은 완 지역에서 범려를 만납니다. 범려의 식견과 안목에 반한 문종은 정성을 다해 그를 월나라로 데려가죠. 범려의 능력은 금세 빛을 발했고, 문종과 함께 구천의 왼팔 오른팔이 되었습니다. 오월쟁패는 범려의 등장으로 새로운 전기를 맞이하게 됩니다.

기원전 494년에 오나라 왕 부차夫差가 군대를 이끌고 월나라를 공격해옵니다. 범려는 구천에게 세 가지 묘책을 제시했어요. 하지만 구천은 이를 받아들이지 않아요. 받아들이지 않았다기보다 당시 구천의 수준으로는 범려의 묘책을 이해할 수 없었을 거예요. 결국 월나라는 참패했고, 구천은 아내와 함께 오나라로 끌려가 부차의 시중을 들어야 했습니다.

구천의 신변 안전과 재기를 위해 범려는 월나라에 문종을 남겨 민심을 수습하고 은밀히 훗날을 도모하도록 했어요. 그리고 자신은 구천 부부를 따라가 오왕 부차의 시중을 함께 들었죠. 그렇게 하기를 3년, 월왕 구천은 범려의 헌신적인 보살핌과 충성심에 힘입어 무사히 월나라로 돌아올 수 있었습니다. 구천은 병이 난 부차의 똥까지 맛보는 등 치욕을 견뎌냈는데, 범려가 곁에 없었더라면 버티기 힘들었을 겁니다. 적의 우두머리인 부차조차 범려에게 반해 자기 사람으로 만들려고 했다는군요. 하지만 범려는 한순간의 영달을 위해 지조를 버리는 사람이 아니었어요.

귀국 후 범려는 구천에게 '십년교훈十年敎訓, 십년생취十年生聚'라는 원대한 국가전략을 제시합니다. '10년 동안 지난날의 실수를 교훈으로 삼고' '10년에 걸쳐 인구와 생산력을 늘려' 복수를 준비한다는 내용입니다. 섣불리 오나라를 공격했다가는 더 큰 낭패를 초래할 수 있기 때문이었어요. 범려의 이런 책략은 훗날 중국인의 정신세계에 큰 영향을 미쳐 '사나이 복수 10년 뒤라도 늦지 않다'와 같은 특유의 복수관을 형성하게 됩니다.

월나라는 범려의 원대한 책략과 더불어 '와신상담臥薪嘗膽'의 길을 마다하지 않은 구천의 리더십에 힘입어 끝내 오나라를 멸망시켰습니다. 구천은 범려와 문종을 최고공신에 봉했고, 범려에게 천하를 함

께 경영하자고 제안했어요. 그러나 범려는 사직서를 내밀었죠. 구천
의 만류에도 불구하고, 그는 식솔들과 함께 월나라를 떠납니다. 범려
의 사직서를 한번 볼까요?

신은 이렇게 들었습니다. 군주에게 근심이 있으면 신하는 수고롭
고, 군주가 욕을 보면 신하는 죽는다고 말입니다. 지난날 군왕이 회
계에서 치욕을 당하셨는데도 죽지 못한 것은 이 일 때문이었습니
다. 이미 지난날의 치욕은 씻었습니다. 하오니 이제 회계의 치욕에
따라 신의 목을 베어주십시오!

구천도 더 이상은 어쩔 수가 없었어요. 한편, 범려는 자신을 알아
준 은인이자 친구 문종에게 '토사구팽兎死狗烹'을 거론하며 함께 떠날
것을 권유했습니다. 구천이라는 인물이 어려움은 같이해도 부귀와
명예는 함께 누릴 상대가 못 된다는 게 범려의 판단이었죠.

학 생│ 한신의 모사 괴통이 말한 '토사구팽'이 그보다 300여 년 전
범려에게서 이미 나왔군요? 옛날부터 유행하던 격언이나 속담 같은
것이었나 봅니다.
김영수│ 그렇게 볼 수 있죠. 〈자객열전〉에 나오는 '뜻을 가진 사내는
자신을 알아주는 사람을 위해 죽는다'는 구절도 오랫동안 유행했던
것입니다. 〈보임안서〉를 포함해 모두 세 차례 등장해요.

학 생│ 문종은 어떻게 되었나요?

김영수| 범려의 말에 퍼뜩 깨닫는 바가 있었으나, 문종은 망설였어요. 그리고 병을 핑계 삼아 조정에 나가지 않습니다. 구천은 문종을 의심했고, 촉루검을 내리며 말합니다.

> 당시 그대는 내게 오나라를 없앨 일곱 가지 계책을 일러주었다. 그런데 나는 세 가지만 활용하고도 오나라를 멸망시켰고, 나머지 넷은 그대에게 남아 있다. 이제 그대는 선왕의 뒤를 따라가서 나머지를 사용하도록 하라.

문종은 그것이 자신의 죽음을 요구하는 것임을 깨달았어요. 그리하여 오자서伍子胥가 자결했던 촉루검으로 목숨을 끊습니다.

한편 가족들과 제나라에 도착한 범려는 성과 이름을 숨기고 스스로 치이자피鴟夷子皮라 칭하고는 농사를 지으며 살았어요. 치이자피의 확실한 뜻은 알 수 없어요. 하지만 오자서가 말가죽 주머니에 싸여 전당강에 던져졌다는 기록으로 미루어, 범려가 오자서를 추모하는 의미로 만든 이름이 아닌가 생각됩니다. 최고의 라이벌이었던 오자서를 이간책으로 자결하게 만들고 오나라를 멸망시켰지만, 범려는 오자서를 존경했어요.

학 생| 범려의 사업가로서의 면모는 월나라를 떠난 후에 펼쳐지나요? 그런데 정치가에서 느닷없이 사업가로 변신한 게 좀 의아하네요.
김영수| 범려는 경제와 이재에도 밝은 사람이었습니다. 일찍이 경제 전문가 계연을 스승으로 모신 적이 있는데, 정치와 농사가 큰 이치

에서 서로 통한다는 사실을 통찰하고 있었어요. 짧은 기간에 범려는 상당한 재산을 모았습니다. 인근의 백성들은 그의 재산증식 기술에 놀라지 않을 수 없었죠. 시기와 질투의 시선이 적지 않았어요. 그러나 범려는 겸손했고, 재산을 두루 나누어주기도 했습니다. 백성들은 점차 범려를 존경하고 사랑하게 되었죠. 범려의 명성은 마침내 제나라 왕에게까지 알려졌고, 제나라 왕은 정치를 맡아달라고 청하게 됩니다.

범려는 당연히 이 제안을 거절합니다. 정치의 속성을 누구보다 잘 알고 있던 범려에게 정치는 이제 화근일 뿐이었어요. 더욱이 신분이 노출될 경우 상황이 더욱 복잡해질 판이었죠. 그는 서둘러 재산을 처분하고 이웃에게 땅을 나누어주었습니다. 범려는 가벼운 귀중품만 챙겨 도陶(지금의 산동성 정도定陶 서북)로 이주합니다.

범려는 지명을 따서 도주공陶朱公으로 다시 이름을 바꿉니다. 도 지역은 교통이 사방으로 발달해 교역과 상업에 적합했는데, 이를 염두에 둔 것이지요.

범려는 본격적으로 상업에 뛰어들었습니다. 상품 가격은 공급량에 따라 결정되므로 시장 정보를 파악했어요. 사물의 발전이 극에 달하면 반드시 반전을 하고, 가격이 수량에 따라 결정되는 것은 당연하므로 물건이 귀할 때 팔고 많을 때 사들여야 하며, 절대로 시기를 놓쳐서는 안 된다는 경제원칙을 터득하고 있었던 겁니다. 사들인 상품은 철저한 관리로 상하지 않게 보관하며, 쉽게 상하는 상품은 절대로 오래두지 않는다는 경영방침을 세웠습니다. 범려의 사업은 번창했고, 사람들이 천하의 부호를 논할 때면 도주공을 으뜸으로 꼽게 되었어요. 범려는 이처럼 세 번째 직업에서도 대성공을 거두었죠.

학 생 | 앞에서 범려가 만년에 자식을 잃었다고 하셨는데요.

김영수 | 호사다마好事多魔라고 하지 않습니까? 범려의 차남이 살인죄를 짓고 초나라 감옥에 갇히는 일이 벌어졌어요. 사형을 면키 어려운 상황이었죠. 범려는 차남을 구하기 위해 막내아들을 초나라로 보내려 합니다. 하지만 책임감 강한 장남이 떼를 쓰는 통에 장남을 보낼 수밖에 없었습니다.

범려는 초나라에 있는 친구 장생莊生에게 편지를 써서 아들 편에 보내며, 황금을 장생에게 건네고 모든 걸 맡기라고 신신당부했어요. 장남은 초나라에 도착해 편지와 황금을 장생에게 건넸습니다. 장생은 자신에게 일처리를 맡기고 돌아갈 것을 권했지만, 책임감 강한 장남은 동생이랑 함께 가겠다며 버텼죠. 게다가 그는 장생의 당부를 어기고 초나라 관리들에게 뇌물을 주며 선처를 부탁했어요.

얼마 뒤 범려의 차남이 풀려난다는 소식이 들려왔습니다. 장남은 자신의 로비가 주효했다고 생각했죠. 순간 장생에게 준 황금이 아까워졌습니다. 장남은 장생에게 황금을 돌려달라고 요구해요. 그러자 범려의 장남에게 모욕을 당했다고 생각한 장생은 궁으로 가서 차남의 석방을 막아버립니다. 결국 차남은 사형을 당하고 말아요.

그 소식을 전해들은 범려의 가족은 통곡했습니다. 범려는 그저 쓴 웃음을 지을 뿐이었어요. 사실 그는 장남을 초나라에 보내며 차남의 죽음을 예견했습니다. 당초 막내를 보내려 한 것은, 그가 부유할 때 태어나 돈쓰기를 아까워하지 않는 성격이라 시키는 대로 할 것임을 알았기 때문입니다. 그러나 장남은 어려울 때 태어나 돈 아까운 줄을 알았기 때문에, 장생에게 황금을 돌려달라고 요구하리라 예상했던 겁니다.

학 생 | 김용이 만년에 아들을 잃은 이유는 무엇입니까?

김영수 | 외국에서 자살했다고 하는군요. 이유는 확실치 않습니다.

학 생 | 범려의 말년은 어땠나요?

김영수 | 아들이 죽고 몇 년 뒤 범려는 모든 일에서 손을 뗐습니다. 대신 물고기 기르기, 꽃 감상 등으로 취미를 바꿔 유유자적 만년을 마무리했어요. (일설에는 물고기 기르는 법에 관한 책 《양어경養魚經》을 썼다고 한다.)

학 생 | 인생 삼모작을 성공으로 이끈 범려의 이면을 들여다보고 싶어집니다. 명철한 판단력과 결단이 돋보이는 삶 아니었을까요?

김영수 | 바로 '진퇴의 지혜'라는 것이지요. 만년을 의미 있게 보낸 명인들의 한결 같은 공통점이 바로 그겁니다. 나아가고 물러날 때를 정확히 판단하는 것은 물론, 과감하게 결단을 내리는 행동이야말로 만년의 여유를 보장하는 보증수표라고 할 수 있습니다. 그런 의미에서 범려의 인생 삼모작은 세속적인 성공 차원을 넘어 무욕無慾의 경지에서 바라봐야 할 것 같기도 합니다.

▌인간의 노력을 강조한 건전한 경제관

학 생ㅣ 장량張良과 함께 '명철보신明哲保身'의 대명사로 꼽히는 범려의 인생 삼모작 이야기를 자세히 들어보았습니다. 이제《사기》와 사마천의 경제관에 대해 이야기를 듣고 경제사상 부분을 마무리했으면 합니다.

김영수ㅣ 사마천의 경제관은 한 마디로 '건전한 경제관'입니다. 우리가 줄곧 확인했듯이,《사기》의 경제사상은 인간의 노력을 강조합니다. 비록 부가 인간의 사회적 신분과 권력을 담보하는 원천이지만, 정당하게 획득하지 않은 부에 대해서는 늘 경계하죠. 간악한 짓으로 치부하는 것을 부끄럽게 여겼으며, 근검절약하고 노력하는 것이 부자가 되는 길임을 분명히 합니다.

《사기》의 경제사상에서 가장 돋보이는 대목은 부를 추구하려는 인간의 욕망을 솔직히 인정하면서, 각자의 능력에 따라 부의 축적 정도가 달라진다고 본 것입니다. 즉, 건전한 경쟁을 통한 치부를 당연하게 받아들인 거죠. 그렇게 축적된 부를 이용해 사회적으로 권세를 누리고 안락한 생활을 영위하는 것 역시 정당하게 여겼습니다. 사마천은 이렇게 말했어요.

> 빈부의 이치란 누가 빼앗거나 줄 수 있는 것이 아니다. 재주 있는 자는 여유롭고, 능력 없는 자는 모자라는 것이다.

그러면서도 치부에 따른 철학적 고려를 잊지 않았습니다.

속담에 '백 리 먼 곳에 나가 땔나무를 팔지 말고, 천 리 먼 곳에 나가 곡식을 팔지 말라'고 했다. 또 1년을 살려거든 곡식을 심고, 10년을 살려거든 나무를 심고, 100년을 살려거든 덕을 베풀어야 한다.

학 생ㅣ 사마천의 경제관이나 사상이 그 이전은 물론 당시의 가치관과도 많이 충돌했을 듯한데요.

김영수ㅣ 《사기》의 경제관은 종래의 경제사상에 대한 종합이자 낡은 가치관에 대한 도전이었습니다. 특히 위선적 예교관과 신분고착적 가치관에 함몰되어 있던 유가 인물들과 사상에 큰 충격을 주었죠. 사마천은 유가의 치명적 단점을 경제논리 측면에서 신랄하게 비판합니다. 위선적 도덕관을 강조하는 예교의 가면을 쓰고 점잖은 척하는 인간의 모든 행위가 궁극적으로 부귀를 지향한다는 점을 간파했기 때문이에요. 다음 대목을 한번 보세요.

현자가 조정에 들어가 일을 깊게 도모하거나 정사를 토론하고 믿음과 절개를 지키며 죽는 것이나, 선비가 동굴에 숨어 명성을 드러내는 것은 무엇을 위해서인가? 결국은 부귀를 위한 것이다.

학 생ㅣ 정말 통쾌하네요. 오늘날에도 이와 비슷한 행태를 보이는 사람이 적지 않습니다. 속세를 초월한 양 이상한 행색과 과장된 언어로 사람들의 이목을 끄는 경우도 결국 부와 명예에 목을 매는 자들이란 말이죠?

김영수 | 그렇습니다. 자신의 노력과 지혜를 이용한 건전한 재테크를 긍정하고, 그것을 통한 사회적 가치관과 신분 변화를 인정하면서, 정당한 경제활동에 철학적 근거를 마련한《사기》의 경제사상은 경이로움 자체입니다.

12장

《사기》에 등장하는 다양한 인간상

人間

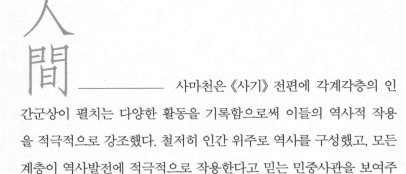

人
間 ―――――――――― 사마천은《사기》전편에 각계각층의 인
간군상이 펼치는 다양한 활동을 기록함으로써 이들의 역사적 작용
을 적극적으로 강조했다. 철저히 인간 위주로 역사를 구성했고, 모든
계층이 역사발전에 적극적으로 작용한다고 믿는 민중사관을 보여주
었다.

등장인물을 직업별로 나누면 그 다양함에 놀라게 된다. 우선 제왕
을 비롯하여 장상, 제후, 정치가, 사상가, 군사가, 유세가(로비스트, 외
교가), 교육가, 군인, 문학가, 자객(킬러 또는 테러리스트), 유협(조직폭력
배의 두목), 첩자(스파이), 상인, 의사, 간신배, 블랙 코미디언, 광대, 점
쟁이, 경제전문가, 농민, 천민 등 실로 각양각색이다. 또 마을 정장亭
長(오늘날의 이장) 출신으로 황제가 된 유방, 도살업자 내지 옷감장수
에서 개국공신이 된 인물들, 건달에서 대장군이 된 자, 고용노동자에
서 봉기군의 우두머리가 된 인물, 개나 닭 등의 성대모사에 능한 재
주꾼, 여황제와 여성상인 등이 등장한다.

《사기》가 보여주는 인간군상은 말 그대로 파노라마이자 한 편의
대하 인간극장이라 할 수 있다. 특히, 소외된 하층민에 대한 애정은
큰 장점이자 매력이다.

《사기》의 진보적 인간관은 여성에 대한 인식에서 더욱 드러난다.
여태후를 본기에 편입시켰으며, 과부사업가 청에 대한 진시황의 존

중, 첫눈에 사랑에 빠져 야반도주한 사마상여와 탁문군의 러브 스토리, 최고권력의 향방을 좌우한 황실의 여성 등 참신하지 않은 것이 없다.

사마천의 다양한 인간군상에 대한 애정은 권력자들에게 유머로 충고한 궁중악사 등 연예인 이야기를 기록한 〈골계열전〉에서 절정을 이룬다. 거세당한 남자 사마천은 우리에게 자신의 슬픔과 분노를 웃음으로 승화시키는 놀라운 경지를 선사한다. 그런 점에서 〈골계열전〉은 '슬픈 웃음'의 기록이라 할 수 있다.

 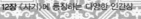

人
間

┃┃ 철저히 인간 위주의 역사

학 생┃ 사마천은 정말 다양한 사람들에게 관심을 가졌던 인물 같습
니다. 잠깐 언급한 게 아니라 열전이라는 별도의 체제를 마련해 소개
했다는 사실이 감동적이기까지 합니다.

김영수┃ 크게 보면《사기》의 정치사상과 사회사상의 한 부분입니다.
다른 역사서와의 차별점이라고도 할 수 있구요. 사회 각계각층에 대
한 지대한 관심인 거죠. 말씀하신 것처럼 사마천은 주로 열전을 통해
여러 인간군상이 펼치는 활동을 기록함으로써 그들의 역사적 작용
을 적극적으로 강조합니다.《사기》전편에 등장하는 인물들의 다양
성에 놀라지 않을 수 없죠.

그들의 신분과 직업을 분석해보면 거의 모든 계층이 망라되어 있

습니다. 역사를 철저히 인간 위주로 구성했고, 모든 계층이 역사발전에 적극적으로 작용한다고 여기는 민중사관을 보여주었어요. 등장하는 인물을 직업별로 나누어볼까요?

제왕을 비롯해 장상, 제후, 정치가, 사상가, 군사가, 유세가(로비스트, 외교가), 교육가, 군인, 문학가, 자객(킬러 또는 테러리스트), 유협(조직폭력배의 두목), 첩자(스파이), 상인, 의사, 간신배, 블랙 코미디언, 광대, 점쟁이, 경제전문가, 농민, 천민 등 실로 다양합니다. 또 마을 정장(오늘날의 이장) 출신으로 황제가 된 유방, 도살업자 내지 옷감장수에서 개국공신이 된 인물들, 건달에서 대장군이 된 자, 고용노동자에서 봉기군의 우두머리가 된 인물, 개나 닭의 성대모사에 능한 재주꾼, 여황제와 여성상인 등 《사기》에 등장하는 인간군상은 말 그대로 파노라마이자 한 편의 대하 인간극장이라 할 수 있습니다. 특히, 소외된 하층민에 대한 애정은 《사기》의 큰 장점이자 매력이죠.

학 생 | 《사기》에 등장하는 인간군상 가운데 특히 두드러진 예를 몇 가지 소개해주세요.

김영수 | 사마천의 여성에 대한 관심을 한번 볼까요? 말하자면 여성관이 되겠네요. 사마천은 《사기》에서 한 고조 유방의 부인인 여태후의 치적을 본기에 편입하는 파격을 선보임으로써, 진보적 여성관을 드러냈습니다. 여태후가 낳은 유방의 큰아들 혜제가 황제로 즉위했음에도 실질적으로 정치권력을 주도한 그녀에게 주목한 거죠. 여태후의 치적에 대해서도 매우 객관적으로 평가합니다.

효혜황제와 고후(여태후) 시절
에 백성들은 전국시기의 고통에
서 벗어날 수 있었으며, 군신은
모두 '무위'의 경지에서 편히 쉬
고자 했다. 이에 따라 혜제는 팔
짱만 낀 채 아무 일도 하지 않았
고, 고후가 여성으로서 황제의
직권을 대행하여 모든 정치가 안
방에서 이루어졌지만, 천하는 태
평하고 편안했다. 형벌을 가하
는 일이 드물었고, 죄인도 드물
었다. 백성들이 농사일에 힘쓰니
입고 먹는 것이 갈수록 넉넉해졌
다. _〈여태후본기〉

육형을 선고받은 아버지를 위해 황제에게 글을 올린 제
영. 그로 인해 결국 육형이 폐지되었다. 제영은 《사기》
에 기록된 귀중한 여성상 중 하나로, 사마천의 진보적
여성관을 드러낸다.

학 생 l "모든 정치가 안방에서 이
루어졌지만, 천하는 태평하고 편
안했다"는 대목이 모든 것을 말해
주네요.

김영수 l 사마천의 진보적 여성관은 육형(신체를 불구로 만드는 형벌)을
폐지시킨 평범한 처자 제영 이야기가 실린 〈편작창공열전〉에 더 잘
반영되어 있어요. 누군가의 고발로 육형을 선고받은 의사 아버지 순
우의를 위해 딸 제영이 황제(문제)에게 글을 올렸는데요. 그로 인해

아버지가 형을 면하게 되었을 뿐만 아니라 육형 자체가 폐지되었습니다. 사마천은 이 이야기를 〈효문본기〉와 열전 두 곳에 기록하여 특별한 의미를 부여했어요.

학 생Ⅰ 〈화식열전〉에 관심을 가진 사람들이 많더군요. 아무래도 돈을 많이 번 부자들 이야기라서 그렇겠죠?

김영수Ⅰ 그럼 〈화식열전〉에 등장하는 여성들 이야기를 해볼까요? 〈화식열전〉은 장사를 통해 거부가 된 상인들의 행적을 모은 기록이에요. 여기서 사마천은 진시황 때 주사朱砂를 캐내는 광산업으로 거부가 된 파巴(지금의 사천성 지역) 지방의 과부 청淸의 행적을 다음과 같이 소개합니다.

청은 과부였으나 가업을 잘 지키고 재물을 이용해 자신을 지키며 사람들에게 침범당하지 않았다. 진시황은 그런 그녀를 정조가 굳은 부인으로 평가해 상객으로 우대했고, 그녀를 위해 여회청대女懷淸臺를 지어주었다.

학 생Ⅰ 진시황의 존중을 받은 여성이 바로 과부사업가 청이었군요. 그런데 여회청대가 무엇입니까?

김영수Ⅰ 몇 가지 설이 있는데, 대체로 청을 기념하는 건축물로 봅니다. 오늘날로 치면 경영인들이 모여 사업을 이야기하고 친목을 도모하는 경영인회관이라 할 수 있겠죠.

학 생| 진시황이 과부 청을 위해 기념관까지 지어주었다는 말인가요? 대단히 놀랍습니다.

김영수| 진시황의 새로운 면모죠? 그가 경제와 경제인에게 관심을 가졌다는 증거이자 진시황의 여성관을 반영하는 대목이기도 합니다.

학 생| 진시황의 여성관요?

김영수| 진시황은 여성을 혐오했던 사람입니다. 생모의 난잡한 성생활에 대해서는 알고 계시죠?

학 생| 여불위를 침실로 끌어들이고, 나중에는 여불위가 들여보낸 정력남 노애와의 추문을 말씀하시는 거죠?

김영수| 그렇습니다. 행실이 좋지 못한 생모 때문에 진시황은 여성을 혐오했던 것으로 보입니다. 안 그래도 사람을 믿지 못하는 성격인데, 여성에 대한 인식이 더욱 부정적으로 변한 거죠. 그가 정식으로 황후를 두지 않았던 사실에서도 이를 확인할 수 있습니다. 그런 진시황이 과부 청을 지극한 마음으로 존중한 건, 혼자 몸으로 정절을 지키고 사업도 성공시킨 그녀의 지조를 높이 평가했기 때문일 겁니다. 여회청대는 그런 점에서 대단히 상징적인 유적이에요.

학 생| 그렇군요. 사마상여와 탁문군의 러브 스토리도 빼놓을 수 없겠죠? 그러고보니 탁문군도 과부였네요.

김영수| 그 부분은 1권에서 사마천의 삶을 살피며 상세히 이야기한 바 있습니다.

사마상여와의 첫 만남에서 사랑의 도피행각을 벌인 신여성 탁문군의 행적이 《사기》를 통해 애틋하게 전해진다.

학 생ㅣ 네. 하지만 언제 들어도 새롭고 설레는 스토리입니다. 탁문군이 '신여성'의 전형 같다는 생각이 들었습니다.

김영수ㅣ 동감입니다. 당차고 과감한 여성이었죠.

학 생ㅣ 지금은 상류층으로 분류되지만, 옛날에는 천하게 취급되었던 의사 이야기도 있지 않습니까? 죽은 사람도 살린다는 신의神醫 편작 말입니다.

김영수ㅣ 다양한 인물에 대한 《사기》의 관심은 봉건사회에서 천한 직업으로 간주되던 의사나 점쟁이 등을 상세히 기록한 데서도 잘 드러납니다. 특히, 치료 대상과 환자의 증상에 따라 병과와 치료법을 달리했던 편작의 의술에 대한 기록은 이채롭습니다.

　편작의 이름이 천하에 퍼지게 되었다. 그가 한단에 갔을 때, 그곳에서는 부인을 매우 귀하게 여긴다는 말을 듣고는 산부인과 의원이 되었다. 낙양에 가서는 주나라 사람들이 노인을 공경한다는 말에 귀, 눈과 관련된 질병과 마비 등을 주로 치료하는 노인과 의사가 되었다. 함양에 가서는 진나라 사람들이 어린아이를 사랑한다는 말에

소아과 의원이 되었다. 이렇게 각지의 인정과 풍속에 맞추어 의료 과목을 바꾸었다. _〈편작창공열전〉

학 생 | 편작이 말 그대로 종합병원이었네요. 연령과 지역, 풍속까지 배려해 진료과목을 바꾸다니요.

김영수 | 더 중요한 대목은 불치병에 관한 편작의 의견입니다. 오늘날의 우리에게 던지는 경고처럼 들리기도 합니다. 요점을 정리하면 다음과 같습니다.

사람들은 병이 많지 않을까 걱정하고, 의사는 병을 치료할 길이 적지 않을까 근심한다. 이렇게 볼 때 병에는 여섯 가지 불치병이 있다.

죽은 사람도 살린다는 신의 편작의 무덤.

① 교만방자하여 사리를 논하지 않으려는 것이다.(성질)

② 몸을 함부로 여기면서 재물을 소중히 여기는 것이다.(욕심)

③ 먹고 입는 것을 적당하게 하지 못하는 것이다.(불규칙한 생활)

④ 음양이 조화를 이루지 못해 오장의 기운이 안정을 못 찾는 것이다.(소화)

⑤ 몸이 망가져 약이 듣지 않는 것이다.(방탕)

⑥ 무당을 믿고 의사를 믿지 않는 것이다.(미신)

이 중에 한 가지라도 걸리면 병이 무거워져 치료하기 어렵다.

학 생| 참으로 절묘합니다. 어쩜 이렇게 의사 말을 안 듣는 환자들의 증상과 똑같은지요.

김영수| 그렇죠?

▌▌풍자와 조롱, 유머와 웃음의 역사

학 생| 〈골계열전〉은 요즘식으로 말하면 정치와 사회상을 풍자와 비유로 비꼬는 블랙 코미디언들의 행적을 기록했다고 볼 수 있겠네요. 서양의 찰리 채플린이나 버나드 쇼 같은 사람이 떠오르기도 하고요.

김영수| 그들의 언행을 통해 사마천은 일종의 카타르시스를 선사합니다. 진시황 때의 난쟁이 창은 우스갯소리를 잘했는데, 그 말이 늘 이치에 맞았다고 합니다. 그런 그가 황제를 경호하는 병사들을 돌아가며 쉬게 한 언행이 기록되어 있는데, 익살스러우면서도 따뜻한 인

간미가 느껴집니다.

　진시황 때 술자리가 열렸는데 비가 왔다. 창을 들고 섬돌 가에 죽 늘어서 있는 경비병들은 모두 비에 젖어 떨고 있었다. 창이 이를 보고 불쌍히 여겨 병사들에게 "쉬고 싶냐"고 묻자 병사들은 "그렇게 되면 정말 좋겠습니다"라고 대답했다. 이에 창은 "내가 너희들을 부르면 빨리 예 하고 큰소리로 대답하라"고 일렀다.
　얼마 뒤 어전 위에서 황제의 장수를 빌며 만세를 불렀다. 창은 난간 쪽으로 몸을 돌려 큰소리로 "경비병들아"라고 불렀다. 그러자 병사들은 일제히 "예" 하고 대답했다. 그러자 창은 "너희들은 키도 큰데 그렇게 비를 맞고 있으니 무슨 득이 있겠는가? 나는 난쟁이지만 이렇게 쉬고 있는데 말이다"라고 말했다.
　그러자 진시황은 경비병들을 반반씩 돌아가며 쉬게 했다.

사마천은 창을 비롯한 이런 인물들을 "순우곤이 하늘을 우러러 크게 웃자 제 위왕이 뜻을 얻게 되고, 우맹이 머리를 흔들며 노래하자 땔나무를 졌던 자가 봉해지고, 우전이 난간에서 큰소리로 부르자 경비병들이 반반씩 교대할 수 있게 되었다. 어찌 위대하지 않은가"라며 칭찬을 아끼지 않았습니다.

학　생 l 〈골계열전〉을 생각하면 한편으로 마음이 아픕니다. 궁형에 처해진 상황에서 《사기》를 완성했고, 권력자와 세태에 대한 저항정신을 강력히 표출하면서도 웃음과 유머의 끈을 놓지 않았네요.

김영수 | 그렇습니다. 〈골계열전〉 역시 풍자와 조롱이 강하지만, 누구보다 슬픈 삶을 살았던 사마천이 유머와 웃음을 얘기하고 세속적 관점에서 하잘것없는 인물들의 전기를 마련했다는 것 자체가 매우 특별하죠.

학 생 | 사마천이 보통 사람들에게 관심을 기울인 이유를 좀 더 말씀해주시겠어요?

김영수 | 사마천의 생애에서 특별한 의미를 갖는 유협 곽해와의 만남에 대해 1권에서 이미 살펴보았는데요. 사회적 약자를 돕는 유협에 대한 《사기》의 관심은 특별합니다. 반체제적 성격의 유협은 위선과 가식으로 무장한 당시 지배층과 선명한 대비를 이루죠. 사마천은 이들 깨어있는 아웃사이더에게 무한한 애정을 표시합니다.

《사기》는 모든 계층에게 귀를 기울입니다. 소외계층과 평민들의 목소리에 주목하라고 지배층을 향해 외치는 거죠. 민심과 여론의 향배는 세상을 변혁시키는 힘으로 작용합니다. 그래서 민심을 얻는 자가 천하를 얻는다고 했어요. 사마천은 "백성들의 입을 막기란 홍수를 막기보다 더 힘들다"고 말합니다. 우리가 줄기차게 살펴보았듯이, 《사기》의 정치사상은 여러 면에서 지배층 위주의 역사범위와 한계를 돌파한 혁신적 성격이 돋보입니다.

학 생 | 사마천이 제시한 다양한 인간상을 듣다보니 그 자체가 정치사상과 가깝다는 생각이 듭니다. 이런 관점을 연계시켜 좀 더 설명해주시면 좋겠습니다.

김영수ㅣ 사마천은 깊고 넓은 학식의 소유자였습니다. 이를 '박대정심博大精深'이라고 하죠. 그는 풍부한 문헌자료를 토대로 역사경험을 비판적으로 종합하는 탁월함을 보여주었습니다. 한나라의 작은 관리에 지나지 않았지만, 그가 맡은 직책은 조정 전체의 일과 관계된 중요한 자리였어요. 따라서 정부 및 관료들의 실제상황을 훤히 알고 있었습니다. 그는 스무 살 때 강회 지방을 여행한 이래 평생 동안 중국 전역을 다녔어요. 이를 통해 고적을 조사하는 한편, 사회풍속과 민간의 고통을 알게 되었습니다. 그리고 생의 마지막 단계에서 궁형이라는 곡절을 겪음으로써 관료계층으로 입신출세해 나라와 집안에 보답하겠다는 희망을 접어야 했어요. 잔혹한 현실이 그를 통치집단의 테두리 밖으로 내던졌습니다. 하지만 그로 인해 역사와 현실을 냉정하게 관찰하고 독자적인 결론을 이끌어낼 수 있었죠.

이런 점에서 사마천의 정치사상은 시대적 색채가 짙다고 할 수 있습니다. 그는 중국 역사가 분열에서 통일로 향하는 과정에 초점을 맞추었고, 국가와 민족의 통일에 대한 희망을 강렬하게 표명했어요. 계급통치가 장기적으로 안정되어야 하는 문제와 관련해서는, 역사경험의 교훈을 종합해 통치자가 자신의 욕망을 극복해야 한다고 주장했죠. 연못이 마르면 물고기가 살 수 없다는 비유로 욕망 추구를 일삼는 정치의 위험성을 강조했습니다.

국가는 전체 계급의 국가이지 제왕 개인의 사유물이 아니라고 생각했어요. "천하는 한 사람의 천하가 아니라 천하의 천하다天下非一人之天下, 乃天下之天下也"라고 외친 강태공을 숭상한 까닭이 여기에 있습니다. 그래서 사마천은 모든 계급에서 우수한 인재들의 지혜를 모아 국가를 강성하게 만들어야 한다고 주장합니다. 제왕의 독단에 대해서는 당연히 반대했죠. 백성의 고통을 동정했으며, 부득이한 상황에서 백성은 필요한 행동을 취해 자신의 생존이익을 지킬 권리가 있다고 봤습니다.

사마천은 자신의 의식과 경험을 종합해 통치를 위한 지혜를 제공했습니다. 그의 자각은 《사기》를 저술하면서 시종 계급의 운명에 관심을 표하는 것으로 나타납니다. 그가 남긴 기록과 평론은 일시적인 흥미가 아니라 진지한 사색을 거쳐 치밀한 계산 끝에 나왔어요. 역사를 종합하면서 사회현실에 더욱 주목했고, 당시의 정치적 폐단과 병폐를 비평하고 폭로함으로써 남다른 용기와 식견을 드러냈습니다.

사마천의 정치사상은 신흥 지주계급이 상승세를 타던 시대의 흐름을 반영합니다. 그래서 역사와 현실 인식에 진취적이고 적극적인 정신과 기백이 넘쳐납니다. 전국시대의 강렬한 유협정신 또한 흐르고 있었죠. 봉건 통치계급 가운데 비교적 개화된 인물로, 정치를 멀리까지 내다보면서 인간의 의지와 희망을 생각했습니다. 권력과 부귀를 과시하고, 자신의 공을 앞세우며, 호화로움과 사치에 물들고, 눈앞의 이익과 공에 급급했던 자들과는 근본적으로 달랐습니다. 따라서 그런 무리와 모순되고 갈등하고 충돌할 수밖에 없었어요. 사마천이 《사기》에서 한 무제, 공손홍, 장탕 등을 그토록 성토한 것도 이 때문입니다. 훗날 수구세력이 《사기》를 '방서傍書'로 몰아 비난한 근본적 이유도 여기에 있죠. 물론 사마천이 한 무제의 행위를 천편일률적으로 반대한 것은 아닙니다. 유가와 법가의 결합이나 대외 확장 등에 대해서는 긍정적인 평가를 내렸어요. 다만 그런 것들이 지나쳐 계급의 장기적 이익에 영향을 미칠까봐 걱정했습니다.

사마천의 정치적 주장에는 역사가의 눈으로 사물을 관찰함으로써 얻어진 정치적 식견과 사상가로서의 재능이 잘 드러납니다. 실제로 한 무제는 만년에 자신의 행위를 뉘우치고 정책 전반을 수정했어요. 사마천 사상의 진실된 가치와 역사적 의의를 역으로 말해주는 것이라고 생각합니다.

13장

《사기》의 학술사상 및 문학적 성취

學術·文學

──────── 사마천은 끊임없이 변화하는 발전적 관점에서 국가의 성패흥망의 이치를 고찰했다. 그는 〈보임안서〉에서 《사기》를 저술한 이유가 그런 이치를 탐구하고, 과거와 현재의 변화를 꿰뚫는 역사진화의 관점으로 역사를 관찰하기 위해서라고 했다.

또한 〈자서〉에서 역사가라면 '처음과 끝을 탐구하고, 그 성쇠를 관찰'함으로써 역사현상의 발전과정을 고찰해야 한다고 주장했다. 이것이 바로 '과거와 현재의 변화를 관통'하는 방법론이다. '오덕종시五德終始' 같은 신비한 이론으로 역사를 해석하려는 관점을 부정한 사마천의 학술사상은 과학적이고 합리적이었다. 그리고 변화를 중시했다. 과거와 현재의 변화 속에서 역사를 움직이는 법칙을 찾아 미래를 위한 거울로 삼으려 했다.

《사기》의 문학적 성취는 전인미답前人未踏의 경지를 개척했다. 사마천은 자료의 선택과 편집, 그리고 집중을 통해 각 인물들이 처한 공간 속에서의 역사적 활동과 작용을 정확히 반영했으며, 인물들의 사상과 성격적 특징을 돋보이게 묘사함으로써 완전체에 가까운 형상을 만들어냈다.

또한 언어라는 측면에서 타의 추종을 불허한다. 당나라 때 문체운동이 일어났는데,《사기》의 문장이 늘 거론되었다. 사마천은 해당 인물의 신분에 맞는 구어체를 활용해 인물의 이미지와 성격을 제대로 드러냈다.

《사기》의 열전 대부분에는 사마천 개인의 평론과 감정적인 글이 등장한다. 하지만 해당 인물에 대한 서술에서 벗어나지 않으며, 사마천 자신의 진지한 감정과 강렬한 애정을 함축적으로 덧붙여 상대방의 성격과 사상을 이해하는 데 도움을 준다. 더불어 서술과 평론에서 민간의 노래, 격언, 속담 등을 채용해 문장의 설득력과 생동감을 고조시키기도 했다.

한편, 사마천은 '태사공왈'이란 사론史論(역사평론) 형식을 처음으로 세상에 선보였다. 이 부분을 통해 인물과 관련해 전해오는 이야기를 보충하거나, 사실의 와전을 바로잡거나, 자신의 생각을 드러냈다. 짤막한 논의지만 틀에 매이지 않아 대단히 함축적이고 명쾌하며, 여운 내지 보충적 역할을 함으로써 인물전기에 꼭 필요한 유기적 일부가 되었다.

學術·文學

▌▌과학에 근거한 합리적·비판적·진보적 관점

학 생 | 이제《사기》의 학술사상과 문학적 성취쪽으로 이야기를 전
개시켜 볼까요? 문학적 성취라는 주제가 특히 관심을 끕니다.

김영수 | 사마천은 중국 역사에서 걸출한 사학가이자 문학가이자 사
상가이자 세계적인 문화위인으로 평가받습니다. 중국 최초로 "과거
와 현재를 꿰는"《사기》를 써서 중국 사학 내지 문화 방면에 탁월한
업적을 남겼고, 학술사상면에서도 진귀한 정신적 유산을 남겼죠. 한
마디로 과학적 정신에 입각한 합리적·비판적·진보적 학술사상이라
할 수 있어요. 사마천은 아버지 사마담의 황로철학을 이어받아 유물
주의 자연관을 견지했으며, 신비주의적 음양오행설에 대해서는 풍자
와 비판적 태도를 취했다는 평가가 일반적입니다. 또 자연과학에 대

한 깊은 조예(천문과 역법)를 근거로 음양, 사계절, 24절기 등은 바꿀 수 없다고 생각했어요. 나아가 "봄은 낳고, 여름은 기르고, 가을은 거두고, 겨울은 감춘다"는 자연계의 객관적 규율을 긍정하면서, 사람들이 "사시四時의 큰 순리를 잃어서는 안 된다"(〈자서〉)고 말합니다.

학 생│ 사마천 자신이 '태초력'이라는 역법 제정에 참여하지 않았습니까? 동양에서 2천 년 넘게 사용해온 음력(또는 농력) 말입니다. 달력을 만드는 일 자체가 과학적 지식이 뒷받침되어야 하니, 사마천의 학술사상은 기본적으로 '과학적'이라고 할 수 있겠네요.

김영수│ 물론입니다. 그렇기 때문에 '하늘'이니 '천명'이니 하는 막연하고 추상적인 개념이나 학설을 비판하는 겁니다. 역사적 사건을 예로 들어볼까요? 항우는 유방에게 패한 후 자결을 앞두고 두 번이나 하늘을 원망합니다. 사마천은 이에 대해 항우 본인의 잘못이지 '하늘의 뜻'은 결코 아니며, 죽음을 앞에 두고도 실패의 진짜 원인을 모르는 채 하늘을 원망하는 것은 큰 잘못이라고 지적합니다.(〈항우본기〉)

또한 사마천은 사회현상에 대한 관찰과 역사적 사실을 근거로, 착한 사람이 좋은 결과를 얻지 못하고 해를 입는 경우가 수없이 많은데 반해 나쁜 사람이 오히려 대대손손 부귀를 누리는 사회적 모순을 지적합니다. 그리고 "천도에 지적 능력이 있다"거나 "하늘이 착한 사람에게 베푼다"는 따위의 논리가 허구라고 폭로합니다.

학 생│ 듣고 보니 지금 우리 사회의 현실을 꼬집는 것 같습니다.
김영수│ 역대로 기득권 세력은 이러저러한 괴이한 논리와 이데올로기로 백성들의 비판정신을 마비시켜왔습니다. 고대에는 미신을 대대적으로 동원했어요. 산천에 대한 제사행사를 비롯해, 불로장생을 추구한답시고 벌인 온갖 행태가 대표적이죠. 귀신과 신선에 대한 갈망이 장생불사에 이르게 한다는 견해에 사마천은 단호히 반대했습니다. 〈봉선서〉에서 한 무제가 장생불사한답시고 방사들에게 여러 번 속고 우롱당한 것을 풍자했죠. 동시에 한 무제의 봉선, 제사가 '귀신을 섬기는' 낭비와 사치임을 적나라하게 폭로합니다.

학 생 | 예나 지금이나 통치자의 어리석은 행태는 별반 달라진 것이 없는 듯합니다. 자기 과시적이고, 자기만 옳고, 간절히 원하면 우주가 나서서 도와준다느니 하는 허망한 언사가 21세기에도 버젓이 횡행하니까요.

김영수 | 인간의 삶을 구성하는 기본에 대한 통찰이 핵심입니다. 사마천은 인간생활의 물질적 기초, 즉 경제생활에서 사회현상 및 사회의식과 관련된 문제의 근거를 찾습니다. 사람들이 농업, 광업, 공업, 상업 등 각종 경제활동에 종사해온 역사를 "물이 낮은 곳으로 흐르는" 것처럼 자연스러운 과정이자 자연현상의 변화 같은 어떤 규칙으로 보았습니다. 또한 사회생활의 분업과 발전은 인간의 물질생활에 따른 필요로 추동되는 것이지, 정치적 역량이나 신의 의지 따위로 창조되는 것이 아니라고 보았어요. 그는 이렇게 말합니다.

그러므로 농민이 먹을 것을 생산하고, 어부나 사냥꾼이 물품을 생산하고, 기술자들은 이것으로 물건을 만들며, 상인은 이를 유통시킨다. 이러한 일들이 정치적 명령이나 교화, 징발이나 약속에 따라 이루어지겠는가? 사람은 각자 자신의 능력에 맞추어 그 힘을 다해 원하는 것을 손에 넣는다. 때문에 물건값이 싸다는 것은 장차 비싸질 징조이고, 값이 비싸다는 것은 값이 내릴 조짐이다. 사람마다 자기 일에 힘쓰고 그 일을 즐거워하면, 이는 마치 물이 낮은 곳으로 흐르는 것과 같아 밤낮으로 멈추지 않는다. 부르지 않아도 절로 몰려들고, 억지로 구하지 않아도 백성들은 물건을 만들어낸다. 이 어찌 도에 부합되는 것이 아니며, 자연스러움의 증거가 아니겠는가? _〈화식열전〉

학 생| 인간사회의 발전과정을 '순리順理'로 보았다는 이야기인가요?

김영수| 그렇죠. 사마천은 사회의 등급과 노역관계의 발생이 재산 차이에서 비롯된다고 보았어요. 부자가 가난한 자를 착취하고 부리는 것은 인류사회의 현상이지, 결코 '천명' 따위의 허망한 논리나 미신에 의한 안배가 아니라고 말합니다.

사마천은 관중이 《관자》에서 이야기한 사상을 더욱 발전시켜 재산의 많고 적음이 사람의 도덕관까지 결정한다고 보았습니다.

학 생| 그래서 백성들과 싸우지 말고 내버려두되 부유하게 만들라고 했군요. 부에서 인의와 도덕이 나와 사회 기풍을 순하게 만든다고요.

김영수| 바로 그겁니다. 의식주가 넉넉하지 않으면 각박해집니다. 남의 것을 빼앗는 등 온갖 모순과 갈등이 표출되죠. 사회적 혼란이 여

기서 비롯됩니다. 그래서 사마천은 '노블레스 오블리주'를 대단히 강조합니다. 천도를 공격하고 인간의 이利와 욕欲의 추구를 긍정하는 한편, 이익이 있으면 덕도 따른다면서 "왜 인의를 알아야 하는가? 이익을 누릴 수 있는 것이 바로 은덕이라고 알면 그뿐이다"(〈유협열전〉)라고 말합니다. 인의라는 것이 억지로 알 수 없으며, 억지로 행할 수 없다는 겁니다. 이익이 돌아오는 지점, 바로 거기에 인의가 있다는 것이죠. 그래서 베풀라고 말합니다. 곳간에서 인심난다고 말이죠. 사마천은 "연못이 깊어야 물고기가 산다"는 표현으로 비유했지요.

▮▮ 지배계급의 허위에 찬 도덕학설과의 충돌

학 생 | 이런 사상은 당시의 지배계급과 충돌할 수밖에 없었겠네요.
김영수 | 사마천은 경제생활에서 사회현상과 사회의식의 근원을 찾으려 했습니다. 이는 경제적 요소가 사회생활에 미치는 작용과 의의를 확실히 인식하고 있었다는 의미죠. 중국 학자들의 표현을 빌리면, '소박한 유물주의' 관점이자 당시 모든 것을 신의 뜻으로 해석하려던 유가학파와 대립하는 것이었어요. 그는 이利를 긍정하고 인간의 물질생활을 중요하게 여겼으며, 사회생산의 발전이 백성의 이익을 반영한다고 보았습니다. 당시 유가의 거두 동중서가 주장한 "이익과 공을 따지지 않는 것이 바른 도"라는 식의, 인의를 명분으로 백성의 생존권을 말살하려 한 관점과 대척점에 선 거죠.

학 생 | 윤리나 도덕관에서도 충돌할 수밖에 없었겠네요. 과학과 미

신의 충돌 또는 대결을 보는 듯합니다. 창조론과 진화론의 논쟁이 떠오르기도 하고요.

김영수 | 물질적 생활기반을 중시한 사마천의 사상은 윤리나 도덕적인 면에서 진보적 성향을 띨 수밖에 없었죠. 사마천은 지난 세대의 사상이 당대는 물론 역사, 인간, 국가에 공헌하고 작용했다는 점을 충분히 긍정합니다. 특히 보통 사람들의 세속世俗과 부합하는 도덕관을 기록하고 칭송했는데, 이는 당시의 봉건적 강상綱常 도덕관과 크게 달랐어요. 사마천의 진보적 도덕관은 "무武로 법을 어기고" "의리를 앞세우며 구차하게 지금 세상에 야합하지 않는" 치외법권 지대에 남아 있던 유협遊俠에 대한 묘사와 평가에서 비교적 집중적으로 드러납니다. 그는 "유가와 묵가에서 기록으로 남기지 않는 바람에, 진나라 이전의 민간 유협들에 대한 기록이 모두 매몰되어 사람들이 알길이 없으니 매우 유감스럽다"고 했습니다. 그러면서 "그런데도 세속에서는 그 진의를 모르고 주가, 곽해 등을 포악한 무리와 함께 취급하고 비웃었으니 어찌 통탄할 일이 아닌가"라며 안타까움을 숨기지 않았죠.

학 생 | 유협에 대한 사마천의 찬양을 보노라면 조금 아슬아슬합니다. 요즘 우리 사회에서 종종 등장하는 '외부세력'이란 말이 떠오르기도 하고요. 대단한 역사가라는 감탄이 절로 나옵니다. 반정부, 치외법권의 인물들을 노골적으로 치켜세우다니요.

김영수 | 그래서 사마천의 사상은 그 폭과 깊이를 헤아릴 수 없다고 해요. 〈유협열전〉에서 그는 봉건도덕을 거스르고 봉건질서를 파괴하

는 인물들의 영웅적 행동을 찬양합니다. 어디에도 얽매이지 않는 사마천의 진보적이고 자유분방한 도덕관이 잘 드러나죠. 봉건사회에서 통치자와 백성에게는 각각의 도덕적 표준이 있었어요. 통치자 입장에서는 이익에 부합되면 인의요 권익을 범하면 불의이자 불안이었습니다. "허리띠를 장식하는 쇠붙이를 하나 훔치면 목이 잘리고, 나라를 훔치면 제후가 된다. 제후의 대문 안에 인의가 존재한다"는 대목이 이 점을 분명히 하죠.

사마천은 도덕 기준을 문제로 제기해, 봉건 통치계급의 허위에 찬 도덕학설을 공격합니다. "눈앞의 의리에 얽매여 오랫동안 세상과 고립된" 일부 인사들의 행위를 천박하다고 공격하는 동시에 '유협'을 칭송했죠. 유협 중에는 노동자 계층에 가까운 인물이 많았으며, 노동자들을 동정하고 돕는 사람도 있었습니다. 사마천은 그들이 역사책에 들어가지 못하는 것을 '한스럽게 생각하고' '슬프게' 여겼어요. 그는 이렇게 말합니다.

지금의 유협은 행동이 반드시 정의에 의거한다고는 할 수 없지만, 말은 신용이 있고 행동은 과감하며 약속한 일은 반드시 성의를 다했다. 또한 자신의 몸을 버리고 남의 고난에 뛰어들 때는 생사를 돌보지 않았다. 그러면서도 자신의 능력을 자랑하지 않았고, 공덕을 내세우는 것을 부끄럽게 여겼다. 아마 이밖에도 칭찬할 것이 많을 것이다. _〈유협열전〉

이들 평민은 "천 리를 멀다 않고, 의리를 위해 죽음을 두려워하지 않으며, 세상의 비난을 마다하지 않는" 사람들이었어요. 예를 들어, 한나라 초기의 유협 주가는 "남을 도울 때 가난한 사람부터 먼저 도왔다. 집에는 남아 있는 재산이 없었고, 옷도 다 닳아서 무늬가 안 보일 정도였다. 식사는 두 가지 이상의 음식이 동시에 나오는 법이 없었으며, 타고 다니는 것은 소달구지가 고작이었다. 남이 위급하면 바로 달려가 도왔는데, 그 일을 자기 일보다 귀중하게 여겼다"고 기록되어 있죠. 그리고 곽해는 "남의 목숨을 구해주고도 공을 자랑하는 법이 없었다"고 합니다. 사마천은 그들이야말로 덕이 있으며, 그 행위가 모두 인의에 속한다고 봤어요.

학 생ㅣ 온갖 특혜를 받고 자리와 권력을 이용해 부를 축적하고도 부끄러워할 줄 모르는 권력자, 백성들을 개돼지로 취급하는 우리나라의 고위 공직자들과 어쩌면 이렇게 대비가 될까요? 정말이지 부끄럽습니다.

김영수ㅣ 부끄러움을 모르면 못할 짓이 없다고 하지 않습니까? 사마천은 경제활동 측면에서도 자기 힘으로 치부한 사람들을 높이 평가합니다.

> 벼슬이 없는 필부의 신분으로 정치를 해치지도 않고, 백성들에게 방해가 되지도 않으면서, 때에 맞추어 팔고사서 재산을 늘리는 사람이 있다. 지혜로운 자도 이들에게서 취할 것이 있다. _〈자서〉

왜냐면 그들이 사회생산의 발전에 공을 세웠기 때문입니다. 다시 말해 그들에게 '덕'이 있었던 거죠. 사마천은 공직자들과 관련해 "감히 군주의 싫어하는 기색에도 개의치 않고 바른 말을 했으니, 이는 자신의 안위를 돌보지 않고 오직 국가를 위해 장기적인 계책을 세웠다"면서 충직한 관리들을 칭찬합니다. 그들이 군군신신의 틀에 매이지 않고 의리를 위해 죽음으로 저항할 수 있었기 때문에, 또한 '덕'이 있다고 보았습니다.

밭고랑에 서서 "왕후장상의 씨가 따로 있단 말인가"라는 반역적 구호를 외친 진섭과 오광에 대해 사마천은 "진섭이 난을 일으켰고 제후들도 덩달아 모반했는데, 그 기세가 바람과 구름 같아 끝내는 진의 통치자를 멸망시켰다. 천하에 군림하던 진을 멸망시킨 발단은 진섭의 반란에서 비롯되었다"고 높이 평가했어요. 한걸음 나아가, 진섭과 오광의 '난'을 상나라 탕왕과 주나라 무왕의 거사에 비유했죠. 봉건 통치자의 도덕관으로는 반역이지만 그를 '세가'에 편입함으로써, 사마천은 자신의 강렬한 인본사상과 진보적 도덕관을 체현했습니다.

학 생 | 사마천이 《사기》에서 보여준 참신하고 진보적인 사회관부터 윤리도덕관까지 살펴보았는데요. 궁극적으로 인간, 그것도 수많은 보통 사람에 대한 관심과 애정이 그러한 사상의 토대가 아닌가 생각됩니다. 사마천의 사상에서 국가에 대한 인식 또한 빼놓을 수 없을 것 같습니다.

김영수 | 물론입니다. 사마천은 끊임없이 변화하는 발전적 관점에서 국가의 성패흥망의 이치를 고찰했습니다. 〈보임안서〉에서 《사기》를 저술한 이유가 그런 이치를 탐구하고, 과거와 현재의 변화를 꿰뚫는

역사진화의 관점으로 역사를 관찰하기 위해서라고 말합니다. 따라서 《사기》는 사회발전을 추진하는 역사변혁을 중시할 수밖에 없었겠죠. 오기와 상앙의 변법개혁이 이룬 성과를 긍정하며, 진 통일의 역사적 작용을 당연히 인정했어요. 《사기》 중 10표와 8서는 모두 과거와 현재의 변화를 집중적으로 표현한 것들입니다.

또한 〈자서〉에서 역사가라면 '처음과 끝을 탐구하고, 그 성쇠를 관찰'함으로써 역사현상의 발전과정을 고찰해야 한다고 이야기합니다. 이것이 바로 '과거와 현재의 변화를 관통'하는 방법론입니다. 역사 변혁을 중시하는 사마천의 역사진화적 관점은 필연적으로 동중서가 내세운 천도불변의 형이상학적 역사관과 대립할 수밖에 없었음을 누차 말씀드렸습니다. 같은 선상에서 '오덕종시' 같은 신비주의 이론으로 역사를 해석하려는 관점을 부정했고요.

요컨대, 사마천의 학술사상은 과학적이고 합리적이었습니다. 변화를 중시했죠. 과거와 현재의 변화 속에서 역사를 움직이는 법칙을 찾아 미래를 위한 거울로 삼으려 했어요.

▌▌문사철의 완벽한 만남

학 생 | 이제 《사기》의 문학적 성취에 대해 이야기해볼까요? 《사기》에 대한 노신의 평가, 즉 '사가史家의 절창絕唱이요, 가락 없는 이소離騷'라는 대목이 유명한데요. 무슨 뜻인가요?

김영수 | '사가의 절창'은 '역사가의 절묘한 노래'라는 뜻이고, '가락 없는 이소'는 《사기》의 52만 6,500자가 '가락은 없지만 굴원의 시

〈이소〉에 비유할 수 있다'는 뜻입니다. 요컨대 노신은 《사기》를 노래 와 시에 비유한 것이죠. 노래 가사와 시는 가장 정제된 문장형식 아 닙니까?

저는 《사기》 52만 6,500자 하나하나가 바닷물을 길어 소금을 정 제하듯 다듬어졌다는 말을 자주 합니다. 3천 년에 이르는 장구한 역 사를 52만여 자로 압축하기란 정말 힘든 일입니다. 사마천이 아니면 불가능했을지도 몰라요.

참고로 우리의 500년 역사를 다룬 《조선왕조실록》은 5천만 자가 넘는다고 합니다. 기간으로는 6분의 1인데, 글자 수는 약 100배에 이르는 셈이죠. 그러니 사료의 한계를 감안하더라도 3천 년을 52만 여 자로 압축한 건 바닷물을 길어 52만여 알갱이의 소금으로 정제한 것과 같다고 생각합니다.

학 생 | 앞에서 서양학자의 연구를 인용하면서 《사기》의 서사성에 대해 말씀하셨지요?

김영수 | 《사기》는 열전의 저력을 빌려 '서사시'의 경지를 개척했다는 새로운 평가를 얻고 있습니다. 서양학자 앤드류 플랙스가 그렇게 주 장했는데, 그의 말을 살펴볼까요?

서구 소설과 희극 연구자들은 대개 그 기원을 고대 그리스 서사 시로 올려잡는다. 그런데 중국문학 연구자들은 중국 고대에 서사 시가 없다고 말한다. 그들이 말하는 《수호전》《삼국지연의》《서유 기》《홍루몽》 같은 장편소설들은 민간 설창說唱에서 왔다고 한다.

사실 고대 중국에도 서사시가 있었으나, 안타깝게도 그것을 서사시로 간주하지 않았을 뿐이다. 바로《사기》이다.

서양인의 영혼 깊은 곳에 존재하는 프로메테우스 정신, 아폴로 정신, 제우스 정신 등이 고대 그리스 신화와 서사시에서 나왔듯이, 중국 고전 장편소설에 등장하는 주인공들의 내면세계는 곳곳에서《사기》속에 두드러진 형가 정신, 오자서 정신, 맹상군 정신 등과 조우한다.

학 생 | 《삼국지연의》의 경우 저잣거리에서 책을 읽어주는 '설서인說書人'의 입을 통해 오랫동안 민간에 전해내려온 고사를 모은 것으로 알고 있는데, 앤드류 플랙스가 그 맥락을 정확히 파악했군요.

김영수 | 말이 '설서인'이지, 사실은 그들의 입에서 나온 고사들이 책이 된 거죠. 책내용을 말해주는 사람이라지만, 텍스트가 있어 그것을 그대로 읽어주는 것이 아니라 전해지는 고사에 자신의 생각을 가미해 청중들의 관심과 흥미를 이끌었어요. 이를 나관중羅貫中이란 작가가 두루 수집해 소설책으로 펴낸 것입니다.

학 생 | 어디선가《사기》에 대해 '상흔傷痕의 문학'으로 평가하는 말을 들었습니다. 사마천이 경험한 삶의 상처가《사기》에 반영되었다는 의미일까요?

김영수 | 그렇습니다.《사기》는 상처받은 문학, 상처투성이의 문학입니다. 하지만 상처 자체는 아닙니다. 그 상처를 극복하고 돋아난 새

살이《사기》입니다. 이런 점에서《사기》는 온몸 가득한 피고름을 울분과 차가운 이성으로 빨아내며 득도의 경지에 이르는 과정을 목격하게 되는 구도서求道書가 아닌가 하는 생각이 종종 듭니다.

그렇지만《사기》는 기본적으로 문학작품이 아니라 역사서입니다. 사마천은 역사와 문학의 경계에서 역사적 장면을 보다 극적으로 전달하기 위해 문학적 표현을 동원했어요. 그로 인해 역사서《사기》가 전무후무한 문학적 성취를 이루게 되었다고 할 수 있죠. 역사와 문학이 전달방법과 효용성이란 측면에서 절묘하게 조우했고, 내면의 철학적 사색을 통해 내용은 심화되었습니다. 문사철의 아름답고 완벽한 만남이 아닐 수 없습니다.

학 생ㅣ 문학적 성취에 대한 사례를 좀 더 이야기해주세요.
김영수ㅣ《사기》의 체제부터 이야기를 풀어가보죠. 다섯 체제 가운데 '표'와 '서'는 과학성을 갖추었으며, 책 전체를 위한 유기적 구성체라 할 수 있습니다. 반면에 '본기'와 '세가', '열전'은 내용면에서 중요한 부분입니다. 사마천은 인물을 중심으로《사기》를 저작한 동시에, 중국의 고대역사 전기문학의 모범을 탄생시켰어요. 이들 인물의 전기를 통해 한 폭의 거대한 사회생활도가 재현되었으며, 시대적 특징이 뚜렷한 인물들의 모습을 글로 풀어냅니다. 3천 년 역사의 생동감 넘치는 개괄이자, 역사와 현실에 대한 사마천의 날선 비판, 강렬한 애증의 표현이 공존하죠. 이렇게 하여 "논단을 기다릴 것도 없이 사건을 서술해가면서 그 뜻을 드러내는"(고염무,《일지록》권26) 경지에 이를 수 있었습니다.

학 생 | "사건을 서술해가면서 그 뜻을 드러낸다"는 말은, 사마천이 한 인물의 일대기를 큰 조감도로 그려놓고 중요한 각 단락에 의미를 부여했다는 것으로 이해됩니다. 소설적 기법이 연상되기도 하네요.

김영수 | 제대로 보셨습니다. 사마천은 역사의 진실을 존중한다는 전제 하에 형상과 성격이 다른 수많은 인물들을 그려냈습니다. 이를 위해 역사적 재료의 선택과 편집, 그리고 집중에 힘을 기울이죠. 그것이 기본이니까요.

예를 들어, 서한 개국에 큰 공을 세워 '서한삼걸西漢三杰'의 한 사람으로 불리는 장량張良의 일대기를 기록한 〈유후세가〉에서 사마천은 "황제와 함께 조용히 천하대사를 논의하는 일이 매우 많았지만, 그것들은 천하존망에 관계된 것이 아니므로 일일이 기록하지 않는다"고 했습니다. 전기를 쓰면서 모든 걸 늘어놓는 것이 아니라 그 인물의 특징을 드러내는 중요하고도 대표적인 말과 행동을 선택하는 거예요. 유후 장량은 유방이 "군정을 분석하여 군영 안에서 계책을 세워 천 리 밖의 승부를 결정짓는다"고 평가할 정도로 중요한 인물이었습니다. 따라서 평소 유방과 이런저런 일들에 관한 많은 이야기를 나누고 결정했겠죠. 하지만 그의 전기에는 천하존망과 관계된 중대한 사건만 기록되어 있어요. 그런데 바로 이 대목이 장량의 특징과 한 왕조 창건과정에서 그가 행한 주요 작용을 오히려 잘 드러내줍니다.

다음으로 항우는 진 왕조의 폭력통치를 무너뜨린 핵심인물입니다. 사마천은 그런 그를 본기에 편입시켜 기록의 출발점으로 삼습니다. 〈항우본기〉는 진나라 말기부터 초·한 쟁패에 이르는 동안의 역사적

윤곽을 아로새기는 것 외에, 일련의 주요 사건을 통해 질풍노도처럼 한 시대를 통과한 풍운아 항우의 성격적 특징을 묘사함으로써 사람들에게 강력한 인상을 남겨요. 그가 실패한 원인에 이르러서는 항우의 개인적 결점, 군사·정치상 착오 등을 간명히 요약한 후 평론을 덧붙입니다.

이렇듯 사마천은 역사적 자료의 선택과 편집, 그리고 집중을 통해 각 인물이 처한 공간 속에서의 활동과 작용이 정확히 반영되도록 했습니다. 또한 사상과 성격에 나타난 주요 특징들을 돋보이게 묘사함으로써 완전체에 가까운 형상을 만들어냈어요. 문학적 방법을 활용해 큰 성공과 효과를 거둔 사례들입니다.

학 생 | 그밖에 다른 서술방법을 구사한 사례는 없나요?

김영수 | 사마천은 한 인물의 전기를 쓸 때 평범하고 개괄적인 서술은 최대한 피했습니다. 대신 중요한 사건을 움켜쥐고, 구체적이고 상세하게 그 인물을 추적함으로써 이미지를 생동감 있게 만듭니다.

예를 들어, 〈위공자열전〉에서 사마천은 위공자 신릉군이 조나라와 위나라를 구한 사건을 이야기하는데, '공자'라는 단어를 147번이나 사용합니다. 문장론으로 따지면 비문이죠. 이런 반복적인 표현을 통해 귀한 신분의 '공자' 신릉군이 당시의 계급관념에서 벗어나 어떻게 이문의 문지기 후영侯嬴이나 백정 주해朱亥와 교류했는지 이야기하며, "도박하는 자나 술 파는 자와도 교류한" 그의 고사를 인상적으로 전합니다. 또한 신릉군의 어질고 겸손한 품성, 과감히 잘못을 고치고 신의를 중시하며 남의 어려움을 돌봐주는 성격 등이 잘 드러나게 했어요. 더불어 유협이나 문객들의 도움을 받아 진나라의 침략을 막고 조나라와 위나라를 구함으로써 제후들의 사기를 진작시킨 그의 역사적 작용을 돋보이게 만들었습니다.

학 생 | 실제 인물의 언행에 대한 묘사는 어땠나요?

김영수 | 사마천은 인물의 행동을 포착하는 데 많은 관심을 기울였습니다. 서로 다른 몸동작을 통해 정신적 면모와 성격적 특성이 잘 드러나게 했어요. 〈위공자열전〉을 예로 들면, 신릉군이 후생을 맞이하는 장면을 마치 영화처럼 묘사했습니다. "공자가 말고삐를 쥐고도 더욱 공손했다" "공자의 안색이 더욱 부드러웠다" "공자의 안색은 시종 변화가 없었다" 등의 표현이 잇달아 나오는데, 후생(후영)이 공자의 눈빛과 저잣거리 사람들, 말을 탄 사람들, 빈객들의 반응을 예의주시하는 가운데 이런 표현들이 어우러져 마치 극장에서 영화를 보는 듯한 착각마저 듭니다.

그런가 하면, 해당 인물들의 일상사를 묘사함으로써 성격을 표현하기도 합니다. 분량은 많지 않지만 강력한 인상을 남기는 수법이죠. 〈혹리열전〉에 등장하는 대표적 인물 장탕이 어린 시절 고기를 훔쳐 먹은 쥐를 잡아다 심문하는 에피소드는 전율이 느껴질 정도입니다. 훗날 냉혹하고 잔인한 혹리가 된 장탕의 성격과 배경을 알리는 데 이보다 효과적인 방법이 있을까요?

또 〈만석장숙열전〉을 보면 석건石健이 황제에게 글을 올리면서 '말 마馬' 자를 잘못 쓴 것을 알고는 매우 황송하고 두려워했다는 이야기, 석경이 황제의 수레를 끄는 말을 채찍으로 일일이 세어본 뒤에야 손을 들고 큰소리로 말했다는 일화가 소개되어 있는데요. 만석군 일가 다섯 사람의 부지런하지만 구차한, 그리고 황당하기까지 한 심리를 절묘하게 드러냅니다.

이밖에 유방이 위기에 처할 때마다 비책을 내어 문제를 해결한 진평의 일대기 〈진승상세가〉에서 젊은 진평이 마을 제사에서 여러 사람들에게 고기를 고루 나누어준 일화(여기서 무슨 일이든 공평하게 잘 처리한다는 뜻의 '진평분육陳平分肉'이란 고사가 나왔다.), 〈이사열전〉에서 출세지상주의자 이사가 변소에 사는 쥐새끼와 곡식창고에 사는 쥐새끼의 상반된 처지를 보며 탄식했다는 일화, 〈회음후열전〉에서 한신이 불량배들의 '가랑이 밑을 기는 치욕胯下之辱'을 견딘 일화 등이 일상에서 겪은 사소한 일로 관련 인물의 성격적 특성을 절묘하고 생생하게 드러낸 경우들입니다.

투쟁장면을 묘사할 때는, 인물을 구체적인 모순이 맞부딪치는 소용돌이 속으로 내던져 각자의 장단점을 드러내게 하는 극적인 기법도 보입니다. 사마천이 인물을 빚어내는 주요 수법이기도 하지요.

〈항우본기〉에서 사마천은 항우가 싸우기를 망설이는 상장군 송의宋義를 죽이고 조나라를 구하는 장면, 항우와 유방의 운명을 바꾼 결정적 술자리인 홍문鴻門에서의 연회, 해하垓下전투 등 긴박한 장면을 연속적으로 그려냄으로써 항우의 이미지를 더욱 풍부하게 만듭니다. 특히, 해하전투에서 항우가 한의 군대에 겹겹이 포위되는 상황에서 사랑하는 우희虞姬와 비통하게 헤어지는 장면, 포위를 뚫는 장면, 장수의 목을 치는 장면, 깃발을 자르는 장면, 한의 장수를 노려보며 꾸짖는 장면 등은 위급한 상황에서도 늠름함을 잃지 않은 항우의 모습을 기막히게 그려내죠. 이를 통해 사마천은 영웅의 비극적 말로와 형상을 강렬한 예술적 매력으로 발산시킵니다.

인물의 성격과 운명을 암시하는 장치로 술자리를 활용한 예는 〈위기무안후열전〉이 가장 인상적입니다. 관부灌夫라는 인물이 술자리에서 권세가들을 욕해 그들의 미움을 사게 되죠. 그런 관부를 위해 위기魏其가 조정에서 변론하는 대목이 이어지는데, 그 긴장감이 여간 아닙니다.

▌구어체를 사용한 생동감 넘치는 표현

학 생 | 장면이 제대로 살아나고 감동을 주려면 역시 '언어'가 중요하지 않겠습니까? 장면 설정도 좋고 무대 배경도 좋은데, 그것을 묘사하는 언어 수준이 떨어지면 아무래도 맥이 빠지겠죠?

김영수 | 당연합니다. 《사기》는 언어라는 측면에서 타의 추종을 불허합니다. 당나라 때 문체운동이 일어났는데, 늘 《사기》의 문장을 앞세울 정도였어요.

사마천은 해당 인물의 신분에 맞는 구어체를 활용해 이미지와 성격을 드러냈습니다. 항우와 유방이 진시황의 행차를 보고 내뱉은 감탄사에서 두 사람의 성격이 잘 드러나는데요. 항우는 "내가 저 자의 자리를 대신할 것이다"라고 오만하게 소리칩니다. 반면, 유방은 "와, 대장부라면 저 정도는 돼야지"라고 감탄하죠. 사람을 압도하는 항우의 짧은 한 마디에 호방하고 강경한 성격이 엿보이고, 완곡한 말투를 사용하는 유방에게서는 노련하고 신중한 성격을 읽을 수 있죠. 나아가 두 사람의 리더십도 엿볼 수 있습니다. 항우의 경우 현상에 집착하는 리더의 모습이, 유방에게서는 현상을 인정하는 리더십이 보인다고 할까요?

학 생| 그 대목은 설명이 좀 더 필요한 것 같습니다.

김영수| 항우와 유방은 모두 초나라 사람입니다. 진나라가 천하를 통일할 때 가장 원한을 많이 산 나라가 초나라입니다. 초나라의 멸망이 그만큼 비참했다는 의미죠. 그래서 누군가 "초나라에 세 집만 남아도 진나라를 멸망시키는 건 초나라일 것이다"라는 저주성 예언을 남길 정도였습니다.

　　그런데 두 사람은 출신이 서로 달랐어요. 귀족 집안의 항우와 평민 출신의 유방이 진시황의 행차를 대하는 온도차는 상당히 컸습니다. 항우는 어릴 때부터 집안 어른들에게 초나라의 마지막 왕인 회왕의 비참한 죽음과 초나라의 멸망에 대해 귀가 따갑도록 들었을 겁니다. 하루아침에 모든 것을 잃은 기득권 집안이었으니까요. 게다가 항우의 할아버지 항연項燕이 진나라의 왕전王翦에게 대패해 자살한 내력까지 있고 보니, 진나라와 진시황에 대한 원한과 증오가 평민 출신으로 반평생을 보낸 유방으로서는 이해할 수 없는 수준이었을 겁니다. 이것이 결과적으로 항우의 발목을 잡습니다. 현상에 집착하는 리더와 현상을 인정하는 리더는 현실에서 큰 차이를 만들어내죠. 큰일을 할 때 어떻게 작용하리라는 건 충분히 짐작할 수 있는 부분입니다. 사마천은 비슷한 상황에서 보인 두 사람의 반응을 통해, 그처럼 다른 성격이 궁극적으로 두 사람의 운명을 가를 수도 있다고 이야기합니다.

학 생 | 사소한 에피소드를 통해 한 사람의 운명을 감지하도록 안배하다니, 대단합니다.

김영수 | 〈장승상열전〉의 경우를 더 볼게요. 만년에 접어든 유방이 느닷없이 태자를 폐하고 척희라는 애첩의 어린 아들 여의如意로 교체하려 합니다. 조정이 발칵 뒤집혔죠. 후계자 문제를 적절히 처리하지 못하면 정권 자체가 위기를 맞게 됩니다. 수많은 역사적 사례가 이를 입증하고 있어요. 공신들이 뜯어말렸지만 유방의 마음은 요지부동이었습니다. 이때 강직하기로 이름난 주창周昌이 나섭니다. 그런데 이 심각한 상황에서 그만 말을 더듬습니다. 사마천은 이 장면을 '기기期期'라는 두 글자를 이용해, 일촉즉발의 살벌한 상황에서 '저, 저' 하고 말을 더듬으면서도 유방에게 바른 소리를 하는 주창의 모습을 절묘하게 그려냈습니다.

한편, 인물 간의 대화를 이용해 그들의 신분과 성격차를 드러내기도 했어요. 〈항우본기〉 가운데 명장면으로 꼽히는 '홍문의 연회'나, 〈평원군열전〉에서 모수가 스스로를 추천하는 대목 등은 대화를 통해 인물의 성격을 드러낸 명문이라 할 수 있습니다.

학 생 | 사마천이 구어체를 많이 사용한 것으로 아는데요. 정통 역사서와 구어체라, 잘 어울리지 않는 듯합니다만.

김영수 | 그건 선입견입니다. 역사서에 구어체가 등장하면 안 될 이유라도 있나요? 《사기》의 언어가 구어체에 가깝다는 건 어떤 역사서와

항우와 유방의 운명을 가른 '홍문연'은 《사기》의 명장면으로 꼽힌다. 당시 장면을 묘사한 조형물.

도 비교할 수 없는 특징이자 장점이에요. 《사기》의 문장은 사마천보다 조금 앞선 시대의 정치가이자 문장가였던 가의賈誼나 조조晁錯의 정론政論 형식과 다릅니다. 짝을 맞추는 대구방식도 매우 드물고 정제된 문장으로 뽐내려 하지도 않습니다. 간결하고 세련된 표현과 유창하고 생동감 넘치는 언어로 사마천만의 표현력을 보여주죠.

▌'태사공왈'이라는 사론 형식의 도입

학 생 ┃ 마지막으로 한 가지만 더 여쭐게요. 그동안 《사기》는 사마천의 개인적 감정이 반영된 지극히 주관적인 역사서라고 여러 번 말씀하셨는데요. 이 부분을 어떻게 이해하고 받아들여야 할까요?
김영수 ┃ 《사기》의 인물전기, 즉 열전 대부분에 사마천의 평론과 감정적인 글이 등장합니다. 하지만 생애의 서술에서 벗어나지 않으며, 사마천 자신의 진지한 감정과 강렬한 애정을 함축적으로 덧붙여 해당인물의 성격과 사상을 이해하는 데 도움을 줍니다. 뿐만 아니라 문장의 서정성과 감동을 극대화시키죠. 정제되고 절제된 문장으로도 주관적 감정을 훌륭하게 드러낼 수 있음을 보여줍니다.

또한 사마천은 '태사공왈'이란 사론史論(역사평론) 형식을 처음으로 선보였어요. 이 부분을 통해 인물과 관련된 전해오는 이야기를 보충하거나, 사실의 와전을 바로잡거나, 자신의 생각을 드러냅니다. 짤막한 논의지만 틀에 매이지 않아 대단히 함축적이고 명쾌합니다. 또한 여운 내지 보충적 역할을 함으로써 인물전기에 없어서는 안 될 유기적인 일부가 되었죠.

그런가 하면, 사마천은 인물전기의 서술과 평론에서 민간의 노래, 격언, 속담 등을 채용해 문장의 설득력과 생동감을 고조시킵니다. 예를 들면, 〈회남형산열전〉에서 "한 자의 베로도 옷을 꿰맬 수 있고, 한 말의 곡식도 절구질할 수 있다네. 하지만 형제 두 사람이 서로 용납하지 못한다네"라는 노래를 인용해 봉합이 어려운 통치계급 내부의 골육상쟁을 폭로합니다. 〈이장군열전〉에서는 "복숭아나무와 배나무는 말이 없지만 그 아래에 절로 길이 난다네"라는 의미의 속담 '도리불언桃李不言 하자성혜下自成蹊'를 인용해 명장 이광의 인품과 백성들의 존경을 드러냅니다.

학 생┃ '도리불언 하자성혜'는 2015년 시진핑 주석이 방미 때 인용하더니, 얼마 전에는 박원순 서울시장도 인용했더군요. 이러다 세계적으로 유행하는 속담이 되겠습니다. 《사기》의 문학적 성취를 마지막으로 간단히 정리해볼까요?

김영수 | 《사기》는 중국 고대문학의 발전에 여러 모로 영향을 미쳤습니다. 사마천이 《사기》에서 실현한 "곧은 문장과 핵심을 찌르는 사실, 좋다고 과장하지 않고 나쁘다고 감추지 않는" 실록정신과 "사실의 이치를 순서대로 잘 엮고 이를 가리되 떠벌이지 않으며 질박하되 속되지 않은" 재능은 역사가와 문학가들의 존경을 한몸에 받았어요. 잠깐 언급했던 당나라 때 한유韓愈와 유종원柳宗元 등이 고문운동을 제창한 이래로, 고문학자나 산문가들이 번거롭고 지루한 문장에 반대하면서 사마천의 《사기》를 자신들이 추구하는 목표로 삼았죠. 뿐만 아니라 당·송 이후 수많은 작가들이 구체적인 작문법과 문장 스타일에서 《사기》를 참고했어요.

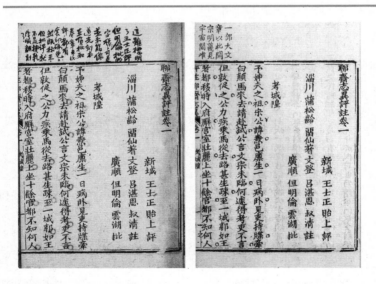

《요재지이》의 판본. 《사기》 이후 등장한 소설은 정도에 차이가 있을 뿐, 그것이 무엇이든 《사기》의 영향을 직간접적으로 받았다.

특히,《사기》의 열전은 전기문학의 효시가 되었고, 중국 소설과 희극 창작에 뚜렷한 영향을 미칩니다. 고대 중국의 문어체 소설은 위·진 시대의 지괴志怪 소설이나 일사軼事 소설에서 시작해 당 이후의 전기傳奇를 거쳐 청나라 포송령蒲松齡의 《요재지이聊齋志異》에 이르기까지 요괴나 사람을 다루었을 뿐, 역사는 포함되지 않았습니다. 그러나 체제 및 형식적인 부분에서 그들 모두 직간접적으로《사기》의 영향을 받았으며, 동시에 그 형식과 체제의 껍질을 벗고 나왔다고 할 수 있어요.

《사기》를 통해 창조된 '역사인물의 전기'라는 표현법은, 문어체 소설뿐만 아니라 송·원 이후 생겨난 통속 백화소설에 흡수 발전되어 중국 소설의 민족적 특색을 형성하는 데 많은 영향을 미쳤습니다. 후세의 수많은 소설이나 희극이《사기》에 묘사된 인물과 사건을 창작의 소재로 삼거나 재창조했죠. 그 가운데 적지 않은 인물이 희곡이나 곡예무대를 통해 대중의 사랑을 받았고, 지금도 받고 있습니다. 이 모든 것이《사기》의 문학적 성취 덕분입니다.

14장

《사기》에 대한 평가 및 연구

評價·研究

評價·研究 ────── 《사기》가 후대에 드리운 그림자는 넓고
짙었다. 사마천 사후 10여 년 만에 〈화식열전〉이 언급되었고,《사기》
가 공식적으로 선을 보인 지 불과 1세기 만에 상류층의 사후 세계를
장식하는 화상석으로 그려지기도 했다.

하지만 《사기》에 대한 평가는 처음부터 결코 호의적이지 않았다.
'비방서'라는 악의적 평가부터 '세리勢利'를 밝히고 유협이나 자객 같
은 자들을 옹호해 국가와 체제를 위협했다는 근거 없는 평가가 주를
이루었다. 특히 〈화식열전〉에 쏟아진 비난은 도를 넘어섰다.

반고의 《한서》와 비교되면서 《사기》에 대한 평가는 더욱 악화되었
다. 이른바 '마반 논쟁'은 《한서》의 분에 넘치는 평가로 이어지기도
했다.

《사기》에 대한 연구는 '삼가주'로 대표되는 주석서가 주도했으며,
당송시대 들어 전성기를 맞이했다. 당나라의 고문운동은 《사기》의
문장에 주목하게 만들었고, 송나라 학자들은 사마천의 스무 살 때 여
행을 《사기》의 성공과 결부시켰다. 청나라 때는 《사기》의 문학성에
주목했고, 1949년 신중국 성립 후로 《사기》에 대한 연구가 전방위적
으로 이루어졌다.

《사기》가 후대에 미친 영향은 소설에도 절대적이었다. 〈유협열전〉
과 〈자객열전〉은 무협소설의 원조가 되었고, 각종 고사는 원나라 때

유행한 희곡의 원작이 되었다.

《사기》에 대한 관심은 중국에만 한정되지 않았다. 일본의 경우 황실 차원에서 《사기》를 공부하고 연구를 장려했으며, 조선에서는 실학자들의 필독서이자 판소리 다섯마당 사설 모두에 《사기》 구절과 고사가 인용될 정도였다. 또한 서양으로도 전파되어 적지 않은 연구가 축적되었다.

현재 우리 학계와 출판계 상황을 보면 《사기》 관련 서적이 유례없는 전성기를 구가하고 있다. 이제는 《삼국지연의》의 그늘에서 벗어나 오히려 전체를 압도할 정도다. 이러한 변화 뒤에는 중국 당국의 각별한 관심 및 정책이 자리하고 있다. 사마천광장이 만들어졌고, 사마천의 제사가 국가제사로 승격되었다. 사마천의 고향 한성시는 서울에서 홍보활동을 펼쳤고, 오페라 〈사마천〉이 서울에서 초연되었다.

바야흐로 《사기》는 지금 세계인들의 이목을 집중시키고 있다. 그리고 그 뒤에는 중국의 거대한 행보가 자리하고 있다. 사마천과 《사기》의 영향력은 이제 사마천이란 위대한 역사가와 《사기》 자체의 콘텐츠 및 부가가치의 범위를 벗어나 국가전략적 차원으로 확대되는 중이다.

評
價
·
研
究

▌▌사마천과 《사기》에 대한 역대의 평가

학 생 ┃ 이제 《사기》에 대한 후대의 평가 및 연구 상황을 알아볼까요?

김영수 ┃ 《사기》가 영원한 고전으로 남을 수 있는 지적 토대는 그것이
후대에 미친 영향과 상당한 관련성을 가집니다. 《사기》는 세상에 출
현한 이후 시대와 왕조를 불문하고 통치계급부터 최하층민에 이르
기까지 전방위적으로 다양한 영향과 자극을 주었어요. 학문적으로는
역사뿐만 아니라 문학과 철학, 사상에도 뜨겁고 신선한 피를 수혈했
죠. 구체적으로 희극이나 소설 같은 대중문학에 절대적인 영양소를
공급했고요. 그에 따라 다양한 시각에서 많은 연구가 이루어졌습니
다. 수많은 논쟁을 낳았고, 평가는 천차만별이었죠.

　《사기》의 영향은 공간적으로 중국에만 한정되지 않았습니다. 동양

사회는 물론이고 서방에까지 영향을 미쳤어요. 뿐만 아니라 현재까지 영향력을 행사하고 있죠. 이런 점에서 《사기》의 권위와 부가가치는 거의 무한하다고 말씀드릴 수 있겠습니다.

이러한 점을 염두에 두고 《사기》가 출현한 이후 지금까지의 평가들을 살펴볼 겁니다. 외국의 연구와 평가도 간략하게나마 준비했고, 국내의 상황도 언급할 계획입니다.

학 생ㅣ 그럼 어디서부터 이야기를 풀어갈까요?

김영수ㅣ '방서傍書'라는 단어에서 시작해볼까요? 《사기》, 《한서》와 더불어 '삼사三史'로 불리는 《후한서》의 〈채옹열전〉에 다음과 같은 내용이 나옵니다.

> 왕윤이 채옹을 죽이려 하자 태위 마일제가 인재를 함부로 죽여서는 안 된다고 충고했다. 이에 왕윤은 이렇게 말했다.
> "왕년에 한 무제가 사마천을 죽이지 않음으로써, 그가 '방서傍書'를 써서 후세에 해독을 끼치게 되었다."

학 생ㅣ 왕윤이라면 《삼국지연의》에 나오는 그 왕윤 말입니까?

김영수ㅣ 맞습니다. 《삼국지연의》에서 초선이라는 미녀를 이용해 동탁과 여포 사이를 이간질시킴으로써 동탁을 죽이는 꾀를 낸 사람이죠. 그는 당시 대장군 하진何進과 더불어 환관들을 몰살시키는 데 앞장서기도 했습니다. 채옹은 동한 시대의 문학가이자 당대의 명사로 유명했던 인물입니다. 한때 동탁 밑에서 중랑장이란 벼슬을 마지못해

한 적이 있는데, 동탁이 죽자 왕윤은 채옹을 옥에 가두죠. 결국 그는 옥중에서 죽음을 맞이합니다. 위 이야기는 채옹을 죽이려 할 때 마일제가 말리자, 왕윤이 사마천을 거론한 대목입니다.

학 생ㅣ '방서'의 '방'자가 비방한다는 의미군요. 결국 왕윤이 《사기》를 비방서로 깎아내린 거네요.

김영수ㅣ 그렇죠. 왕윤은 《사기》를 '방서'로 규정해 매우 부정적인 평가를 내렸습니다. 왕윤의 천박한 역사인식이나 안목은 훗날 사마천과 《사기》를 둘러싸고 많은 시비와 논쟁을 불러일으켰어요.

한마디로 '방서'란 누군가를 비방하는 책, 헐뜯는 책을 의미합니다. 이때의 누군가란 최고권력자, 구체적으로는 왕윤이 언급한 한 무제를 가리키겠죠. 무제가 사마천의 재주를 아껴 살려둠으로써 결국 그 자신을 비방하는 책, 즉 《사기》를 남기게 했다는 요지입니다. 수구적 정통주의에 찌든 지식인이나 사가들이 이 말을 받아 사마천과 《사기》를 오래도록 비난하는 계기가 되었지요.

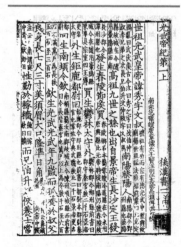

《사기》를 '방서'로 규정해 시비와 논쟁의 실마리를 제공한 《후한서》 판본.

학 생ㅣ 식견이랄 것도 없는 자의 한 마디를 얼씨구나 하면서 이용한 셈이군요. 차마 자기 입으로는 말하지 못하고 말입니다.

김영수ㅣ 적절한 비유네요. 오늘날에는 방

서의 의미가 보다 적극적으로 해석되어 오히려 《사기》의 장점으로 꼽힙니다. 최고권력자에게 서슬 퍼런 역사의 붓을 들이댄 사마천의 용기를 높이 평가하기 때문입니다. 《사기》를 위대하다고 하는 이유가 바로 여기에 있기도 하죠. 유명한 문필가 여추우余秋雨 선생의 말마따나 '역사의 유머'이자 아이러니가 아닌가 싶습니다.

　그렇습니다! 《사기》는 분명 '방서'였습니다. 권력자와 그 그늘에서 기생하는 자들의 눈에 《사기》는 두말할 나위 없는 '방서'이자 눈엣가시였어요. 하지만 눈을 감는다고 세상이 사라지는 것은 아니듯, 《사기》와 사마천의 가치가 그 정도로 흔들리겠어요?.

학　생ㅣ 사마천과 《사기》에 대한 역대 평가는 어느 정도입니까?
김영수ㅣ 두꺼운 책으로 몇 권 분량이 될 만큼 양도 많고 다양합니다. 이제 《사기》 출현 이후의 다양한 반응과 평가, 연구경향 등을 시대별로 간략히 살펴보겠습니다. 《사기》가 후대에 미친 영향은 그런 속에서 어렵지 않게 확인되므로, 별도의 언급은 하지 않겠습니다.

학　생ㅣ 사마천과 《사기》의 역대 평가를 통해 《사기》의 영향력을 유추할 수 있다는 말씀이죠? 《사기》 출현 이후부터 살펴볼까요?
김영수ㅣ 《사기》는 사마천 사후 지식인들 사이에서 즉각적으로 반응을 불러일으켰습니다. 무제의 어린 아들 소제昭帝가 즉위한 후인 기원전 81년, 조정의 염철론鹽鐵論 대논쟁에서 《사기》 〈화식열전〉이 인용됩니다. 사마천이 죽고 10년이 채 안 된 시점이죠.

학 생 | 조정에서 벌어진 논쟁에 그렇게 빨리 등장했단 말입니까?

김영수 | 사마천은 당대가 알아주는 지식인이자 학자였습니다. 무제와 갈등이 있긴 했지만, 지식인이나 학자들은 사마천이 작업 중이던 《사기》에 관심을 가질 수밖에 없었을 거예요. 모르긴 해도 《사기》가 완성되자마자 줄을 서서 빌려갔을 겁니다.

학 생 | 그럴 수 있겠네요. 그런데 염철론이 무엇입니까?

김영수 | 무제 당시의 경제정책에 관한 대논쟁을 말하는데, 환관桓寬 (기원전 1세기)이 이를 기록으로 남깁니다. 그것이 《염철론》입니다.

국가가 주도하는 통제경제 정책과 상인들에게 맡기는 방임경제 정책의 득실에 대한 대논쟁이라고 할 수 있는데요. 이때 경제에 관한 주요 기록인 〈화식열전〉이 언급된 거죠.

학 생 | 사후 10년이 안 된 시점에 조정 대신들의 논쟁에서 《사기》가 언급되었다면, 세상에 나온 순간부터 영향력을 발휘했다고 할 수 있겠습니다. 그 후의 상황은 어떤가요?

김영수 | 337쪽 그림을 눈여겨보시기 바랍니다. 동한 시대(25~220)에 귀족들의 무덤 등에 사용된 벽돌이나 돌에 그려진 것인데, '화상전畵像磚' 또는 '화상석畵像石'이라 부릅니다. 무슨 그림처럼 보이나요?

학 생 | 누군가가 칼을 던지는 모습 같은데요.

김영수 | 진시황을 찌르려다 여의치 않자 형가가 칼을 던지는 장면을 묘사한 것입니다. 이런 화상석들이 현재 중국 전역에서 출토되고 있

진시황에게 칼을 던지는 형가의 모습을 묘사한 화상석들.

荊軻　漢畵像石　山東嘉祥武氏祠

는데, 수량이 상당합니다. 형가가 진시황을 암살하려 했던 장면을 좀 더 살펴볼까요?

형가가 왼손으로 진시황의 옷소매를 잡고, 오른손으로 비수를 찔렀다. 그러나 비수가 미처 몸에 닿기도 전에 진시황이 놀라 피하며 일어섰다. 그 바람에 옷소매가 잘렸다. 진시황은 칼을 뽑으려 하였으나, 칼이 길어 뽑지 못하고 칼집만 움켜쥐었다. 급한 데다 칼이 너무 꽉 꽂혀 바로 뺄 수가 없었다. 형가가 진시황을 뒤쫓자, 진시황은 기둥 사이를 돌며 도망쳤다. 군신들이 모두 놀랐으나 졸지에 일어난 일이라 어찌할 바를 몰랐다.

게다가 진나라 법에, 대전에서 왕을 모시는 군신들은 아무리 작은 무기라도 몸에 지닐 수 없었다. 무기를 보유하고 왕을 지키는 낭중들이 대전 아래에 있었으나, 왕이 부르지 않으면 대전 위로 올라갈 수 없었다. 너무 다급하여 병사들을 부를 틈이 없었기 때문에 형가는 진시황의 뒤를 쫓을 수 있었다. 당황한 대신들은 맨손으로 형가를 내리쳤다. 이때 시의侍醫 하무저가 들고 있던 약주머니를 형가에게 던졌다.

진시황은 기둥들 사이를 돌며 도망치는 데 급급했다. 좌우 신하들이 "칼을 등쪽으로 돌리십시오!"라고 외쳤다. 진시황이 칼을 등쪽으로 돌려, 마침내 칼을 뽑아 형가를 쳐서 왼쪽 다리를 끊었다. 형가는 쓰러진 채 비수를 진시황에게 던졌으나 빗나가 구리 기둥에 맞았다. 진시황은 다시 형가를 쳐서 여덟 군데나 상처를 입혔다. 형가는 실패했음을 알고, 기둥에 기댄 채 두 다리를 벌리고 앉아 웃으며 이렇게 꾸짖었다.

학 생 | 〈자객열전〉에서 유명한 장면 아닙니까?

김영수 | 맞습니다. 6국을 정복하고 천하를 통일한 당대의 영웅 진시황을 암살하기 위해 형가는 연나라 지도를 바치면서 비수로 찌르려 했어요. 위 장면은 그 후의 상황을 묘사한 거예요. 어찌나 생생한지 마치 영화나 드라마의 한 장면을 보는 듯합니다.

형가가 진시황을 암살하는 장면이 동한 시대에 화상석이나 화상전을 통해 유행처럼 묘사된 까닭은 무엇일까요? 동한 시대에 이미 상당한 정도로 《사기》가 보급되었다는 증거 아닐까요? 이는 《사기》가 세상에 나온 지 약 1세기 만의 일입니다.

학 생ㅣ 《사기》에 등장하는 고사가 1세기 만에 귀족들의 사후 세계까지 영향을 미쳤다는 의미인가요?

김영수ㅣ 바로 그겁니다. 형가의 이야기를 비롯해 《사기》에 등장하는 고사들이 사회적으로 유행했다는 건 《사기》 보급률이 상당했음을 대변합니다. 《사기》가 공식적으로 보급되면서 지식인들 사이에서 화제가 되었고, 약 1세기 만에 사회 전반으로 전파되었어요. 《사기》의 다양한 부가가치가 없었다면 상상할 수 없는 파급력입니다.

학 생ㅣ 《사기》가 세상의 빛을 보기까지 외손자의 역할이 중요했다지요?

김영수ㅣ 《사기》는 사마천이 죽고 약 50년 후 외손자 양운의 노력으로 세상에 공개됩니다. 그러자 즉각적인 반응들이 일어났어요. 연구자들도 속출합니다. 가장 빠르고 대표적인 것이 양웅楊雄(기원전 58~기원후 18)의 반응이었습니다.

　철학가이자 문학가였던 양웅은 자신의 대표저서 《법언法言》에서 사마천의 저서를 '실록'이라 이르며, 사마천의 호기심과 세상에 대한 애정을 칭찬했습니다. 이보다 조금 앞서 대학자 유향劉向(기원전 77~기원전 6)도 양웅과 비슷한 평가를 내렸지요. 저소손은 《사기》가 나오고 얼마 뒤인 원제와 성제 연간(기원전 48~기원전 7)에 누락된 부분을 보완한다면서 《사기》에 손을 대기도 했습니다.

▎헛되이 칭찬하지 않고 말하기 어렵다고 숨기지 않다

학 생 | 《한서》에는 《사기》에 대한 평가가 없나요?

김영수 | 있습니다. 《사기》에 대한 정부 차원의 공식적인 반응이라 할
수 있죠. 사마천보다 약 170년 뒤에 태어난 반고는 아버지 반표班彪
의 연구성과를 바탕으로 《한서》를 저술했는데, 여기에 사마천에 관
한 유일한 열전을 남겼습니다. 반표는 65편에 달하는 《후전後傳》을
저술했는데, 스스로 《사기》의 속편이라 여겼어요. 따라서 반고의 《한
서》 역시 《사기》의 영향을 받을 수밖에 없었죠. 그는 사마천과 《사
기》의 장점을 다음과 같이 평했습니다.

> 사마천은 《좌전》, 《국어》, 《세본》, 《전국책》, 《초한춘추》를 근거로
> 삼거나 선택해 한나라 때까지 서술했다. 이 책(《사기》)에 기록된 진·
> 한 시대의 사실은 자세하다. 경전을 모으고 제자백가의 설을 기록
> 하면서 다소 소홀한 부분이 적지 않고 모순되는 점도 없지 않으나,
> 섭렵한 문헌이 대단히 방대하다. 경전을 통하여 상하 수천 년을 자
> 유자재로 엮으니 대단한 역작이다. … 유향이나 양웅처럼 많은 책
> 을 읽은 사람들이 모두 사마천에게 뛰어난 사관의 재능이 있다고
> 칭찬했다. 그 논리가 정연하고 정확하여 꾸밈이 없고 실제적이며,
> 야비하지 않은 점에 탄복하고 있다. 문장은 곧고 사실은 핵심을 찔
> 러, 헛되이 칭찬하지 않았으며 말하기 어렵다고 숨기지 않았으니
> '실록實錄'이라 할 만하다.

이 가운데 "헛되이 칭찬하지 않았으며 말하기 어렵다고 숨기지 않았으니 실록이라 할 만하다"는 마지막 대목이 역대로 많이 인용되었죠. 좋다고 과장하지 않고 나쁘다고 감추지 않는 실록정신은 사마천이 말한 것처럼 《춘추》의 기본정신이기도 합니다.

반고는 《사기》의 장점을 대체로 잘 파악했지만, 비판 역시 상당합니다. 다음은 반고가 《사기》와 사마천에 대해 비판한 내용입니다.

반면, 그 시비판단은 공자와는 다소 엇갈린다. 대도를 논하면서 황제와 노자를 앞에 두고 육경을 뒤로 미루었다. 유협을 이야기하면서 벼슬하지 않은 선비를 멸시하고 간웅을 칭찬했다. 화식에서는 이익을 앞세우고 가난하고 천한 것을 수치로 여겼으니, 이것이 폐단이었다.

다시 거론하겠지만, 반고의 《한서》는 어용 역사서였어요. 통치자와 보수기득권 세력의 입장에서 사마천과 《사기》를 보았으니, 위와 같은 비판이 어쩌면 당연했는지도 모르죠.

거시적 관점에서 반고는 보수적 입장을 철저히 옹호하며 사마천과 《사기》를 왜곡합니다. 그런데 그의 비판이 지금에 와서는 오히려 《사기》와 사마천의 진보성을 입증하는 증거가 되었죠. 《사기》가 왜 귀중하고 위대할 수밖에 없는지를 반고의 《한서》가 역설적으로 증명해준다는 말입니다. 게다가 《한서》는 학술적으로 《사기》의 영향을 받고 태어난 직접적인 결과물 아닙니까?

《한서》가 세상에 나오면서 《사기》에 대한 비평이 정식으로 나타나

기 시작했고, 그 극단적인 사례가《후한
서》〈채옹열전〉이라고 할 수 있습니다.
반고가 뿌린 씨앗은 그 후로 2천 년 이상
사마천과《사기》를 둘러싼 숱한 논쟁의
중심을 맴돌았어요. 초기의 이러한 분위
기는《사기》보다《한서》의 위상을 높이
는 계기로 작용했고요.

학 생 ┃ 사마천과《사기》를 걸고 넘어짐
으로써 반고 자신과《한서》의 위상을 높
이려 한 것 아닌가 하는 생각마저 드는데
요. 반고 이후의 상황은 어땠나요?

《사기》와 사마천에 대한 논쟁을 유발시킨 반
고의 《한서》는 훗날 '마반(馬班)' 논쟁의 중심
에 선다. '마반'이란 사마천과 반고의 이름에
서 한 글자씩을 딴 단어이다.

김영수 ┃ 삼국시대를 거쳐 대혼란기였던
위진 남북조 시대가 도래했기에 격렬한 논쟁이나 본격적인 평가는 찾
아보기 힘듭니다. 다만 반고 이후《사기》에 대한 관심은 보급과정에
서 누락된 부분을 보완하고 글자의 음과 뜻에 주석을 다는 연구가 주
류를 이루었어요.《한서》에 대한 관심 및 주석서의 양에 비하면 보잘
것없었죠. 이런 점에서 반고의 의도(?)는 성공했다고 할 수 있습니다.

하지만 위진 남북조 시대에 개인적으로 역사서를 편찬하는 풍조가
유행했는데, 사찬私撰 성격이 강한《사기》가 상당한 영향을 미쳤어요.
체제나 방법, 사상적으로《사기》의 파급효과는 적지 않았습니다. 이에
따라 사마천과《사기》에 대한 평가가 다양해집니다.

서진의 사상가로서 의약과 신선술을 다룬 저서《포박자抱朴子》를

남긴 갈홍(284~364)은,《사기》의
문장에 고저장단이 있고 슬프면
서도 마음을 상하게 하지 않는다
고 평했습니다. 다분히 문학적인
평가지요. 그러면서 그는 사마천
을 근래에 보기 드문 위대한 인
재라고 칭찬했어요.(《서경잡기》)

또《후한서》를 저술한 남조 송
나라의 범엽范曄(398~445)은 사
마천의 문장이 곧으면서 핵심을
찌른다고 평했습니다. 이렇듯 냉
정한 분위기에서 객관적인 평가

《사기》에 대해 상당히 문학적인 평을 남긴 서
진의 사상가 갈홍의 모습.

들이 나오며《사기》에 대한 연구는 상당한 지적 토대를 확보하게 됩
니다.

남북조 시대의 대표적인《사기》연구서로《사기집해史記集解》가 있
습니다. 남조 송나라의 배인裴駰이 편찬한 이 책은, 동한 이후 서광徐廣
이나 신찬臣瓚 같은 선배들이 남긴《사기음의史記音義》를 토대로 유가
경전과 제자백가의 설을 흡수한 본격적인 주석서이자 시기적으로 가
장 빠르고 완전한 주석을 선보였죠.《사기집해》는 위진 남북조 시대
이후 질적 도약을 보인 주석서 편찬에서 선구적 역할을 담당했어요.

학 생 | 위진 남북조 시대 이후라면 수와 당 시대일 텐데요. 수나라는
단명했으니, 아무래도 당나라 때 활발한 연구가 진행되었을 듯합니다.

김영수 | 그렇습니다. 당나라 시기는 《사기》연구의 전환기였습니다. 중국 역사상 황금기로 꼽히며 모든 문화영역에서 최고 수준을 자랑했으니까요. 《사기》에 대한 연구도 질적 전환점을 맞이합니다. 사마정司馬貞의 《사기색은史記索隱》, 장수절張守節의 《사기정의史記正義》가 출현함으로써, 《사기집해》와 더불어 이른바 '삼가주三家注'가 탄생합니다. '삼가주'는 《사기》주석서의 '바이블'과도 같아요. 이들 중 사마정은 《사기》에 대해 "경전을 꿰뚫었고, 과거와 현재를 씨줄과 날줄로 엮어 바로잡았다"고 평합니다.

본격적인 연구와 평가 부분을 살펴볼까요? 동한 이후 《사기》가 널리 보급되면서 여러 방면에 적극적인 영향을 미치게 됩니다. 역사서 저술은 물론 역사서에 대한 종합적 연구와 비평영역이 본격적으로 확대되었고, 마침내 유지기劉知幾(661~721)라는 걸출한 비평사학가가 탄생했죠.

유지기는 역사연구 방법론과 역사비평 분야를 개척한 인물로, 《사

훗날 삼가주의 하나로 《사기》원문과 함께 인쇄된 배인의 《사기집해》 각본.

통史通》이라는 탁월한 역사연구 비평서를 남겼습니다. 그는 사서의 체제 측면에서 사학을 종합적으로 연구하고 비평했는데,《사기》에 대해서도 마찬가지입니다. 특히 사마천과 반고를 비교함으로써 비교 비평이라는 새로운 영역을 개척했죠. '반고를 치켜세우고 사마천을 평가절하'한 그의 '양반억마揚班抑馬' 논리는 후대에 적지 않은 영향을 미쳤습니다.

사마천보다 반고를 높이 평가한 유지기의 비평은 지금 관점에서는 한계가 분명히 보입니다. 하지만 참신한 사상으로《사기》를 분석하고 비평해 안목을 넓혔으며, 반고 이래 일정한 틀에서 벗어나지 못한 《사기》비판의 고착된 경향을 타파함으로써 철학적 각도에서《사기》를 인식하도록 만들었어요.《사통》은 독창적 논리로 성공을 거둔《사기》연구사의 이정표라 할 만합니다. 따라서 유지기는《사기》연구사의 일등공신이라 할 수 있죠. 그는 다음과 같은 평가로 사마천에 대한 존경심을 표현했습니다.

그 말은 두루 통하니 참으로 저술가 중에서 깊은 못, 넓은 바다와 같은 존재다.

▋단 한 글자도 보태거나 뺄 것 없는 역사서

학 생︱ 당나라 때는 누가 뭐라 해도 문학의 시대 아니었습니까?《사기》에 대한 연구와 평가에서도 문학적 성취에 주목하지 않았을까요?
김영수︱ 당연하죠. 당나라 때 이루어진《사기》연구의 중요한 성취 가운데 하나는, 《사기》의 문학적 가치가 재인식되어 크게 평가받았다는 사실입니다. 여기에는 두 차례의 '고문운동古文運動'이 결정적으로 작용해요. 고문운동을 통해 문학가들이 《사기》를 높이 평가하고 배워야 한다고 목청을 높이죠. 그로 인해 《사기》를 경시하던 풍조가 일시에 사라졌어요. 특히 한유韓愈(768~824)와 유종원柳宗元(773~819)은 형식과 기교에 치우친 당시의 문장을 비판하면서 옛날의 소박하고 힘찬 문장으로 돌아가자고 주장했습니다. 또한 《사기》의 문학적 가치를 누구보다 높이 평가했죠. 이로써 《사기》와 사마천은 중국 문학사의 중요한 위치를 확보하게 됩니다.

　한유는 "한 왕조 사람으로 문장을 못한 사람은 없었으나, 오직 사마상여와 태사공(사마천), 유향, 양웅이 단연 최고였다"면서, 사마천의 작품에 대해 "씩씩하고 깊고 우아하고 힘차다"라고 평가했습니

한유(왼쪽)와 유종원(오른쪽)은 '고문운동'으로 《사기》의 문학적 가치를 크게 높였다.

다. 한유의 글쓰기에서 《사기》는 모범이 되었죠.

유종원은 《사기》의 문장이 갖는 특색을 '길潔'이라는 글자를 사용해 함축적으로 평가했습니다. '길'은 정확, 명백, 유창, 군더더기 없음 등을 의미합니다. 즉, 소박하면서도 잘 다듬어져 응축되어 있고, 깨끗하면서도 경쾌한 것이 군더더기가 없다는 뜻이죠. 또한 그는 "자연스럽게 문장이 조화되어 물이 떨어지는 것 같지만 결코 새지 않으며, 단 한 글자도 보탤 것이 없다. 글자의 선택은 고심을 거듭하여 한 글자도 뺄 수 없다"는 말로 《사기》의 문학성을 높이 평가했습니다.

학 생 | 사대부의 천국이라는 송나라 때도 문학과 학문이 번성했잖아요. 송나라 때의 상황을 살펴볼까요?

김영수 | 사마천과 《사기》에 대한 평가는 크게 달라지지 않았습니다. 당대 최고의 문장가로 꼽히던 '삼소三蘇(소순·소식·소철)'는 사마천이 황로사상을 높이 평가한 부분을 못마땅하게 여겼지만, 《사기》의 문학적 성취에는 칭찬을 아끼지 않았어요. 소순蘇洵은 《사기》의 문장이 간결하면서 건강하고 솔직하여 일가를 이루었다고 평가했고, 소식蘇軾은 한 편지에서 "문장에 호탕하고 기이한 기운이 넘쳐난다"고 했습니다. 소철蘇轍 역시 사마천의 평범치 않은 인생역정과 명산대천을 여행하고 천하호걸들과 교류한 경험이 《사기》의 문장을 만들어냈다고 평했습니다.

송나라 때 사마천과 《사기》를 새로운 각도에서 평가한 인물로는, 사마천의 스무 살 대여행을 칭찬한 마존馬存과 《사기》 체제에 정확하고 요령 있는 평가를 내린 정초鄭樵를 들 수 있습니다.

왼쪽부터 차례로 소순·소식·소철의 모습. 삼부자 모두 '당송팔대가' 반열에 오를 만큼 문장이 뛰어났으며, 사마천과 《사기》에 대해 다양한 평가를 남겼다.

   마존은 사마천이 평생 동안 여행했으며, 단순한 유람이 아니라 천하의 큰 모습을 보면서 기개를 키운 다음 이를 《사기》에 토해냈다고 평가했어요. 따라서 사마천의 문장은 격랑이 몰아치듯 사납고 호탕하며, 동정호의 물결처럼 깊은 의미를 함축하며, 봄날의 짙은 향기처럼 여유롭고 맵시가 넘친다고 이야기합니다. 또 용과 호랑이가 뛰고 날 듯 천군만마를 호령하는가 하면, 천지만물의 변화를 포착해 사람의 마음을 기쁘게도 슬프게도 만드는 등 변화무궁하다고도 했지요. 참으로 낭만적인 평가죠?

   정초鄭樵(1103~1162)는 남송의 사학가인데, 사마천과 《사기》를 가장 정확히 평가한 인물로 꼽힙니다. 그는 다음과 같은 유명한 평을 남겼어요.

   제자백가의 저서들은 공허한 말이 많아 역대로 실질적 자취를 남겼다고 기록할 만한 것이 없지만, 사마천 부자는 대대로 전적을 관장하며 사서 저술에 공을 들여 위로는 황제로부터 아래로는 진한에 이르는 역사책을 제대로 완성했다. 《사기》는 다섯 체제로 이루어져 있는데, 본기는 시간을 기록하고, 세가는 세대를 전하고, 표는 날을 바로잡고, 서는 일을 분류했으며, 열전은 사람을 드러냈다.

백 세대가 지난다 해도 사관은 그 법을 바꿀 수 없고, 학자는 그 책을 버릴 수 없다. 6경이 나온 뒤로 이 책(《사기》)이 있었을 따름이다.

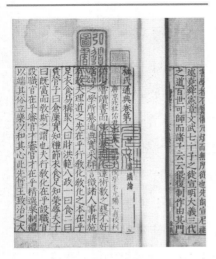

《통전》의 명나라 때 각본. 두우의 《통전》은 통사적이고 거시적인 입장에서 역사를 바라보기 시작한 대표적 역사서이다.

　정초는 단대사보다는 통사를 중시해 《통지총서通志總序》라는 훌륭한 역사서를 남겼습니다. '거시적' 안목에서 역사를 조망하고 종래의 역사서들을 평가했는데, 이는 당나라 때 두우杜佑가 쓴 《통전通典》의 입장을 계승한 것이죠. 이는 사마광司馬光의 《자치통감資治通鑑》, 마단림의 《문헌통고文獻通考》로 이어집니다. 이들 저서에 모두 '통通' 자가 들어 있는 건, 당·송대의 역사 연구가 통사를 중시하면서 전체를 관통하는 안목으로 역사를 평가하려 했던 의지를 반영했다고 하겠습니다. 요컨대, 통사로서의 《사기》가 갖는 의미에 눈길을 돌린 것이죠. 이와 함께 송나라 때는 비교 연구, 의혹 구명, 평론 모음 등의 세 가지 전문 연구분야가 나타나 역사 연구의 지평을 넓혔습니다.

▌▌ 인쇄술의 발명으로 인한 대중화

학 생 | 송나라 때가 역시 지식인들의 천국이었나 봅니다. 어떤 면에
서는 당나라 때보다 활기찬 것 같아요. 이 같은 풍조를 크게 도운 것
이 인쇄술의 발명이지요?

김영수 | 바로 보셨습니다. 송나라 지식인들 사이에서《사기》는 반드시
읽어야 할 교양서였습니다. 많은 학자와 사상가들이《사기》를 언급
했죠. 송기宋祁, 구양수歐陽修, 증공曾鞏, 진관秦觀, 당경唐庚, 육유陸游,
황정견黃庭堅 등 당대의 내로라하는 명사들이《사기》의 매력을 이야
기했어요. 구양수는 열전을 특별히 좋아한다고 고백했으며, 증공은
2~3년 동안은《사기》를 읽어야 비로소 문장을 논할 수 있다고 했습
니다.

　또 하나 언급해야 할 것이, 말씀
하신 활자인쇄의 발명입니다. 그로
인해《사기》전파에 새로운 전기가
마련되었습니다. 대량인쇄가 가능
해짐으로써 새로운 유통구조가 나
타났고, 도서와 학문이 널리 전파
될 수 있었어요.《사기》도 그러한
경향에 힘입어 민중들에게 보급되
었습니다. 또 관이나 개인에 의해
수십 종의 판본이 인쇄되었죠. 현
존하는《사기》판본 가운데 가장

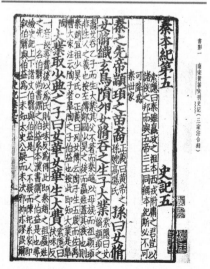

《사기》황선부각본은 활자가 우아하기로 유명하다.

시기가 이르고 뛰어난 것으로 꼽히는 황선부각본黃善夫刻本이 남송시대의 판본입니다. 별도의 책이었던 '삼가주'가 인쇄술의 발달로 한 권의 책에 실림으로써《사기》연구에 큰 도움을 주기도 했습니다.

학 생| 그렇게《사기》의 대중화가 이루어진 건가요?

김영수| 그렇죠. 간단히 정리하자면, 당·송을 거치면서《사기》는 통사로서의 중요성과 문학성을 인정받았습니다. 여기에 인쇄술의 발명으로 대중적인 보급의 전환점을 맞이했고, 원나라 때 특별한 방향으로 연구와 평가가 발전합니다.

　원나라 시절의 가장 두드러진 특징은《사기》의 많은 고사가 희극으로 개편되었다는 점입니다. 작품과 극작가 수가 놀라울 정도인데, 대표적인 것들 몇 가지만 소개할게요. 정정옥鄭廷玉의《초소왕楚昭王》, 기군상紀君祥의《조씨고아趙氏孤兒》, 이수경李壽卿의《오원취소伍員吹簫》, 상중현尙仲賢의《기영포氣英布》, 적군후狄君厚의《진문공화소개자추晉文公火燒介子推》, 김인걸金仁杰의《소하월야추한신蕭何月夜追韓信》, 고문수高文秀의《민지회澠池會》등을 비롯해 지금까지 180종 이상이 전해져온다는 통계가 있습니다.《사기》에 등장하는 고사들의 개편이 민간 전파를 촉진함으로써《사기》의 대중화에 결정적으로 기여했어요.

학 생| 원나라 때 희곡이 유행했던 특별한 이유가 있습니까?

김영수| 당송 시대의 축적된 연구성과가 바탕이 되었겠지만, 이민족인 원나라가 과거제를 일시 폐지하고 한족을 차별했기 때문 아닐까

문공이 19년 동안 동고동락했던 공신 개자추를 끌어내기 위해 불을 질렀다는 면산 정상에 남아 있는 개자추의 무덤. 《사기》의 유명한 고사들이 원나라 때 희곡으로 개편되어 대중에게 보급되었다.

요? 과거제 폐지로 고리타분한 유가경전 공부에서 벗어나 문학에 관심을 가질 수 있었겠죠. 여기에 민족 차별로 한족 지식인들이 출세할 수 있는 기회와 가능성이 줄어든 탓도 있고요.

학 생ㅣ 과거제 폐지와 민족 차별이 가져다준 뜻밖의 성과네요. 이제 명·청 시대의 연구상황을 알아보겠습니다.

김영수ㅣ 명·청 시기는《사기》연구의 전성기라 할 수 있습니다. 특히 명나라를 거쳐 청나라 때 크게 발전하죠. 탁월한 학자들이 대거 등장해 사마천의 인격과 《사기》의 성취에 놀라운 논평을 쏟아냅니다. 특히 명나라 사상계의 이단적 동향과 명·청 교체기라는 변혁기를 맞아

작품	내용	《사기》 관련
초소왕	초 평왕의 박해를 받아 오로 망명한 오자서가 군대를 이끌고 소왕을 공격해 원한을 갚음. 소왕은 도망쳤다가 얼마 뒤 죽음을 맞이함.	권40 〈초세가〉
조씨고아	진 경공 때 간신 도안고의 모함으로 조씨 일가가 몰살될 위기에서 조무를 살려 원수를 갚는 의로운 세 인물의 고사.(사마천의 고향 한성의 '삼의묘')	권43 〈조세가〉
오원취소	초 평왕에게 아버지와 형을 잃고 오나라로 도망친 오자서가 오왕 합려를 부추겨 초를 공격함으로써 원수를 갚음.	권66 〈오자서열전〉
기영포	유방을 도와 한을 건국하는 데 큰 공을 세우나 훗날 모반으로 처형당한 맹장 경포(영포)의 고사.	권91 〈경포열전〉
진문공화소 개자추	19년 동안의 망명생활 끝에 권력을 잡은 문공 중이가 면산에 숨은 공신 개자추를 끌어내기 위해 불을 지른 고사.	권39 〈진세가〉
소하월야추 한신	유방의 푸대접에 불만을 품고 도망가는 한신을 소하가 쫓아가 다시 발탁한 고사.	권53 〈소상국세가〉 권92 〈회음후열전〉
민지회	조 혜문왕의 명으로 진나라에 사신으로 간 인상여가 당당히 처신하고 국보인 벽옥을 갖고 귀국한 고사.	권81 〈염파인상여열전〉

지식인들은 자연스럽게 《사기》에 주목하게 됩니다. 그리하여 사마천과 《사기》의 진보적 사상과 인간 발견에 관심을 가지게 되죠.

전체적으로 명나라 때는 당시 사상계를 압도했던 성리학의 영향으로 평론성 연구성과가 많았습니다. 특히 인상적이거나 중요하다고 생각되는 글자와 행간 사이에 점 등으로 표시하며 평을 하는, 이른바 '평점評點'류의 전문저작이 유행했어요. 평점은 '비점批點', '평초評鈔', '평림評林', '휘평彙評' 등으로 불렸는데, 귀유광歸有光(1506~1572)은 무려 다섯 가지 색으로 평점을 했다고 합니다. 그러나 지나치게 유행하다 보니, 평론이 관념적으로 흐르고 중복이 심해 장황해지는 등 질적으로 떨어지는 폐단이 생겨나기도 했어요.

이런 평점류의 전문저술은 명나라 말기까지 30여 종 이상이 나왔

습니다. 평점의 진수를 보여준 귀유광은
《사기총평史記總評》에서 사마천의 문장을
다음과 같이 평했죠.

　　《사기》는 산천을 유람한 기록과 같
　다. 어떤 곳의 경치를 말하면서 앞에는
　어떤 산이 있고 뒤에는 어떤 물이 있다
　는 식으로 말하는데, 이것이 대가의 글
　이다. 다른 사람의 글은 밋밋하거나 작
　은 그림을 보는 정도인데, 사마천의 문
　장은 '장강만리도長江萬里圖' 같다.

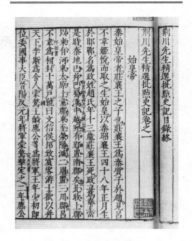

당순지(唐順之)의 비점본 《형천왕선생정선비
점사기(荊川王先生精選批點史記)》 판본. '형천
왕선생'은 왕안석을 말한다. 이처럼 점을 찍
어가며 《사기》를 읽고 평가하는 연구방식이
명나라 때 유행했다.

　한편 명나라의 정치가이자 문장가 모
곤茅坤(1515~1601)은 《사기평초史記評鈔》
에서 《사기》 열전의 매력과 사마천을 다
음과 같이 평가했습니다.

　　오늘날 《사기》를 읽을 때 독자들은
　〈유협열전〉에서는 목숨을 초개처럼 버
　리게 될 것이고, 〈굴원가생열전〉을 읽
　으면 눈물을 흘리게 될 것이고, 장자나
　노중련의 열전을 읽으면 속세를 떠나
　고 싶을 것이다. 이광의 열전을 읽으면

평점의 진수를 보여준 귀유광은 《사기》의 문
장을 그림에 비유해 '장강만리도'란 표현을
사용했다.

전쟁에 나가고 싶어질 것이며, 석건의 열전을 읽으면 예절을 극진히 지키고 싶어질 것이며, 신릉군이나 평원군의 열전을 읽으면 인재를 기르고 싶어질 것이다. 무엇 때문에 이렇게 될까? 모든 내용이 각각 사물의 실정에 들어맞아 독자의 마음속 깊이 전달되기 때문이다. 몇몇 구절이나 글자가 독자들을 격발시키는 건 결코 아니다.

예로부터 사마천은 문선文仙이요, 이백은 시선詩仙이요, 굴원은 사부선辭賦仙이요, 유완은 주선酒仙이요, 한신은 병선兵仙이라 했는데, 맞는 말이다.

사마천을 '문선'으로 평가한 대목이 인상적입니다.《사기》연구는 청나라에 접어들면서 최고의 전성기를 맞이합니다. 대략적인 통계에 따르면, 청나라 때《사기》를 조금이라도 연구한 학자가 300명 이상이었다고 하니 참으로 전례가 없는 일입니다. 게다가 연구 기풍도 크게 달라져요. 문장과 과장에 치중했던 명나라 때와 달리 청나라 때는 사실과 고증을 중시했습니다. 그 중에서도 양옥승梁玉繩은 무려 19년이나 공력을 기울여《사기지의史記志疑》라는 저서를 내놓았습니다. 이 책은《사기》와 관련된 모든 논쟁을 다루고 그에 대한 결론과 해답을 찾는 역작으로 평가받죠.

이렇듯 청나라는《사기》연구와 관련해 특별하고 특출한 학자들을 많이 배출했는데, 대표적인 인물 몇 명을 소개합니다.

먼저 김성탄金聖嘆(1608~1661)입니다. 그는 명말청초의 걸출한 평론가로, 날카로운 사상을 지닌 다재다능한 지식인이었습니다.《사기》를 '여섯 명의 걸출한 인물이 남긴 책들 가운데 하나'로 평가했는

데,《사기》에 대한 평론을 무려 90편 이
상 남겼어요.《수호전》이나《서상기》같
은 문학작품을 평하면서도 여러 차례 사
마천을 칭찬했죠. 굴욕을 참고 은근히 공
명을 성취하려 한 것은 사마천 일생의
심정이며, 〈굴원가생열전〉의 주인공인
굴원과 가생의 삶을 빌려 사마천 자신의
눈물로 삼았다는 평가도 내놓습니다. 김
성탄은 사마천의 속마음까지 이해한, 말
그대로 사마천의 '지음知音'이라 할 만합
니다. 그는《사기》와 소설의 관계에 대해
서도 "《수호전》의 방법은《사기》에서 나
왔다"거나 "《수호전》에서 한 인물을 따

김성탄만큼 괴짜 지식인도 없을 듯하다. 그가
《사기》에 주목한 건 어쩌면 당연한 일이었다.

로 끌어내면 틀림없이 한 편의 열전이 된다"는 등 독자적인 견해를
선보였어요. 장죽파張竹波도 "《금병매》는《사기》다"라고 말했는데, 이
는 모두《사기》가 후세 소설에 미친 영향력을 말하고 있습니다.

전겸익錢謙益(1582~1664)은 명말청초 문학가인데, 시로 명성을 떨
친 인물입니다.《목재유학집木齋有學集》이란 문집에서 그는 "사마천
은 타고난 재능, 폭넓은 지식, 천 년을 꿰뚫는 안목으로《사기》를 창
조했다"고 평가했어요. 또한 사마천이 창조한《사기》의 체제는 역사
서를 쓰는 역사학자들의 표본이자 새로운 예를 만든, 태양과 별처럼
빛나는 일이라고 극찬하기도 합니다.

《사기》와 관련해 장학성章學誠(1738~1801)을 거론하지 않을 수 없

군요. 당나라를 대표하는 사학자 유지기 이후 배출된 가장 걸출한 역사평론가인데, 사학이론의 명저 《문사통의文史通義》에서 "무릇 사마천의 빼어난 학식은 《춘추》 이후 유일했다"고 말합니다. 그러면서 《사기》에 대해 "수천 년의 역사를 틀에 아우르고 백가를 울타리에 가둔" 역사서라고 칭찬하죠. 또 사마천이 탁월한 식견으로 《사기》라는 선구적 업적을 남겼으며, 인간과 하늘의 관계를 시공 속에서 구명함으로써 일가를 이룬 책이라고 《사기》를 평했습니다.

또 다른 걸출한 사학자 조익趙翼(1727~1814)은 고증에 정통했습니다. 중국 역대 22부의 정사를 분석하고 평론한 《이십이사찰기二十二史札記》라는 기념비적인 역사평론서에서 그는 《사기》에 대해 다음과 같이 종합적으로 평했어요.

유지기 이후 가장 뛰어난 역사평론가로 꼽히는 장학성은 《사기》의 가치를 다시 한 번 일깨웠다.

사마천은 과거와 현재를 참작해 범례를 만들어 완전한 역사를 창조했다. 본기는 제왕을 기록했다. 세가는 제후국을 기록한 것이다. 10표는 시사를 연계했으며, 8서는 제도를 상세히 고찰한 것이다. 열전은 인물에 뜻을 둔 것이다. 그런 다음 한 시대의 군주와 신하의 정치, 그리고 득실을 한 편에 종합적으로 서술했다.

이로부터 범례가 정해졌으며, 역대 사학자들치고 그 범위를 벗어
난 사람은 아무도 없었다. 그리하여 믿을 만한 역사가들이 지극히
떠받드는 원칙이 되었다.

청나라 때 평론가들은 《사기》에서 다룬 경제문제와 '표'에 주목하
기 시작했고, 역대 제도에 관한 전문적 기록이라 할 수 있는 '서'에도
눈길을 돌렸습니다. 《사기》에 대한 연구의 폭이 넓어진 것은 물론,
전문영역에 대한 관심과 연구도 크게 확대되었죠.

▋중국 근현대의 연구 및 평가

학 생 ㅣ 이제 근현대로 넘어갈게요. 2천 년 가까이 축적된 연구성과
를 바탕으로 한결 성숙된 평가들이 나왔을 것 같습니다.
김영수 ㅣ 청나라는 후기에 접어들어 서양 열강의 침략을 받는 등 극심
한 혼란에 빠집니다. 침체기를 겪기도 했죠. 하지만 서양의 과학문명
에 충격을 받고 근대화를 위한 '자강自强' 노력을 기울였습니다. 서구
의 자본주의 민주사상이 들어왔고, 《사기》연구에도 영향을 미쳤어
요. 새로운 사상풍조의 영향을 받아 《사기》에 대한 개괄적이고 종합
적인 연구가 나타납니다. 사마천 사학사상 연구에 또 한 번의 새로운
돌파구가 마련되죠. 이러한 경향을 대표하는 학자들이 유함흔劉咸炘,
제수해齊樹楷, 이장지李長之입니다. 그리고 근대 최고의 학자로 꼽는
양계초(1873~1929)를 빼놓을 수 없어요.
양계초는 개량주의 학자로, "사마천은 역사학계의 태조 대왕과 같

은 존재다"라든가 "사마천은 정말 역사학의 조물주다" 같은 유명한 논평을 많이 남겼습니다.《사기》야말로 중국 통사의 창시이자 폭넓고 위엄 있는 저작이라고 평했죠. 양계초는 이렇게 말했어요.

《사기》의 열전은 사람을 빌려 역사를 밝힌 것이다.《사기》의 문장은 한 사람만을 서술하고도 그 면목을 살아 움직이게 한다.《사기》의 이야기는 조리 있고 분석적이며 치밀하다.

그래서 그는《사기》에 대해, '공부하는 사람이라면 반드시 읽어야 할' 필독서라고 주장했습니다.

위대한 민족작가 노신魯迅(1881~1936)도 빼놓을 수 없겠죠. 문학가이자 사상가로서 신문화 운동의 기수였던 그는 평생 동안《사기》를 즐겨 읽었다고 합니다.《한문학사강요漢文學史綱要》라는 저서에서 사마천을 전문적으로 소개했는데, 다음은 그 중 몇 대목입니다.

- 무제 때 문인으로 부賦라면 사마상여를 따를 자 없었고, 문文이라면 사마천이 단연 으뜸이다.
- (사마천의 문장은) 역사 서술법에 얽매이지 않았고, 자구에 갇히지 않았다. 감정에서 출발하여 마음 가는 대로 문장을 구사했다.
- (《사기》는) 사가의 절창이요, 가락 없는 이소다.

'사가의 절창이요, 가락 없는 이소'라는 표현은 역사와 문학을 한데 아우른《사기》의 특성을 적절하게 평론한 명언이라고 이미 말씀드렸죠? 〈이소離騷〉는 전국시대의 불운했던 애국시인이자 중국 남방문학을 대표하는 문학가 굴원의 작품입니다. 《사기》를 그것에 비유함으로써 문학성을 절묘히 강조한 것이죠.

근현대의 정치가와 학자들도 《사기》를 즐겨 읽고 나름대로의 견해를 밝혔습니다. 위대한 마르크시스트이자 공산혁명의 대부이며, 중화인민민주주의공화국의 초대 주석이었던 모택동毛澤東(1893~1976)은 '인민을 위한 복무'라는 글에서 사마천과 《사기》의 가치를 이렇게 표현했어요.

사람은 언젠가는 죽는다. 그러나 죽음의 의미는 다 다르다. 중국 고대의 문학가 사마천은 '사람은 누구나 죽지만 태산보다 무거운 죽음이 있는가 하면 새털보다 가벼운 죽음도 있다'고 했다. 인민의 이익을 위해 죽는다면 태산보다 무거운 죽음에 비교할 수 있을 것이며, 파시스트에게 몸을 팔고 인민을 착취하고 인민을 박해하는 사람의 죽음은 새털만도 못하다고 할 것이다.

학 생 | 모택동이 대장정 와중에도 《사기》와 《자치통감》을 손에서 놓지 않았다지요? 1949년 장개석蔣介石을 내쫓고 북경에 진입했을 때 그의 낡은 가죽가방에 《사기》와 《자치통감》이 들어 있었다는데, 사실입니까?

김영수 | 글쎄요. 후자는 모르겠지만, 끊임없이 쫓겨다니던 대장정 중에도 《사기》를 거의 하루도 거르지 않고 읽었다는 건 분명한 사실이에요.

中國共產黨第七次全國代表大會文獻之一

論聯合政府

晉察冀日報社出版

모택동은 독서광이었다. 특히 역사서를 탐독했는데, 《사기》를 늘 곁에 두었다고 한다.

중국 현대의 걸출한 역사학자이자 문학가, 정치가였던 곽말약(1892~1978)은 사마천의 사당 앞에 유명한 시비를 남겼는데, 그를 이렇게 평가합니다.

사마천이라는 위대한 사학자는 실로 우리의 자랑이 아닐 수 없다. 그가 남긴 《사기》는 중국 고대의 서사시에 부끄럽지 않으며, 역사소설집으로도 부를 수 있다.

저명한 역사학자 전백찬翦伯贊(1898~1968)은 사마천을 중국 역사학의 개산조에 비유했고, 《사기》에 대해 사회 중심의 역사라고 평했습니다.

• 중국의 역사학이 독립된 학문으로 성립하게 된 것은 서한 때부터이며, 이 학문의 개산조는 위대한 역사학자 사마천이다. 《사기》는 중국 역사학의 출발점에 남은 불후의 기념비다.

• 《사기》는 기전체 사서이긴 하지만 사회 중심의 역사라 할 수 있다. 역사상 사회의 모든 계층 구석구석 각 방면의 동태에 주목하여 구체적이고도 생동감 넘치게 그려냈다. 그래서 나는 《사기》를 중국 최초의 방대한 사회사라고 생각한다.

현대 작가이자 문학사가인 정진탁鄭振鐸(1898~1958)은 이렇게 말합니다.

사마천 이후 역사를 시대의 백과전서로
보게 되었다. 따라서 사마천의 자료 취재
는 매우 폭넓었다. 정치에서 경제, 전쟁에
서 학술에 이르기까지 포함되지 않는 분
야가 없었다. 그것이 쳐놓은 그물은 지극
히 넓었다. 소위 문학사라는 것도 늘 이 포
함하지 못할 것 없는 '시대의 백과전서'의
그물에 걸려든다.

사마천의 고향 한성시 출신의 유명한 작
가 두붕정.

학 생 | 말씀을 듣다보니, 사마천의 고향 사람들은 사마천과《사기》
를 어떻게 평가하는지 궁금해집니다.
김영수 | 사마천의 고향인 한성시 출신의 유명인들이《사기》와 사마
천을 어떻게 평가하는지 알아볼까요? 한성이 낳은 유명한 작가 두붕
정杜鵬程(1921~1991)은《한성시지韓城市志》에서 이렇게 말했습니다.

평소 한성을 문사의 고향이라 부르는 것은 한성이 유구한 역사
의 문화명성이기 때문이며, 세계적인 역사문화의 명인 사마천의
고향으로 줄곧 문화가 비교적 발달했기 때문이다. … 역대 왕조가
많은 명인을 배출했지만, 그 중에서 서한 시대의 위대한 사학자이
자 문학가이며 사상가였던 사마천이 가장 유명하다. 그의 엄청난
저서《사기》는 세계적으로 유명하며, 그 영향이 깊고 넓다.

한성이 낳은 유명한 소련 전문가이자 소련어 번역가 사철師哲(1905~1998)은 지난날을 회고하는 자리에서 사마천과 《사기》에 대해 이렇게 말했습니다.

1940년 3월 소련에서 연안으로 돌아온 다음날, 주은래가 나를 데리고 모 주석을 만나러 갔다. 모 주석은 내게 악수를 청한 후 고향이 어디냐고 물었다. 한성 사람이라고 대답하자, 모 주석은 '아! 사마천이 용문에서 태어나 하산지양에서 농사를 짓고 가축을 길렀다'고 했다. 그 말을 듣고 나는 깜짝 놀랐다. 모 주석이 전국을 다니며 인민을 이끌고 밤낮으로 혁명에 여념이 없는데, 《사기》를 잊지 않고 읽으면서 사마천의 고향까지 정확하게 기억하고 있다니 정말 대단하다는 생각이 들었다.

사마천은 강직하여 아부하지 않았으며, 곧은 붓을 휘둘러 왜곡하지 않고 저술했다. 그래서 봉건 통치자계급은 그를 좋아하지 않았다. 이제 천하는 인민의 천하다. 노동인민이 집주인인 시대다. 우리는 깃발을 높이 쳐들고 씩씩하고 힘차게 사마천과 그의 책, 그리고 그의 정신을 선전해야 할 것이다. 아울러 역사 본래의 면목으로 사마천이 받아야 할 응분의 역사적 지위를 부여해야 할 것이다. 그가 인류의 역사문화에 공헌한 것처럼, 세계가 그를 공인해야 할 것이다. 역사문화의 명인이 전국에 몇이나 되겠는가? 우리는 그가 남긴 책을 읽고, 그 사람을 배우고, 그 정신을 드날려야 할 것이다.

구호성 짙은 발언이지만 힘이 넘치는 웅변이 아닐 수 없습니다. 한성 사람들의 애정과 존경은 무엇보다 사마천을 '역사학의 성인'이란 뜻의 '사성史聖'이라고 부르는 데서 잘 드러납니다.

학 생ㅣ 사마천 제사에서 '풍추사마風追司馬'란 현수막과 홍보물이 보이던데요. 무슨 뜻인가요?

김영수ㅣ '풍속조차 사마천의 뒤를 따른다'는 의미인데요. 사마천이 남긴 정신적 자산이 한성의 풍속에까지 영향을 미쳤음을 비유하는 표현이에요. 한 고장이나 나라에 정신적 지주가 될 만한 위인이 있다는 건 그 자체로 힘이자 자산입니다. 그런 점에서 한성과 그곳에 거주하는 인민들은 큰 복을 타고난 거죠.

학 생ㅣ 《사기》의 연구성과를 통계나 수치로 살펴볼 수 있을까요?

김영수ㅣ 1949년 신중국이 성립된 후 중국은 1960년대 들어 문화대혁명이라는 극심한 정치적 혼란기를 겪었습니다. 《사기》에 대한 연구도 이러한 정세 변화의 영향을 받지 않을 수 없었죠. 하지만 개혁개방 이후 눈부신 연구가 이루어졌고, 지금도 진행 중입니다.

《사기》 전문가 중 한 명인 장대가張大可 선생의 통계에 따르면, 2천 년 가까운 연구기간 중 1980년 이후 1990년대 중반까지 약 15년 동안 이루어진 연구가 절반을 차지할 정도라고 합니다.

논문이 46퍼센트, 저서가 39퍼센트에 이르죠. 실질적인 양이라 할 수 있는 글자 수를 계산하면 비율이 더 늘어나 69퍼센트와 52퍼센트를 차지합니다.

특히 당대 연구에서 사상 연구가 54퍼센트를 차지한다는 점에 주

사마천 제사 때 사당과 무덤 쪽에 걸린 '풍추사마' 현수막.

목해야 합니다. 이러한 경향은 5·4운동 이래 문화적 충격과 마르크시즘 도입으로 전통적 연구방식이 무너지고, 개혁개방 이후 다양한 사조와 방법론이 유입되면서 연구의 질적 심화가 이루어졌기 때문이라 할 수 있습니다. 읽기 쉬운 백화본《사기》가 대중적으로 보급되고, 구두점 찍힌 현대판《사기》가 널리 보급되면서 저변 인구가 크게 확대되었다는 점도 염두에 두어야 하고요. 국가적 차원에서는 각급 학교의 교과서에《사기》문장을 수록하는 한편, 국제학술토론회 같은 연구 교류를 적극적으로 지원하고 있죠. 이런 속에서 젊은 학자들의 공동연구 성과물이 속속 쏟아지면서《사기》연구는 바야흐로 제2의 전성기를 맞이하고 있습니다.《사기》에 대한 중국 지도자들의 관

《사기》의 연구통계 1(논문량)

시대	편수	글자 수	저자	1인당 평균	비고
고대 (한~청, 2천 년)	1,435편 (41%)	100만 자 (7%)	385명 (21%)	3.4편	당대 15년이 전체에서 차지하는 비율은 편수 46%, 글자 수 69%, 저자 60%임.
근대 (1905~1949, 45년)	228편 (6.6%)	200만 자 (14%)	164명 (9.1%)	1.4편	
현대 (1950~1979, 30년)	206편 (6.4%)	150만 자 (10%)	169명 (9.4%)	1.2편	
당대 (1980~1994, 15년)	1,635편 (46%)	1,000만 자 (69%)	1,079명 (60%)	1.5편	
합계	3,504편	1,450만 자	1,797명	평균 2편	

《사기》의 연구통계 2(저서량)

시대	권수	글자 수	저자	1인당 평균	비고
고대 (한~청, 2천 년)	101권 (37.5%)	300만 자 (32%)	98명 (42%)	1.06권	당대 17년이 전체에서 차지하는 비율은 권수 39.5%, 글자 수 52%, 저자 36%임.
근대 (1905~1949, 45년)	31권 (11.5%)	800만 자 (8%)	30명 (13%)	1권	
현대 (1950~1979, 30년)	30권 (11.5%)	800만 자 (8%)	21명 (9.5%)	1권	
당대 (1980~1996, 17년)	131권 (39.5%)	5,000만 자 (52%)	82명 (36%)	1.3권	
합계	239권	9,600만 자	231명	평균 1.17권	

《사기》의 연구통계 3(저서 내용)

시대 (권수)	문헌연구					사상연구				공구서	백화본	발췌본	통속물	기타
	권수	고증	주석	보완	자료	권수	논저	논문집	평전					
고대 (101)	101 (100%)													
근대 (31)	13 (41%)	12	1			14 (45%)	14				1	3		
현대 (30)	5 (17%)	4	1			2 (7%)	1	1		2		13	5	3
당대 (131)	8 (6%)	1	4	1	2	54 (41%)	39	12	3	9	6	20	29	5

* 위 표들은 장대가, 《사기문헌연구》의 통계를 참고로 작성했음.

심은 1권 앞부분에서 상세히 언급했으니 생략할게요.

학 생 | 지금까지 《사기》 연구사와 주요 평가들을 살펴보았는데요. 전체적으로 정리를 부탁드립니다.

김영수 | 《사기》 연구는 각 시대별로 나름대로의 특징을 보여줍니다. 한-당 기간에는 당시 학계를 주도하던 경전에 대한 주석 연구가 《사기》 연구에 영향을 주었고, 송대에는 성리학이, 청대에는 고증학이 영향을 미쳤죠. 근대에서 당대에 이르는 약 50년은 새로운 사조와 방법론이 유입되어 다양한 연구가 시도되었고, 특히 사상 연구에서 두드러진 성과를 보입니다. 시진핑 체제가 들어선 최근에는 사마천의 제사가 국가 차원으로 승격되었고, 국가인문학공원이 조성되는 등 국가전략적 차원에서 새삼 주목받고 있어요.

▌일본의 연구 및 성과

학 생 | 사마천과 《사기》에 대한 다른 나라의 연구와 평가는 어떤가요?

김영수 | 사마천은 중국 사학의 아버지일 뿐만 아니라 세계적으로 위대한 역사학자 가운데 한 명입니다. 《사기》는 중국의 귀중한 문화유산이자 세계적인 명저라고 할 수 있어요.

대체로 위진 남북조 시기에 국외로 전해져 큰 반응을 불러일으켰고, 《사기》 연구자는 갈수록 늘어났습니다. 한국, 일본, 소련, 프랑스. 독일, 미국 등에서 어느 정도 성과를 거두었는데, 일본이 상대적으로 많습니다. 일본의 연구성과가 주목을 받는 것은 홍보 덕분이라고 할 수 있어요. 학술지와 관련 매체에 성과를 알리고, 그런 잡지와 매체들이 세계 각국에 원활히 보급되는 현실을 감안해야 합니다.

일본의 경우, 600년에서 604년 사이 수나라에 파견했던 사신에 의해 《사기》가 처음 전해진 것으로 보입니다. 이후 당나라와의 교류가 활발해지면서 《사기》가 더 많이 전해지죠. 일본의 고대 역사서를 보면, 스이코推古 천황 이후 역대 천황들이 《사기》를 애독했다는 기록이 보입니다. 메이지明治 천황은 특히 《사기》를 즐겨 읽었다는군요. 동경의 처소에서 매달 2와 7자가 들어가는 날 《사기》를 공부했는데, 학목판鶴牧版 《사기평림史記評林》을 교재로 사용했다고 합니다. 일본 조정은 수백 명의 '전문연구생'을 조직해 《사기》를 비롯한 《한서》, 《후한서》의 이른바 '삼사三史'를 공부하게 했습니다. 나라 시대와 헤이안 시대에는 궁정 교과서로 채택되었고, 승려들 사이에서조차 《사기》를 읽는 풍조가 유행했다는군요.

2000년 전후의 중국 통계에 따르면, 현재 일본의 영향력 있는 《사기》 연구자는 100명 이상이며, 전문 연구서와 번역서가 약 700종에 이릅니다. 단편 논문은 헤아리기 힘들 정도예요. 1945년 이후 1987년까지 약 40년 동안 일본에서 출간된 전문 저서는 60권, 논문은 153편이라는 구체적인 통계가 있습니다. 《사기》 완역본과 발췌 번역본은 100종이 넘는다고 하고요.

대표적인 연구자들로는 다키가와 스케코토瀧川資言, 미즈사와 도시타다水澤利忠, 미야자키 이치사다宮崎市定, 노구치 사다오野口定男, 가지 노부유키加地伸行, 이케다 시로지로池田四郎次郎, 이케다 히데오池田英雄

등이 있습니다.(이케다 시로지로와 이케다 히데오는 부자지간임.)

《사기》 연구에서 제2의 이정표라고 평가받는 다키가와 스케코토의 《사기회주고증史記會注考證》과 미즈사와 도시타다의 《사기회주고증교보史記會注考證校補》는 《사기》에 대한 역대 주석과 평가 등을 집대성한 주요 자료로 평가받습니다. 《사기》의 연구목록과 해제정리 전문가로는 이케다 부자를 들 수 있는데, 《사기연구서목해제史記研究書目解題》와 《사기학 50년》이 그 성과물이죠.

한편, 아리이 한페이有井范平는 명나라 학자 능치륭凌稚隆의 《사기평림》을 텍스트로 이용해 《보표사기평림補標史記評林》을 내놓았는데, 진에서 명에 이르는 150인의 평론과 연구서 목록 140종이 망라되어 있습니다. 후키노 야스시吹野安는 《사기》 〈귀책열전〉을 연구해 〈사기귀책열전소찰史記龜策列傳小察〉이라는 장편의 논문을 발표했고, 요시카와 고지로吉川幸次郎는 사마상여와 탁문군의 애틋한 로맨스가 기록된 〈사마상여열전〉을 다음과 같이 높게 평가했습니다.

중국 문헌 가운데 이런 형식으로 로맨스를 기록하기는 〈사마상여열전〉이 처음이라고 할 수 있다. … 긍정적 태도로 부부 간의 단순한 애정이 아니라 타오르는 생명의 불꽃을 서술한 것은 전례가 없는 참신한 태도이자 시대 변화를 뚜렷이 보여주는 하나의 상징이라고 해야 할 것이다.

학 생 | 일본 사람으로서 사마천과 《사기》 하면 이 사람을 빼놓을 수 없죠. 자신의 이름까지 바꾼 유명한 소설가 시바 료타로 말입니다.

김영수 | 《사기》와 관련해 기인의 반열에 오를 만한 인물이죠. 시바 료타로의 본명은 후쿠다 데이이치福田定一였어요. 그런데 사마천을 존경하다 못해 숭배하고 《사기》를 너무나 사랑했던 그는 시바 료타로司馬遼太郎로 이름을 바꿉니다. '사마'라는 성을 그대로 썼고, '료타로'라는 이름도 의미심장해요. '사마천을 따라가기에는 너무 멀다'는 뜻이 담겨 있죠. 1980년 그는 《사기》의 영향을 받아 집필한 역사 장편소설 《항우와 유방》을 출간합니다. 이 책은 풍부한 내용, 수많은 등장인물, 장쾌한 장면 등으로 크게 인기를 끌었죠. 그는 이렇게 말합니다.

내 작품이 좋다고 하지만, '스승' 사마천에 비하면 아무것도 아니다.

일본에서 《사기》는 교양서 형태로 많이 출간되어 독자들이 쉽게 접근하도록 하고 있습니다. 또 소설이나 역사기행 등 다양한 방식으로 소개되고 있죠. 물론 최근에는 일련의 큰 재난 때문에 학계가 침체되어 있습니다만, 지금까지의 성과와 저력은 무시할 수 없어요. 《사기》의 다채롭고 풍요로운 내용을 현대적 의미로 재해석하거나 재구성해 독자들의 흥미를 끄는 대중적인 교양물 분야에서 일본은 여전히 세계 최고입니다.

학 생 | 요코야마 미쓰테루横山光輝의 만화 《사기》가 우리나라에 번역 출간되어 있더군요. 그런데 우리에게도 익숙한 《철인 28호》, 《요

사마천을 존경한 나머지 자신의 성과 이름까지 바꾼 시바 료타로.

술공주 샐리》를 그렸더라구요. 《사기》와는 뭔가 어울리지 않아 고개를 갸웃거렸습니다.

김영수 | 미쓰테루가 그린 《사기》는 제가 감수를 맡았는데, 유족들이 원작에 손을 못 대게 해 내용상의 오류를 온전히 잡지 못한 사연이 있습니다. 이 작가는 말년에 역사 쪽으로 관심을 돌려 《수호전》, 《삼국지》에 이어 《사기》까지 섭렵했죠. 사실적인 화풍에 내용을 충실히 반영한 정통 교양 역사물이라 할 수 있습니다.

학 생 | 선생님의 저서를 원작으로 한 만화 《사기》도 있던데요. 《난세에 답하다》라는 책을 토대로 6권이 출간되었더군요.

김영수 | 국내에서 출간된 만화들이 주로 《사기》의 내용을 원작으로 삼은 것에 반해, 그것은 연구자의 저서를 원작으로 삼은 점이 다릅니다.

▌서방의 연구 및 성과

학 생 | 이제 서방의 연구와 평가를 살펴볼까요?

김영수 | 서방의 학자들은 《사기》를 접한 뒤 사마천과 《영웅전》을 저술한 플루타르크를 즐겨 비교했습니다. "《사기》는 중국 최초의 믿을 만한 역사서다." 이것이 그들의 주된 평가였죠. 서방 학자들은 《사기》의 역사서로서의 가치뿐만 아니라 문학적 가치에도 일찍부터 주목해 적지 않은 연구와 번역을 진행했어요.

러시아에는 19세기 후반 소개되었는데, 〈흉노열전〉과 〈조선열전〉이 번역되었습니다. 러시아혁명 이후 11종이 번역되었고, 그 중 두 권이 단행본으로 출간되었죠. 하나는 블라드미르 안드레이아 파나사욱(1924~)의 《사마천 〈사기〉 선역》(1956)이고, 또 하나는 타스친 등이 쓴 《사마천 〈사기〉 완역본》(1972·1975, 2권)입니다. 후자의 경우 1958년부터 1975년까지 진행된 17년 동안의 대작업인데, 완역본이라지만 실제로는 권118 〈회남형산열전〉까지 소개했다고 합니다.

소련에서는 사마천 탄생 2100주기를 맞아 1955년 12월 22일 모스크바에서 각 방면의 연구자와 학생들이 모여 기념식을 거행했습니다. 이 소식이 그 해 12월 27일자 〈광명일보〉에 실렸는데, 그 내용을 요약해서 소개합니다.

만찬을 주관한 소련과학원의 구비에르 원사는 개막식에서 사마천을 중국 최초의 역사학자이자 가장 위대한 문학예술인이자 고대 중국의 탁월한 학자이자 《사기》의 저자라고 소개했다.

역사학 석사 투만은 기념회에서 사마천의 생활과 활동에 대한 장편의 보고서를 발표했다. 중국 문화에 남긴 사마천의 위대한 공헌을 언급하면서, 이 위대한 중국 자손의 저술이 중국인에게 영광을 가져다주었으며, 그의 조국을 해외에 영원히 자랑스럽게 알렸다고 말했다. 투만은 사마천이 모두가 인정하는 세계 과학과 문화의 태두로서 중요한 지위를 차지한다고 말했다.

또한 사마천의 생활역정과 창작상황을 상세히 이야기하면서, 이 위대한 문학가와 역사학자가 생활했던 시대를 서술했다. 청중들에게 소개된 그의 모습은 통치계급의 전제적 폭정과 잔인한 행위를 용감하게 폭로하는 것이었다.

투만은 《사기》라는 탁월한 작품을 분석하면서 《사기》의 많은 문장을 인용했다. 그리하여 사마천과 그 이전 사람들의 차이는, 사마천이 제왕의 생활이 아닌 역사과정과 사회현상의 변화 원인을 연구한 점에 있다고 말했다. 투만에 의하면, 사마천은 보통 사람의 생활을 역사의 주체이자 연구대상으로 삼은 최초의 인물이었다. 그 중에는 봉건 통치계급에 반대한 사람, 농민봉기를 이끌었던 사람, 비수를 들고 홀로 폭군을 암살하려 한 사람 등이 있었다. 사마천의 공덕은 《사기》 열전에서 인물의 명성이 아닌, 그들의 사회정치적 의미와 공헌에 관심을 두었다는 데 있다.

마지막으로 투만은 사마천이 동양학술계에서 폭넓은 명성을 얻고 있으며, 이는 중국인의 자랑일 뿐만 아니라 수많은 인민의 사랑을 받고 있다고 말했다.

소련 학자들은 중국 고대사와 중앙아시아의 각 민족을 연구하면서 《사기》를 광범위하게 이용하고 있다. 그리고 중국 역사와 문학을 공부하는 대학생들은 《사기》를 교과서로 삼는다. 투만은 소련의 유명한 학자, 특히 동양학자들이 사마천의 《사기》를 많이 번역했다고 전했다. 또한 앞으로 사마천의 저작물이 출간될 계획이라고 했다.

이밖에 콘라드는 사마천과 그리스의 역사학자 폴리비오스를 비교한 영향력 있는 논문을 발표했으며(1965), 레닌그라드 동방연구소 연구원 크롤은 〈사마천—진 멸망 이후의 역사학자〉라는 논문으로 박사학위(1963)를 받았습니다. 그는 1977년 〈'6가'에 관한 사마천의 고증〉 등 일련의 논문을 잇달아 발표하며 사마천과 《사기》 전문가로서의 입지를 굳혔죠. 전문서로는 그가 1970년 출간한 《역사학자 사마천》이 있습니다.

학 생 | 같은 공산권이라서 그런지 소련의 연구성과가 상대적으로 많이 알려진 것 같습니다.
김영수 | 현실이 그렇죠. 그런데 소련 못지않게 사마천과 《사기》를 일찍부터 연구한 나라가 있습니다. 바로 프랑스예요. 에드워드 샤반은 오랫동안 《사기》 번역에 힘을 쏟아 1895년부터 1905년 사이 모두 6권의 번역서를 출간했습니다. 프랑스에서 가장 영향력 있는 《사기》 독본이라는 평을 받았죠. 샤반은 프랑스의 중국학 전통을 계승한 정통학자로, 식을 줄 모르는 정열과 독특한 견해를 바탕으로 훌륭한 연구성과를 많이 남겼어요. 근래 들어 최초의 국제전문연구기관

인 《사기》 연구센터가 파리에 설립되었다고 합니다.

미국에서는 버튼 윗슨이란 학자가 연구를 주도했습니다. 《사기》 번역서와 연구논문을 왕성하게 발표했는데, 〈사마천—중국의 위대한 역사학자〉(1958)와 〈위대한 역사학자의 기록〉(1971)이 그의 대표적 성과물입니다. 그러나 영역본과 연구논문 대부분을 일역본에 의존함으로써 오류가 적지 않다고 하네요. 윗슨의 책은 우리나라에서 《위대한 역사가 사마천》이란 제목으로 1995년 출간된 바 있습니다.

또한 1989년부터 레이노이드 등 네 명의 위스콘신 대학 한학자들이 《사기》 영역본 2권을 출간했어요. 모두 9권으로 계획되었는데, 지금쯤 다 출간되었을 것 같네요.

영국에서는 1958년부터 1970년까지 유명 번역가 양헌익楊憲益과 그의 영국인 부인이 《사기》를 번역해 1979년 출간했다는 정보가 있습니다.

▌▌ 우리나라의 연구 및 성과

학 생 | 마지막으로 우리쪽 상황을 이야기해볼까요?

김영수 | 안타깝지만 우리 학계의 사마천과 《사기》에 대한 연구성과는 상대적으로 빈약합니다. 《구당서》 〈고려(고구려)전〉을 보면, 고구려 사람들이 책 읽기를 좋아했다면서 《오경》과 《사기》 등 역사서들을 거론합니다. 따라서 삼국시대에 이미 《사기》가 전해진 것으로 추측해볼 수 있어요. 조선시대 후기 실학자들 사이에서 《사기》는 필독서였죠. 정조는 《사기》 130권 중 자신의 국정철학이나 사상에 부합

하는 26편을 뽑아 《사기영선》을 편찬하기도 했습니다.

  그러나 해방 이후에는 일부 논문과 저서 몇 권이 전부입니다. 특히 일반 대중들을 위한 교양서는 전혀 없었다고 해도 과언이 아니에요. 당시 출간된 관련서 대부분이 일본책들이었습니다.

  1992년 한중 수교 이후 중국에 관한 정보가 쏟아지기 시작했고, 중국의 학문적 성과가 소개되면서 관련 연구자들의 책이 하나둘 출간됩니다. 제 경우는 1999년 《지혜로 읽는 사기》를 첫 책으로 펴냈고, 7년 동안 공을 들여 2006년 《역사의 등불 사마천, 피로 쓴 사기》라는 사마천, 사기, 한성시에 대한 본격적인 연구서를 출간했어요. 지금 우리가 만들어가는 이 책의 초판인 셈입니다. 이후 거의 매년 대중들을 위한 교양서를 출간했습니다. 그러다가 우리나라에 '사기 붐'이 일어났고, 마침내 《삼국지》의 장벽을 뛰어넘을 만큼 사마천과 《사기》 관련 저역서들이 많이 나오는 상황이죠.

학 생ㅣ 《토지》를 쓴 박경리 선생님께서 생전에 사마천을 정신적 멘토로 삼아 창작에 임하셨다는 이야기를 들었습니다. 사마천과 관련된 시를 두 수나 쓰셨더군요.

김영수ㅣ 그렇습니다. 일찍이 혼자 몸이 된 박경리 선생님께서, 처절하고 고통스러운 개인사를 딛고 《사기》라는 역작을 남긴 사마천을 정신적 후원자로 삼으신 겁니다. 그래서 시를 두 편 남기셨고요. 통영의 박경리문학관에 가시거든 사마천에 대한 시를 꼭 읽어보시기 바랍니다.

그동안 출간된 김영수의 사마천과 《사기》 관련 저역서들.

학 생ㅣ 우리 책 1권을 공동원작으로 한 오페라 〈사마천〉이 얼마전 한성시의 지원을 받아 우리나라에서 처음으로 선보였지요?

김영수ㅣ 네. 2016년 6월 29~30일 공연되었습니다. 현재 저는 한성시의 요청을 받아 '중한경제문화교류' '중국한성시한국합작판공실' 명의의 특별초빙고문을 맡고 있어요. 사마천과 《사기》를 비롯해 한성시 개발에 관심이 있는 우리쪽 전문가와 기업인들 사이를 이어주는 역할로 이해하고 있습니다.

학 생ㅣ 사마천과 《사기》의 위상에 또 한 번의 질적 변화가 기대됩니다. 20년 동안 한성시를 수십 차례 방문하면서 민간외교를 펼쳐온 공을 한성시에서 인정한 것 같네요. 마지막으로 하실 말씀이 있으신

가요?

김영수ㅣ 오랜 시간 어려운 이야기를 듣느라 고생 많았습니다. 마지막으로 흥미를 끌 만한 이야기를 한 가지 소개하려 합니다.

조선시대의 민중예술로 판소리가 있습니다. 물론 그것을 누리는 계층은 양반들이었지만요. 이 판소리의 가사를 창본, 사설 또는 바디라고 하는데, 이 바디에 《사기》 구절이 적지 않게 나옵니다.

학 생ㅣ 판소리 다섯 마당 모두에 말입니까?

김영수ㅣ 동편제 〈수궁가〉, 〈흥보가〉, 〈적벽가〉의 창본을 검토했는데, 모두 나옵니다. 〈수궁가〉에는 《사기》의 대목이나 관련 인물이 서른 대목 이상 들어 있고, 〈흥보가〉에는 열 군데 이상, 〈적벽가〉에는 스무 군데 이상입니다.

학 생ㅣ 〈수궁가〉의 어디에 등장하는지 한 대목만 알려주세요.

김영수ㅣ 제1장 용왕득병(龍王得病) 부분입니다. 용왕이 병이 난 대목이죠. 이 때문에 어전회의가 열립니다. 거기서 토끼 간이 좋다는 처방이 나와요. 어전회의의 한 대목에 중머리 장단으로 "왕이 똘똘 탄식허되, 남의 나라는 충신이 있어서 할고사군割股事君 개자추介子推와 광초망신狂楚亡身 기신紀信이는 죽을 임금을 살렸건마는 우리나라도 능신은 있겠마는 어느 뉘랴 날 살리오"라는 대목이 나옵니다. 여기서 '할고사군'은 '할고봉군'이라고도 하는 고사입니다. 춘추시대에 망명한 진 문공이 굶어죽을 지경에 이르자 개자추가 자신의 허벅지를 베어 모셨다는 바로 그 고사 말입니다. 〈진세가〉에 나오는 유명한 고사죠. 뒷부분 '광초망신' '기신'은 유방이 형양에서 항우에게 포위 당해 절체절명의 위기에 놓였을 때의 상황입니다. 기신이 유방으로 행세해 초를 속이고 죽음을 맞이하죠. 바로 그 부분을 언급한 것으로 〈고조본기〉에 나옵니다.

학 생 | 판소리를 즐기는 층이 주로 양반이다 보니 《사기》를 비롯한 역사서나 고전이 많이 인용된 것 같습니다. 새로운 정보와 여러 흥미로운 사실들을 통해 《사기》라는 절대역사서의 영향력과 진면목을 새삼 확인하게 됩니다.

김영수 | 이제 잠시 쉬었다가 사성 사마천의 고향이자 중국 역사학의 메카 한성으로 시간여행을 떠나보겠습니다. 사마천의 미소와 《사기》라는 큰 나무의 그늘을 벗 삼아 보람 있는 역사기행이 되도록 준비하겠습니다.

- 《中國史稿地圖集(上)》, 地圖出版出版社, 1979.

- 譚其驤主編,《中國歷史地圖集(1, 2冊)》, 地圖出版出版社, 1982.

- 楊燕起外,《歷代名家評史記》, 北京師範大學出版社, 1986.

- 《中國文化史三百題》, 上海古籍出版社, 1987.

- 《中華文明史(第3卷)》, 河北教育出版社, 1989.

- 《中國歷史三百題》, 上海古籍出版社, 1989.

- 吉春,《司馬遷年譜新編》, 三秦出版社, 1989.

- 周一平,《司馬遷史學批評及其理論》, 華東師範大學出版社, 1989.

- 張新科·兪樟華《史記研究史略》, 三秦出版社, 1990.

- 張天恩·馮光波選注,《歷代詠司馬遷詩選》, 三秦出版社, 1990.

- 王永寬,《中國古代酷刑》, 中州古籍出版社, 1991.

- 《韓城市志》, 三秦出版社, 1991.

- 《中國大百科全書(中國歷史 I·Ⅱ·Ⅲ)》, 中國大百科全書出版社, 1992.

- 《中國大百科全書(中國文學 I·Ⅱ)》, 中國大百科全書出版社, 1992.

- 張高評主編,《史記研究粹編》, 復文圖書出版社, 1992.

- 張勝發外,《司馬遷自述集》, 陝西師範大學出版社, 1993.

- 可永雪,《史記文學成就論稿》, 內蒙古教育出版社, 1993.

- 黨丕經,《司馬遷與韓城民俗》, 三秦出版社, 1993.

- 徐謙夫編著,《韓城古今名人軼事》, 三秦出版社, 1993.

- 倉修良主編,《史記辭典》, 山東教育出版社, 1994.

- 韓城市政協文史委員會/韓城市司馬遷學會編,《司馬遷研究(2)》, 1995.

- 韓兆琦,《史記通論》, 廣西師範大學出版社, 1996.

- 楊燕起,《史記的學術成就》, 北京師範大學出版社, 1996.

- 《韓城》, 中國·陝西旅游出版社, 1996.

- 駱承烈編著,《孔子故里史蹟》, 黃河出版社, 1997.

- 曲阜市文物管理委員會,《曲阜觀覽》, 山東友誼出版社, 1997.

- 張家英,《史記十二本紀疑詁》, 黑龍江教育出版社, 1997.

- 陝西分册,《中國文物地圖集(上·下)》, 西安地圖出版社, 1998.

- 韓兆琦,《中國傳記藝術》, 內蒙古教育出版社, 1998.

- 韓城市政協文史資料委員會韓城市文化體育局編,《韓城民俗》, 1998.

- 張大可,《史記文獻研究》, 民族出版社, 1999.

- 程寶山任喜來編,《韓城》, 陝西旅游出版社, 1999.

- 徐謙夫搜集整理,《司馬遷的傳說》, 文化藝術出版社, 1999.

- 韓城市政協文史資料委員會·司馬遷祠廟文物管理所編,《漢太史司馬祠》, 1999.

- 周若祁·張光主編,《韓城村寨與黨家村民居》, 陝西科學技術出版社, 1999.

- 徐日輝,《史記八書與中國文化研究》, 陝西人民教育出版社, 2000.

- 張自成·錢冶,《復活的文明》, 團結出版社, 2000.

- 韓兆琦編著,《史記題評》, 陝西人民教育出版社, 2000.

- 聶石樵,《司馬遷論稿》, 人民教育出版社, 2001.

- 錢穆,《史記地名考》, 商務印書館, 2001.

- 儀平策,《中國審美文化史》, 山東畫報出版社, 2001.

- 程寶山任喜來編,《韓城》, 陝西旅游出版社, 2001.

- 韓城市政協文史資料委員會,《韓城古對聯薈集》, 2001.

- 張大可,《史記研究》, 華文出版社, 2002.

- 孔繁銀,《曲阜的歷史名人與文物》, 齊魯書社, 2002.

- 汪高鑫,《中國史學思想通史》, 黃山書社, 2002.

- 葛兆光,《中國思想史(第1卷)》, 復旦大學出版社, 2002.

- 傅劍仁,《史記趣讀》, 花山文藝出版社, 2002.

- 徐謙夫編著,《韓城旅游景點故事》, 北京師範大學出版社, 2002.

- 張玉春主編,《史記人物新傳》, 華文出版社, 2003.

- 林劍鳴,《秦漢史》, 上海人民出版社, 2003.

- 葛劍雄外,《歷史學是甚麼》, 天地圖書, 2003.

- 《韓城市文物志》, 三秦出版社, 2003.

- 高增岳編著,《古老的韓城》, 韓城市文物旅游局出版, 2003.

- 張大可主編,《史記研究集成(全14卷)》, 華文出版社, 2005.

- 傅斯年,《春秋策》, 中國華僑出版社, 2013.

- 藤田勝久,《司馬遷とその時代》, 東京大學出版會, 2001.

- 민두기 편저,《중국의 역사인식》, 창비, 1985.

- 은맹륜 등 지음/박혜숙 편역,《사마천의 역사인식》, 한길사, 1988.

- M. I. 핀리 엮음/이용찬 등 옮김,《그리스의 역사가들》, 대원사, 1991.

- 버튼 윗슨 지음/박혜숙 옮김,《위대한 역사가 사마천》, 한길사, 1995.

- 하야시다 신노스케 지음/심경호 옮김,《인간 사마천》, 강, 1997.

- 헤로도토스 지음/박성식 옮김, 《헤로도토스의 이집트 기행》, 출판시대, 1998.

- 김영수 지음, 《지혜로 읽는 사기》, 푸른숲, 1999.

- 무전태순 지음/이동혁 옮김, 《사마천—사기의 세계》, 일각서림, 2000.

- 플루타르크 지음/이성규 옮김, 《플루타르크 영웅전 전집》, 현대지성사, 2000.

- 권중달 지음, 《욱일승천하는 중국의 힘 '자치통감'에 있다》, 푸른역사, 2002.

- 천퉁성 지음/김은희·이주노 옮김, 《역사의 혼 사마천》, 이끌리오, 2002.

- 헤로도토스 지음/박광순 옮김, 《헤로도토스 역사》, 범우사, 2002.

- 사마천 지음/이인호 편역, 《사기 본기》, 사회평론, 2004.

- 이인호 지음, 《사기—중국을 읽는 첫 번째 코드》, 살림, 2005.

- 김영수 지음, 《사기의 인간경영법》, 김영사, 2007.

- 사마천 지음/기획집단MOIM 구성/신웅 그림, 《사기 열전(전2권)》, 서해문집, 2007.

- 사마천 지음/김도훈 옮김, 《한권으로 읽는 사기 열전》, 아이템북스, 2007.

- 사마천 지음/김도훈 편역, 《한 권으로 읽는 사기》, 아이템북스, 2007.

- 사마천 지음/송철규 옮김, 《사기》, 위너스초이스, 2007.

- 사마천 지음/유소림·이주훈 공역, 《사기》, 사사연, 2007.

- 사마천 지음/제해성 역주, 《사기정선》, 계명대학교출판부, 2007.

- 안길환 편역, 《사기의 인간관계론》, 책만드는집, 2007.

- 위신옌 지음/유수경 옮김, 《사마천의 경영지묘》, 새론북스, 2007.

- 이성규 편역, 《사마천 사기—중국고대사회의 형성》, 서울대학교출판부,

2007.

- 이인호 지음,《이인호 교수의 사기 이야기》, 천지인, 2007.
- 이중톈 지음/강주형 옮김,《초한지 강의》, 에버리치홀딩스, 2007.
- 커원후이 지음/김윤진 옮김,《소설 사마천》, 서해문집, 2007.
- 김영수 지음,《난세에 답하다》, 알마, 2008.
- 김원중·강성민 지음,《2천년의 강의—사마천 생각경영법》, 글항아리, 2008.
- 사마천 지음/김민수 편역,《사기 열전》, 평단문화사, 2008.
- 사마천 지음/드림아이 그림·스토리,《사기 본기》, 태동출판사, 2008.
- 사마천 지음/소준섭 평역,《사기(2권)》, 서해문집, 2008.
- 사마천 지음/정하영 편역,《사기》, 다락원, 2008.
- 유중하 글/이상권 그림,《사마천의 사기 이야기(전5권)》, 웅진주니어, 2008.
- 정연 글/진선규 그림,《만화 사마천 사기 열전》, 주니어김영사, 2008.
- 가오광 지음/허유영 옮김,《사마천(전2권)》, 21세기북스, 2009.
- 김영수 글/Hitoon.com 그림,《만화 사기(전6권)》, 애니북스, 2009.
- 김영수 지음,《사기의 경영학》, 원앤원북스, 2009.
- 김원중 지음,《통찰력 사전》, 글항아리, 2009.
- 밍더 지음/홍순도 옮김,《왼손에는 사기, 오른손에는 삼국지를 들어라》, 더숲, 2009.
- 사마천 지음/김학선 편역,《청소년을 위한 사마천의 사기》, 평단문화사, 2009.
- 사마천 지음/스진 편저/노만수 옮김,《사마천 사기》, 일빛, 2009.

- 사마천 지음/이상옥 옮김,《사기 열전(2권)》, 명문당, 2009.

- 사마천 지음/이언호 옮김,《사기 본기》, 큰방, 2009.

- 사마천 지음/이인호 편저,《사기 열전(상)》, 천지인, 2009.

- 사마천 지음/이치카와 히로시 등편/MOIM 옮김,《불멸의 인간학, 사기(전5 권)》, 서해문집, 2009.

- 사마천 지음/임동석 역주,《사기 열전(전4권)》, 동서문화사, 2009.

- 사마천 지음/장개충 편역,《사기》, 학영사, 2009.

- 사마천·사마광 지음/신동준 편역,《한권으로 읽는 실록 초한지》, 살림출판 사, 2009.

- 한자오치 지음/이인호 옮김,《사기 교양강의 》, 돌베개, 2009.

- 김영수 지음,《사마천, 인간의 길을 묻다》, 왕의 서재, 2010.

- 사마천 지음/고산·고명 편저/김하나 옮김,《사기—사마천의 인물열전》, 팩 컴북스, 2010.

- 사마천 지음/김영수 옮김,《완역 사기 본기 1》, 알마, 2010.

- 사마천 지음/김원중 편역,《김원중 교수의 청소년을 위한 사기》, 민음인, 2010.

- 사마천 지음/동양고전연구회 편역,《한 권으로 읽는 사기 열전》, 나무의꿈, 2010.

- 사마천 지음/무라야마 마코토 등편, MOIM 옮김,《사기》, 서해문집, 2010.

- 사마천 지음/이수광 편저,《꿈꾸는 20대, 사기에 길을 묻다》, 추수밭, 2010.

- 우승택 지음,《사마천의 화식열전》, 참글세상, 2010.

- 한종수 지음,《세상을 만든 여행자들》, 아이필드, 2010.

- 사마천 지음/홍문숙·박은교 공편,《사기 열전》, 청아출판사, 2011.

- 소준섭 지음, 《사마천 경제학》, 서해문집, 2011.

- 신장용 지음, 《사마천, 인간경영의 숲을 거닐다》, 일송북, 2011.

- 김원중 지음, 《사기 성공학》, 민음사, 2012.

- 사마천 지음/김영수 옮김, 《완역 사기 본기 2》, 알마, 2012.

- 사마천 지음/김영수·최인욱 공역/성낙수·오은주·김선화 공편, 《중학생이 보는 사기 열전(전3권)》, 신원문화사, 2012.

- 사마천 지음/리우치 편/김인지 옮김, 《그림으로 읽는 사기》, 봄풀출판, 2012.

- 사마천 지음/박일봉 편역, 《사기 본기》, 육문사, 2012.

- 사마천 지음/정조 편/정약용·박제가 교정/노만수 옮김, 《사기영선》, 일빛, 2012.

- 신동준 지음, 《사마천의 부자경제학》, 위즈덤하우스, 2012.

- 지전화이 지음/김이식·박정숙 옮김, 《사마천 평전》, 글항아리, 2012.

- 김영수 지음, 《나를 세우는 옛 문장들》, 생각연구소, 2013.

- 김영수 지음, 《사마천과의 대화》, 새녘, 2013.

- 사마천 지음/김기정 글/유대수 그림, 《어린이를 위한 사기 열전(전5권)》, 비룡소, 2013.

- 사마천 지음/김동환 역주, 《사기》, 책과향기, 2013.

- 김영수 지음, 《사기를 읽다》, 유유, 2014.

- 사마천 지음/김영수 옮김, 《완역 사기 세가 1》, 알마, 2014.

- 사마천 지음/김영진 평역, 《유협전》, 학술편수관, 2014.

- 사마천 지음/김원중 편역, 《사기선집》, 민음사, 2014.

- 사마천 지음/김흥식 글/김옥재 그림, 《사기 열전》, 파란자전거, 2014.

- 사마천 지음/박성연 옮김, 《사기 열전》, 아이템북스, 2014.

- 사마천 지음/소준섭 편저, 《청소년을 위한 사기》, 서해문집, 2014.

- 사마천 지음/이언호 평역, 《사기 열전》, 학술편수관, 2014.

- 사마천 지음/최익순 옮김, 《사기 열전》, 백산서당, 2014.

- 장개충 편저, 《사마천 사기》, 너도밤나무, 2014.

- 정석호 글·그림/김주원 편/반주원 감수, 《Why? 사마천 사기》, 예림당, 2014.

- 황효순 지음, 《사마천이 찾아낸 사람들》, 글마당, 2014.

- 사마천 지음/장개충 편저, 《한눈에 익히는 사마천 사기전》, 한림학사, 2015.

- 이문영 지음, 《사마천, 아웃사이더가 되다》, 탐, 2015.

- 이석연 지음, 《사마천 한국견문록》, 까만양, 2015.

- 중국고전연구회 지음, 《사마천의 사기(전3권)》, 북에디션, 2015.

사마천과 사기에 대한 모든 것 2
절대역사서 사기

지은이 김영수

펴낸곳 도서출판 창해
펴낸이 전형배

출판등록 제9-281호(1993년 11월 17일)
1판 1쇄 인쇄 2016년 12월 12일
1판 1쇄 발행 2016년 12월 19일

주소 서울시 마포구 토정로 222(신수동 448-6) 한국출판콘텐츠센터 316호
전화 02-333-5678
팩스 02-707-0903
E-mail chpco@chol.com

ISBN 978-89-7919-596-5 03910
ⓒ김영수, 2016, Printed in Korea.

「이 도서의 국립중앙도서관 출판예정도서목록(CIP)은
서지정보유통지원시스템 홈페이지(http://seoji.nl.go.kr)와
국가자료공동목록시스템(http://www.nl.go.kr/kolisnet)에서
이용하실 수 있습니다.(CIP제어번호: CIP2016029279)」